LO MEJOR • VIDA LOCAL • GUÍA PRÁCTICA

NUEVA YORK
de cerca

LONGWOOD PUBLIC LIBRARY

Cristian Bonetto

geoPlaneta

En este libro

Guía rápida
Claves para comprender la ciudad: ayuda para decidir qué hacer y cómo

Lo esencial
Consejos para un viaje sin problemas

Barrios
Dónde está cada cosa

Explorar Nueva York
Lo mejor para ver y hacer, barrio a barrio

Principales puntos de interés
Aprovechar al máximo la visita

Vida local
Conocer la ciudad como un residente

Lo mejor de Nueva York
Prácticos listados para planificar el viaje

Los mejores paseos
Conocer la ciudad a pie

Lo mejor
Las mejores experiencias

Guía práctica
Trucos y consejos útiles

Cómo desplazarse
Viajar como un residente

Información esencial
Incluye alojamientos

Nuestra selección de los mejores sitios para comer, beber y visitar

- ⊙ **Puntos de interés**
- ⊗ **Dónde comer**
- 🍺 **Dónde beber**
- ☆ **Ocio**
- 🛍 **De compras**

Estos símbolos ofrecen información esencial para cada recomendación:

♪ Números de teléfono	🐾 Apto para mascotas
⊙ Horario	🚌 Autobús
P Aparcamiento	Ferry
⊘ Prohibido fumar	M Metro
@ Acceso a internet	S Subway
📶 Acceso wifi	⊖ London Tube
♦ Selección vegetariana	🚋 Tranvía
🇬🇧 Menú en inglés	🚆 Tren
👪 Apto para familias	

Para encontrar rápidamente cada recomendación en los mapas de barrio:

Bebel Bar

18 🍺 plano p. 30, G3

Tranquilo bar con ilumital en el Hotel de Rome. tienen un toque modern incluso se transmite a la alcohol. No recomendad prefieren un *whisky* con ⊙desde 9.00; 🚌

Nueva York de Lonely Planet

Las guías de bolsillo de Lonely Planet están diseñadas para llevar al viajero al corazón de la ciudad. Incluyen los puntos de interés más destacados y proporcionan consejos para una visita inolvidable. Con el fin de facilitar la orientación del lector, la ciudad se divide en barrios y se incluyen mapas de fácil lectura. Nuestros expertos autores han buscado lo mejor del lugar –paseos, comida, vida nocturna y compras, entre otras sugerencias–, y las páginas de "Vida local" llevan a las zonas más atractivas y auténticas. También se incluyen consejos prácticos, necesarios para un viaje sin problemas: itinerarios para hacer visitas breves, cómo desplazarse y cuánta propina dejar. Esta guía es toda una garantía para disfrutar de una experiencia fantástica.

Nuestro compromiso

El viajero puede confiar en esta guía, ya que los autores de Lonely Planet visitan los lugares sobre los que escriben en cada edición y nunca aceptan ningún tipo de obsequio a cambio de reseñas positivas.

Guía rápida 7

Principales puntos de interés 8
Vida local 12
Un plan para cada día 14
Lo esencial 16
Barrios 18

Explorar Nueva York 21

- **22** Lower Manhattan y Financial District
- **46** SoHo y Chinatown
- **64** East Village y Lower East Side
- **84** Greenwich Village, Chelsea y Meatpacking District
- **112** Union Square, Flatiron District y Gramercy
- **126** Midtown
- **156** Upper East Side
- **176** Upper West Side y Central Park

Merece la pena:

Harlem 196
Sur de Brooklyn 198
Williamsburg 200

Lo mejor de Nueva York 202

Los mejores paseos

El ambiente del Village 204
Hitos arquitectónicos 206
Nostalgia en East Village . 208

Lo mejor de Nueva York

Museos 210
Cocina *gourmet* 212
Comida local 214
Dónde beber 216
Ocio 218
Vida nocturna 220
Festivales 221
Con niños 222
De compras 224
Gratis 226
La NY de ambiente 227
Arquitectura 228
Deportes y actividades 230
Parques 231
Circuitos 232

Guía práctica 233

Antes de partir **234**
Llegar a Nueva York **236**
Cómo desplazarse **238**
Información esencial **241**

Guía rápida

Principales puntos de interés 8
Vida local 12
Un plan para cada día 14
Lo esencial 16
Barrios 18

Bienvenidos a Nueva York

Nueva York es un torbellino imparable de edificios de diseño, taxis amarillos y marquesinas rutilantes. Esta es la ciudad donde se juntan Andy Warhol y Frank Lloyd Wright, donde los grandes de Hollywood se pasean por los escenarios de Broadway, donde una puerta sin cartel lleva a un paraíso subterráneo de saxofones y martinis sucios. En el mundo hay muchas grandes ciudades, pero esta es indescriptible.

Central Park (p. 178).
PAWEL GAUL/GETTY IMAGES ©

Principales puntos de interés

Central Park (p. 178)

Este es uno de los espacios verdes más románticos del mundo, con 341 Ha de prados, zonas rocosas, paseos con olmos y cuidados jardines de estilo europeo. Por no hablar del lago y el estanque.

Principales puntos de interés

Empire State Building (p. 130)

Este edificio es el rey de la silueta de Nueva York. No hay que perderse las vistas desde arriba y la puesta de sol sobre un mar de luces centelleantes.

Puerto de Nueva York (p. 24)

Unas vistas magníficas de la ciudad, un ferri gratuito, un mirador en la corona de la Estatua de la Libertad y un emocionante tributo a los inmigrantes de América en Ellis Island. No hay que perdérselo.

10 Principales puntos de interés

Metropolitan Museum of Art (p. 158)

Este museo de proporciones bíblicas, apodado "Met", tiene una colección permanente de más de 2 millones de tesoros. Las galerías abarcan una superficie de unas 7 Ha.

High Line (p. 86)

Unas antiguas vías de ferrocarril transformadas en pasarelas verdes por encima de la ciudad. Constituyen el paradigma de renovación urbanística bien hecha y se han convertido en uno de los espacios públicos más queridos de la ciudad.

Times Square (p. 128)

Hay quien la adora, hay quien la odia. Aquí se puede contemplar ese espectáculo de luces y vallas publicitarias tan característicamente neoyorquino. Y sobre el asfalto, las oleadas de gente no se detienen nunca.

Principales puntos de interés 11

Museum of Modern Art (p. 132)

Una de las grandes superestrellas del panorama artístico mundial, con una colección inagotable de maestros modernos. Es como un curso intensivo para adentrarse en todo lo bello y seductor del mundo del arte y del diseño.

Guggenheim Museum (p. 162)

El curvilíneo edificio blanco del arquitecto Frank Lloyd Wright ya es una obra de arte en sí mismo, y está a la altura de la enorme colección de arte del s. xx que hay entre sus muros.

National September 11 Memorial & Museum (p. 26)

Un edificio imponente, un museo evocador y las cataratas artificiales más grandes de Norteamérica. Son símbolos de esperanza y renovación, y rinden homenaje a las víctimas del terrorismo.

Vida local

Consejos para conocer la ciudad auténtica

Nueva York posee muchos lugares interesantes, pero lo que de verdad le da su estilo único son detalles que pasan desapercibidos al turista: terrazas escondidas, instalaciones de arte inesperadas, bares clandestinos... La auténtica NY acogerá con gusto a quien se atreva a descubrirla.

De compras por el SoHo (p. 48)

▶ *Boutiques* únicas
▶ Café magnífico

El SoHo y Nolita son el territorio de los cazadores de tendencias, con infinidad de *boutiques* y locales de moda. Pero si se mira con atención, se encontrarán tiendas locales y sitios interesantes que ofrecen una experiencia mucho más auténtica.

Galerías de Chelsea (p. 88)

▶ Artistas emergentes
▶ Tapas

El oeste de Chelsea fue antaño una zona decadente de polígonos industriales. Muchos espacios se han reconvertido en galerías de postín donde se venden obras de los mejores artistas del mundo.

Harlem (p. 196)

▶ Historia afroamericana
▶ Gastronomía de moda

La cuadrícula urbana de NY no termina en 100th St. Más allá queda mucha ciudad por descubrir, empezando por Harlem, bastión de la cultura afroamericana. Ofrece cocina casera, *jazz* y una fascinante historia atrapada en los ladrillos y las piedras de sus iglesias, teatros y otros edificios emblemáticos.

Sur de Brooklyn (p. 198)

▶ Zonas verdes
▶ Tiendas *vintage*

A pesar de que el barrio está en la órbita turística, a mucha gente le cuesta cruzar el río. Pero los que lo hagan hallarán extensas zonas verdes, interesantes restaurantes y un famoso mercadillo.

Williamsburg (p. 200)

▶ Copas de diseño
▶ *Boutiques* de moda

Primera parada al otro lado del puente, en Brooklyn, Williamsburg es el estandarte del movimiento *hipster*. Su oferta de tiendas *vintage*, coctelerías, clubes de música y restaurantes para entendidos es apabullante, sobre todo, los fines de semana.

Vida local 13

Prospect Park, Brooklyn (p. 198)

Williamsburg (p. 200)

Otras joyas escondidas

Lincoln Center (p. 192)

Koreatown (p. 143)

Flea Theater (p. 43)

Chelsea Market (p. 98)

Union Square Greenmarket (p. 124)

New York Road Runners Club (p. 167)

Marie's Crisis (p. 108)

Garment District (p. 152)

Un plan para cada día

Primer día

En un solo día, se impone ver lo más representativo. Primero hay que bajar a Lower Manhattan y tomar un ferri en el puerto hasta la **Estatua de la Libertad** (p. 25) y **Ellis Island** (p. 25) para conocer el pasado inmigrante de la ciudad (y la nación).

A la hora de comer, se va derecho a Upper West Side y se compra un *picnic* en **Zabar's** (p. 186) para disfrutarlo, si el tiempo lo permite, en las verdes lomas de **Central Park** (p. 178); luego, se admiran las maravillas arquitectónicas y paisajísticas del parque y se hace un alto en **Loeb Boathouse** (p. 187), donde se puede tomar un tentempié y alquilar un bote o una bicicleta. Finalmente se llega al **Museum of Modern Art** (p. 132).

Al atardecer hay que dejarse deslumbrar por las luces de **Times Square** (p. 128) y regalarse la vista y los oídos con un espectáculo de Broadway, como **'Kinky Boots'** (p. 148), **'Books of Mormon'** (p. 148), o **'Chicago'**. Se puede ir a cenar a **Le Bernardin** (p. 140) o a tomar unas tapas coreanas a **Danji** (p. 140) y tomar unas copas en **Don't Tell Mama** (p. 150), donde lo más probable es acabar cantando.

Segundo día

El segundo día se inicia en los museos de Upper East Side, primero en el colosal **Metropolitan Museum of Art** (p. 158) y luego, si hay tiempo, en el **Guggenheim Museum** (p. 162). Si se prefieren los maestros antiguos es mejor cambiar el Guggenheim por la **Frick Collection** (p. 165) y, si lo que gusta es la moda, ver los escaparates de Madison Avenue.

A mediodía habrá que ir al **Chelsea Market** (p. 92) a probar platos artesanales. Con un helado en la mano llega el momento de pasear por la **High Line** (p. 86), un verde recorrido por encima de las calles. El final de la tarde se puede dedicar a las **Chelsea Galleries** (p. 88), situadas en almacenes fabriles restaurados. Se termina en el **Empire State** (p. 137) viendo cómo se enciendan las titilantes luces de la ciudad mientras se pone el sol.

Al anochecer se vuelve a West Village para tomar una copa en **Little Branch** (p. 101) y los famosos platos de fusión asiática de **RedFarm** (p. 96). Después de cenar, en **Village Vanguard** (p. 105) o **Blue Note** (p. 106) se disfrutará de *jazz* en directo; si lo que se quiere es reír, hay que ir a **Upright Citizens Brigade Theatre** (p. 105).

Tercer día

☀ Mientras los jóvenes neoyorquinos se arrastran de vuelta a sus apartamentos tras una noche de juerga, el viajero puede dirigirse al **Lower East Side Tenement Museum** (p. 69) para conocer cómo era la vida en el barrio en los duros inicios de la ciudad, y aprovechar para visitar el **New Museum of Contemporary Art** (p. 68).

☀ Se puede almorzar en una de las muchas cafeterías con terraza de East Village, descubrir las raíces del *punk rock* neoyorquino en **St Marks Place** (p. 68) y finalmente cruzar **Union Square** (p. 115) para ver el frenesí de peatones y el animado **Union Square Greenmarket** (p. 124). Más adelante conviene apuntar la cámara al fotogénico **Flatiron Building** (p. 115) y hacer una pausa en la **Birreria** (p. 122) para tomar una cerveza en su terraza.

☾ Tras pasear por el romántico Gramercy Park, se puede optar por cenar en el italiano **Maialino** (p. 118) o por la estrella Michelin de **Eleven Madison Park** (p. 117). Para rematar la noche, nada mejor que los magistrales cócteles del **Flatiron Lounge** (p. 121) o del furtivo **Raines Law Room** (p. 121).

Cuarto día

☀ Por la mañana se presentan respetos a las víctimas del 11 de septiembre en el **National September 11 Memorial & Museum** (p. 26) mientras se observan dos de las últimas maravillas arquitectónicas de la ciudad, el 1 World Trade Center, de 541 m, y el impresionante "Oculus" del WTC Transportation Hub, del arquitecto español Santiago Calatrava. Después se puede pasear por el famoso **puente de Brooklyn** (p. 28), un monstruo neogótico de hierro.

☀ Al otro lado del puente se extiende el barrio de Brooklyn. Tras observar las espectaculares vistas de Manhattan se puede tomar una *pizza* perfecta en **Juliana's** (p. 29). Después de almorzar, se vuelve a Manhattan para ir de compras por el SoHo y Nolita, donde las calles están llenas de tiendas de marcas conocidas y de diseñadores emergentes.

☾ La renovación del armario merece un brindis con champán en **Balthazar** (p. 55) o con cerveza en **Spring Lounge** (p. 59) y una cena en **Saxon + Parole** (p. 55). Si se ha sobrepasado el presupuesto, tal vez sea mejor ir a Chinatown, donde hay infinidad de restaurantes, entre ellos el famoso **Joe's Shanghai** (p. 58).

Lo esencial

Para más información, véase Guía *práctica* (p. 233)

Moneda
Dólar estadounidense (US$)

Idioma
Inglés

Visados
El US Visa Waiver permite a los ciudadanos de 27 países permanecer sin visado durante 90 días en EE UU.

Dinero
Hay cajeros automáticos por toda la ciudad. Las tarjetas de crédito se aceptan en casi todos los hoteles, tiendas y restaurantes, pero no en mercados de productos frescos, camionetas de comida y restaurantes sencillos.

Teléfonos móviles
Casi todos, excepto los iPhone, funcionan con CDMA y no con el europeo GSM.

Hora local
Nueva York se rige por la hora del este de EE UU (5 h menos que el GMT/UTC).

Enchufes y adaptadores
La corriente es de 110/115V 60Hz. Los enchufes tienen dos clavijas planas y a menudo una redonda para la toma de tierra.

Propinas
En restaurantes, el 15-20%; en bares 1 US$ por cerveza o 2 US$ por cóctel; a taxistas, el 10-15%; y a camareras de hotel 3-5 US$ por día.

❶ Antes de partir

Presupuesto diario

Económico, menos de 100 US$
- Albergue 35-80 US$
- Comida en supermercados, locales baratos, cafeterías y camionetas 5-25 US$
- Recorrer la ciudad a pie

Precio medio, 100-300 US$
- Habitación doble 150-300 US$
- Cena de dos platos y un cóctel 40-70 US$
- Entradas con descuento de TKTS para Broadway 80 US$

Precio alto, más de 300 US$
- Hoteles de lujo desde 325 US$
- Menú en el restaurante de algún chef famoso desde 150 US$
- Platea en la Metropolitan Opera 100-390$

Webs

Lonely Planet (www.lonelyplanet.es) Información sobre destinos, reservas, foro, etc.

NYC: The Official Guide (www.nycgo.com) Portal oficial de NY.

Con antelación

Dos meses antes Reservar el hotel: los precios suben conforme se acerca la fecha. Sacar entradas para Broadway.

Tres semanas antes Reservar mesa en restaurantes de categoría.

Una semana antes Bucear por internet para saber lo que se cuece y apuntarse a boletines de noticias.

Lo esencial 17

② Cómo llegar

Con tres aeropuertos de gran tráfico, dos estaciones de trenes y una estación de autobuses, NY acoge a más de 52 millones de visitantes anuales.

✈ Desde el aeropuerto internacional John F. Kennedy (JFK)

Destino	Mejor transporte
Brooklyn	Metro línea A
Lower Manhattan	Metro línea A
Midtown	Metro línea A
Greenwich Village	Metro línea A
Upper West Side	Metro línea A
Upper East Side	Metro línea E y después líneas 4/5/6
Harlem	Metro línea E y después líneas B o C

✈ Desde el aeropuerto LaGuardia (LGA)

Destino	Mejor transporte
Harlem	Autobús M60
Upper East Side	Autobús M60 y metro líneas 4/5/6
Midtown	Taxi
Union Square	Taxi
Greenwich Village	Taxi
Brooklyn	Taxi

✈ Desde el aeropuerto Internacional Newark (EWR)

El AirTrain va a la estación Newark Airport, por donde pasan trenes en dirección a la Penn Station. También hay autobuses y servicios de traslado privados. Desde Midtown se puede subir al metro para llegar al destino final.

③ Cómo desplazarse

Una vez en NY, moverse es bastante sencillo. La extensa red de metro es barata y bastante eficiente. Sin embargo, las aceras son el mejor medio de transporte, pues es una ciudad hecha para andar.

S Metro

La red de metro es barata y abre las 24 h, aunque puede resultar confusa para los recién llegados. En www.mta.info se ofrece información sobre el transporte público. Es posible descargar la aplicación NextStop para *smartphone*, con un plano y alertas de cortes en el servicio y del tiempo de llegada de los trenes. El metro es idóneo para cubrir largas distancias, del centro a la periferia y viceversa, o para ir a Brooklyn.

🚌 Autobús

Los autobuses son prácticos fuera de las horas punta y adecuados para cruzar la ciudad de este a oeste y viceversa por muchas calles transversales de doble sentido de Manhattan. También resultan prácticos para recorrer First Ave y Tenth Ave.

🚕 Taxi

Es bastante cómodo, sobre todo fuera de las horas punta. En Manhattan conviene utilizarlo si el trayecto no es directo, pues las líneas de metro y autobús siguen recto por avenidas y calles principales. Cuando hace mal tiempo es difícil encontrar un taxi libre.

⛴ Ferri

Hay servicios con paradas ilimitadas y viajes gratis a Staten Island. Véase East River Ferry (www.eastriverferry.com) y New York Water Taxi (📞212-742-1969; www.nywatertaxi.com; servicio paradas ilimitadas 26 US$/día).

Barrios

Upper West Side y Central Park (p. 176)
Aquí se encuentran el Lincoln Center y ese antídoto contra el asfalto infinito de la ciudad que es Central Park.

👁 Principales puntos de interés
Central Park

Greenwich Village, Chelsea y Meatpacking District (p. 84)
Calles preciosas, casas de ladrillos bien conservadas, cafeterías de barrio y locales nocturnos de moda.

👁 Principales puntos de interés
La High Line

SoHo y Chinatown (p. 46)
Templos ocultos y locales de comida china por toda Chinatown. Al lado se encuentran las calles dinámicas y llenas de tiendas del SoHo.

Lower Manhattan y Financial District (p. 22)
Aquí se encuentran el National September 11 Memorial & Museum, el puente de Brooklyn y la Estatua de la Libertad.

👁 Principales puntos de interés
Puerto de Nueva York
National September 11 Memorial & Museum
Puente de Brooklyn

Museum of Modern Art
Times Square
Empire State Building
High Line
National September 11 Memorial & Museum
Puente de Brooklyn
Puerto de Nueva York

Barrios

Upper East Side (p. 156)
Boutiques de lujo, mansiones sofisticadas y esa floritura arquitectónica llamada Museum Mile.

👁 Principales puntos de interés
Metropolitan Museum of Art

Guggenheim Museum

Midtown (p. 126)
Esto es lo que se ve en las postales de Nueva York: Times Square, rascacielos, teatros de Broadway y gentíos ajetreados.

👁 Principales puntos de interés
Times Square

Empire State Building

Museum of Modern Art

Union Square, Flatiron District y Gramercy (p. 112)
Punto de unión de las variadas zonas circundantes. Hay pocos monumentos pero muchos restaurantes recomendables.

East Village y Lower East Side (p. 64)
Lo antiguo se funde con lo moderno en dos de los barrios céntricos más populares para salir de fiesta y comer con poco presupuesto.

Map labels: Central Park, Guggenheim Museum, Metropolitan Museum of Art

Explorar
Nueva York

Lower Manhattan
y Financial District 22

SoHo y Chinatown 46

East Village
y Lower East Side......................... 64

Greenwich Village, Chelsea
y Meatpacking District 84

Union Square,
Flatiron District y Gramercy......... 112

Midtown... 126

Upper East Side 156

Upper West Side
y Central Park 176

Merece la pena
Harlem **196**
Sur de Brooklyn.........................**198**
Williamsburg **200**

Empire State Building (p. 130) y Manhattan Bridge.
KENNETH C. ZIRKEL/GETTY IMAGES ©

Explorar

Lower Manhattan y Financial District

El extremo sur de Manhattan, con iconos como Wall Street, el National September 11 Memorial & Museum y la Estatua de la Libertad, es el corazón histórico de la ciudad. Tribeca tiene una sólida reputación por sus restaurantes, bares y tiendas, y el Financial District, más sobrio, avanza posiciones a medida que la reurbanización del World Trade Center inyecta una nueva vitalidad en la zona.

Lo mejor en un día

☀️ Hay que anticiparse a la multitud y tomar el primer ferri para visitar la **Estatua de la Libertad** (p. 25) y **Ellis Island** (p. 25). Para navegar gratis y tomar fotos de postal del sur de Manhattan se recomienda el **Staten Island Ferry** (p. 32).

☀️ Se regresa a Manhattan para almorzar en **Les Halles** (p. 39). A continuación se puede acudir al **National September 11 Memorial & Museum** (p. 26) para rendir homenaje y luego animarse comprando en **Century 21** (p. 43) o dirigirse al **puente de Brooklyn** (p. 28) y pasear por esta maravilla neogótica.

🌙 La velada comienza con una cena en **Locanda Verde** (p. 38), en Tribeca, y luego, una obra de teatro en el **Flea Theater** (p. 43), uno de los más famosos del "off-off-Broadway", para rematar con una copa en la **Brandy Library** (p. 41).

Explorar

👁 Principales puntos de interés

Puerto de Nueva York (p. 24)

National September 11 Memorial & Museum (p. 26)

Puente de Brooklyn (p. 28)

❤️ Lo mejor de Nueva York

Comer

Locanda Verde (p. 38)

Les Halles (p. 39)

Beber

Weather Up (p. 41)

Dead Rabbit (p. 40)

Brandy Library (p. 41)

Compras

Century 21 (p. 43)

Shinola (p. 43)

Cómo llegar

🚇 **Metro** Fulton St es la principal estación de la zona, por ella pasan las líneas A/C, J/M/Z, 2/3 y 4/5. La 1 termina en South Ferry, y donde zarpa el Staten Island Ferry.

⛴ **Barco** La terminal del ferri de Staten Island está en el extremo sur de Whitehall St. Los barcos a la Estatua de la Libertad y Ellis Island zarpan del Battery Park.

Principales puntos de interés
Puerto de Nueva York

Desde que se inauguró en 1886, la Estatua de la Libertad ha dado la bienvenida a los millones de inmigrantes que han llegado al puerto de NY en busca de una vida mejor. Hoy recibe a millones de turistas, muchos de los cuales suben hasta su corona para gozar de una de las mejores vistas del perfil urbano de la ciudad. Cerca se halla Ellis Island, puerta de entrada a Norteamérica para más de 12 millones de inmigrantes entre 1892 y 1954. En la actualidad alberga uno de los museos más apasionantes de NY, homenaje a aquellos aguerridos inmigrantes.

- Plano p. 30, B8
- 212-363-3200, Statue Cruises 877-523-9849
- www.statuecruises.com
- ferri adultos/niños incl. Liberty y Ellis Islands 17/9 US$, incl. corona y Ellis Island 20/12 US$
- 9.00-17.00, ferris cada 20 min 8.30-18.00 jun-ago
- S 1 hasta South Ferry, 4/5 hasta Bowling Green

Estatua de la Libertad.

Puerto de Nueva York

Indispensable

Estatua de la Libertad

Quienes reserven las entradas para la **estatua** (☎877-523-9849; www.nps.gov/stli; Liberty Island; adultos/niños incl. Ellis Island 17/9 US$, incl. corona y Ellis Island 20/12 US$; ⏱9.30-17.30, consultar la página web por si se producen cambios estacionales; [S]1 hasta South Ferry, 4/5 hasta Bowling Green) con antelación podrán subir los 354 escalones hasta la corona, desde donde hay espectaculares vistas del puerto y la ciudad. El acceso a la corona está muy restringido; la única manera de subir es reservando previamente, y cuanto antes, mejor, ya que se permite reservar hasta seis meses antes. Cada cliente puede reservar como máximo cuatro entradas para la corona y los niños deben medir 1,20 cm, al menos, para entrar. Si no se consiguen entradas para la corona, tal vez se tenga más suerte con las del pedestal, también con unas vistas magníficas.

Ellis Island's Immigration Museum

El **Immigration Museum** de Ellis Island es un emotivo homenaje a los inmigrantes que forjaron el país que hoy es EE UU. Se calcula que el 40% de los estadounidenses actuales tienen al menos un antepasado que pasó los trámites aduaneros en esta isla. La visita audioguiada al museo incluye historias narradas por diversas personas, como historiadores, arquitectos e inmigrantes, que dan vida a la colección de objetos personales, documentos oficiales, fotografías y películas. Es una experiencia evocadora, llena de recuerdos personales que se reviven en el mismo escenario donde tuvieron lugar. Si se dispone de poco tiempo, es mejor centrarse en las magníficas exposiciones del 2º piso, "Through America's Gate" y "Peak Immigration Years".

☑ Consejos

▶ La travesía en ferri desde el Battery Park, en Lower Manhattan, dura 15 min, pero para visitar la Estatua de la Libertad y Ellis Island se necesita todo el día. Para visitar ambos sitios hay que salir antes de las 13.00.

▶ Con una reserva para visitar la Estatua de la Libertad se obtiene una hora de visita concreta y la seguridad de que se podrá acceder al interior.

▶ También se puede comprar un Flex Ticket, que permite el acceso en cualquier momento en un plazo de tres días. Solo se puede adquirir en la taquilla de los billetes de ferri.

✕ Una pausa

Es mejor evitar la cafetería de la Estatua de la Libertad y llevar un *picnic*. Otra opción es hacer la visita y regresar a Lower Manhattan para comer en Locanda Verde de Andrew Carmellini (p. 38) o en Les Halles de Anthony Bourdain (p. 39). Reservar previamente.

Principales puntos de interés
National September 11 Memorial & Museum

Después de las controversias sobre su diseño, los recortes de presupuesto y retrasos en las obras, el National September 11 Museum & Memorial, ha abierto por fin sus puertas. Denominados *Reflecting Absence* (reflejos de ausencia), los dos grandes estanques del monumento son un símbolo de esperanza y renovación, y un homenaje a las miles de personas que perdieron la vida en los atentados. El museo es un espacio solemne e impresionante que documenta los hechos y las consecuencias de ese fatídico día del 2001.

Plano p. 30, B5

www.911memorial.org

Greenwich St esq. Albany St

entrada 24 US$

museo 9.00-20.00 verano, hasta 19.00 invierno; monumento 8.30-20.30 todo el año

S A/C/E hasta Chambers St, R hasta Rector St, 2/3 hasta Park Pl

National September 11 Memorial & Museum

Indispensable

Estanques

En el centro de una plaza con 400 robles, los dos estanques del September 11 Memorial ocupan el lugar exacto donde se alzaban las Torres Gemelas. De sus bordes mana una cortina de agua constante de 9 m de alto que desagua por un hueco central. Las dos piscinas están recubiertas de paneles de bronce con los nombres de los fallecidos en los dos atentados contra el World Trade Center: el del 11 de septiembre del 2001 y el del coche bomba del 26 de febrero de 1993.

Memorial Museum

Entre los estanques se halla la entrada al National September 11 Memorial Museum, cuyas salas subterráneas están dedicadas a la documentación de los atentados terroristas. Entre los restos conservados se halla la "escalera de los supervivientes", utilizada por cientos de trabajadores para huir del WTC. También se puede ver la última columna de acero extraída de la limpieza, adornada con los mensajes y recuerdos de los encargados de las tareas de recuperación, los servicios de emergencia y los seres queridos de las víctimas.

Aunque en las taquillas del museo se puede comprar un número limitado de entradas, los visitantes suelen tener que reservar las entradas y el horario de entrada en la web del museo.

One World Trade Center

En la esquina noroeste del solar del WTC se halla la obra del arquitecto David M. Childs, el *One World Trade Center* (1 WTC). No es solo el edificio más alto de EE UU, con 541 m, sino que también es el más alto del hemisferio occidental y el cuarto más alto del mundo gracias a la aguja. Sus miradores, que ocupan los pisos 100º a 102º, se abrirán en el 2015.

☑ Consejos

▶ En el museo, observar el llamado *Ángel del 9/11*, la fantasmal cara de angustia de una mujer que se perfila en una viga retorcida que se cree que se creó en el punto en el que el vuelo nº 11 de American Airlines chocó contra la Torre Norte.

▶ Fijarse en el diseño del nuevo WTC Transportation Hub que se alza al lado del museo. Creado por el arquitecto Santiago Calatrava, su diseño se inspira en la imagen de un niño soltando una paloma.

✕ Una pausa

Se recomienda evitar los restaurantes donde almuerzan los oficinistas de Wall St y dirigirse a Tribeca, con establecimientos como Locanda Verde (p. 38), North End Grill (p. 39) o Shake Shack (p. 40).

Principales puntos de interés
Puente de Brooklyn

Icono de NY, el puente de Brooklyn fue el primer puente colgante construido con acero del mundo. Cuando se inauguró, en 1883, la distancia entre sus dos torres era la mayor de la historia. A pesar de que su construcción estuvo plagada de desastres, el puente se convirtió en un magnífico ejemplo de diseño urbano e inspiró a poetas, escritores y pintores. Hoy sigue siendo para muchos el más bello del mundo.

- Plano p. 30, E4
- S 4/5/6 hasta Brooklyn Bridge-City Hall, J hasta Chambers St

Puente de Brooklyn

Indispensable

Cruzar el puente

Para muchos visitantes, cruzar el puente de Brooklyn es un ritual iniciático. Esta maravilla neogótica fue diseñada por el ingeniero prusiano John Roebling, que murió de tétanos antes de que empezara la construcción. Su hijo, Washington Roebling, supervisó la construcción, que duró 14 años, y logró superar los problemas presupuestarios y la muerte de 20 trabajadores. El joven Roebling también sufrió de descompresión al excavar el cauce del río, lo que le obligó a permanecer en cama durante buena parte del proyecto. Cuando el puente abrió, en junio de 1883, alguien gritó que se caía, lo que provocó el caos y la muerte de 12 personas por aplastamiento.

Brooklyn Bridge Park

Al otro lado del puente, en Brooklyn, se halla uno de los nuevos activos más celebrados del barrio, el **Brooklyn Bridge Park** (718-222-9939; www.brooklynbridgeparknyc.org; East River Waterfront, entre Atlantic Ave y Adams St; gratis; 6.00-1.00; S A/C hasta High St, 2/3 hasta Clark St, F hasta York St), de 34 Ha. Se extiende 2 km desde Jay St en Dumbo hasta el extremo occidental of Atlantic Ave en Cobble Hill, e incluye el Empire Fulton Ferry, un parque estatal con césped y vistas de la ciudad, y el **Jane's Carousel** (www.janescarousel.com; Brooklyn Bridge Park, Empire Fulton Ferry, Dumbo; 2 US$; 11.00-19.00 mi-lu, hasta 18.00 nov-abr; S F hasta York St), de 1922, restaurado y colocado en el interior de un pabellón diseñado por el arquitecto Jean Nouvel, ganador del premio Pritzker. Al sur del Empire Fulton Ferry se encuentra el muelle 1, de 3 Ha, con parque de juegos, pasarelas y la escultura cinética de 9 m de Mark di Suvero, *Yoga* (1991).

☑ Consejos

▶ Al cruzar el puente, mantenerse en el lado de la pasarela para peatones. La otra mitad está destinada a ciclistas.

▶ Para evitar el gentío, es mejor llegar a primera hora de la mañana.

▶ De julio a agosto se proyectan películas gratis en el muelle 1 del Brooklyn Bridge Park, con el impresionante horizonte de Manhattan como telón de fondo. En verano se organizan otras actividades gratis; la web del parque ofrece información.

✕ Una pausa

De mayo a octubre, el Brooklyn Bridge Park cuenta con varias concesiones de temporada, como **Fornino** (www.fornino.com; muelle 6, Brooklyn Bridge Park), que sirve *pizza* en horno de leña, cerveza y delicias italianas. Durante todo el año pueden tomarse *pizzas* clásicas y creativas en **Juliana's** (19 Old Fulton St, entre Water St y Front St; pizzas 16-30 US$; 11.30-23.00; S A/C hasta High St).

30 Lower Manhattan y Financial District

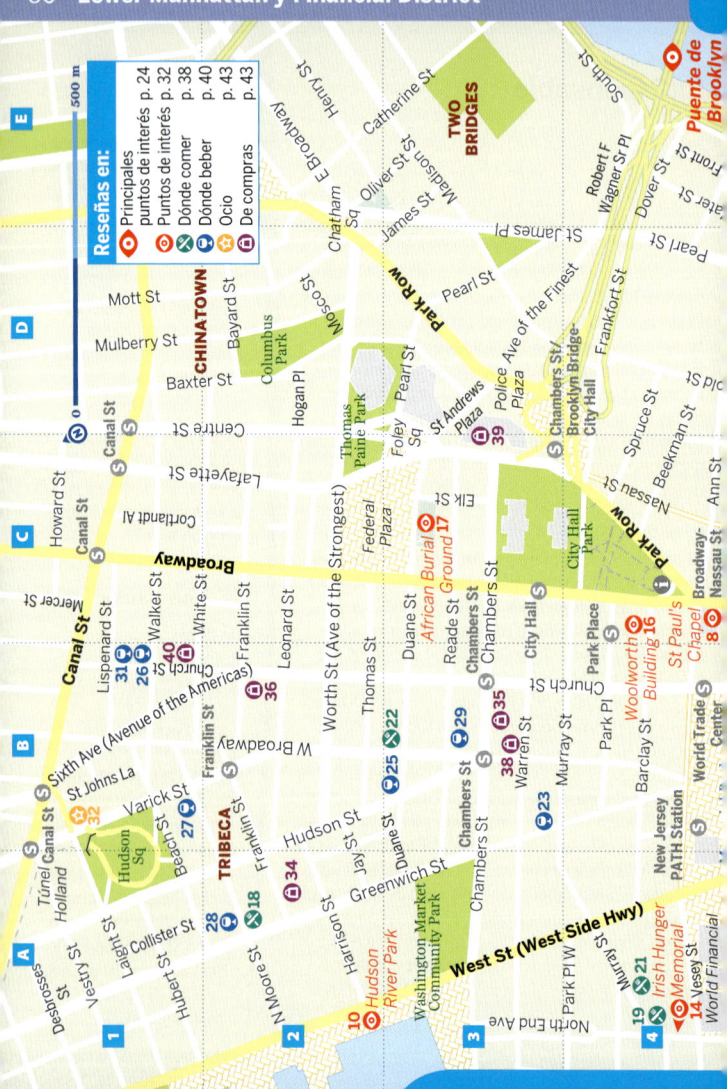

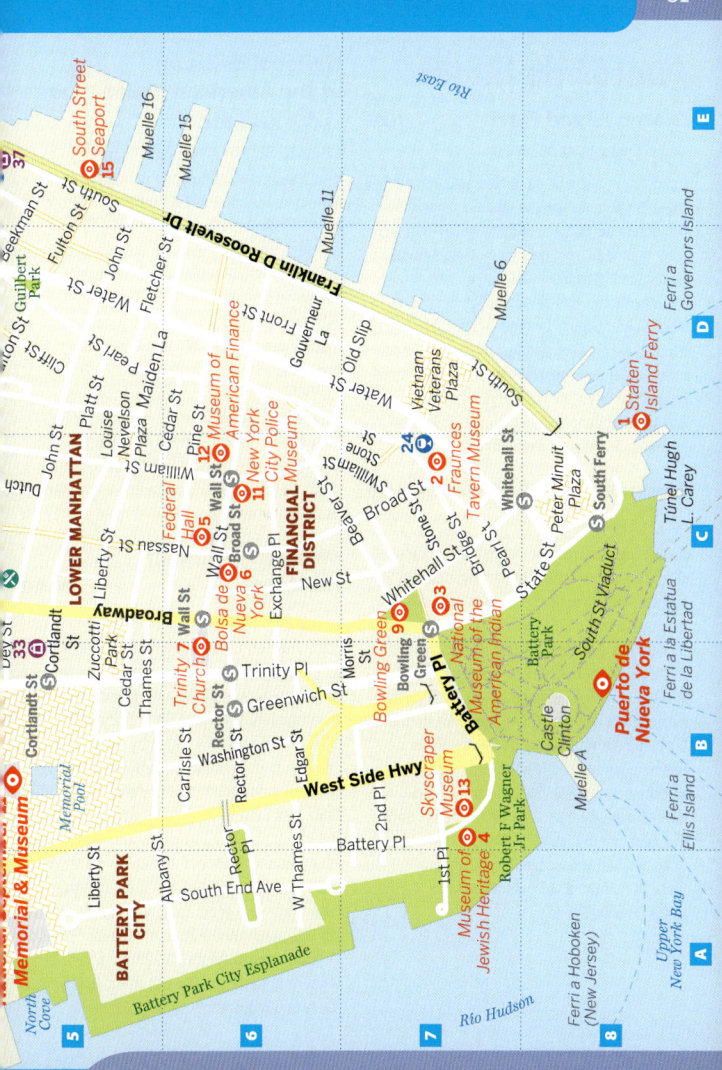

Puntos de interés

Staten Island Ferry   FERRI

1 plano p. 30, D8

Este mastodonte de color naranja es el medio de transporte diario de los habitantes de Staten Island y un romántico barco de recreo para una travesía turística. Muchos visitantes gozan de los encantos del ferri, cuyo trayecto de 8,4 km entre Lower Manhattan y el barrio de St George, en Staten Island, es una de las mejores actividades gratuitas de NY. (www.siferry.com; Whitehall Terminal Whitehall St esq. South St; gratis; ⊙24 h; ⓈⓈ1 hasta South Ferry)

Fraunces Tavern Museum   MUSEO

2 plano p. 30, C7

Este museo, bar y restaurante, formado por cinco edificios de principios del s. XVIII, conmemora los hechos del 4 de diciembre de 1783 que dieron origen a la nación estadounidense, cuando los británicos cedieron el control de NY al término de la Guerra de la Independencia y el general George Washington dio un discurso de despedida a los oficiales del ejército europeo, en el comedor de la 2ª planta, el 4 de diciembre de 1783. (www.frauncestavernmuseum.org; 54 Pearl St, entre Broad St y Coenties Slip; adultos/niños 7 US$/gratis; ⊙12.00-17.00; ⓈJ/Z hasta Broad St, 4/5 hasta Bowling Green)

National Museum of the American Indian   MUSEO

3 plano p. 30, C7

Filial de la Smithsonian Institution, este museo dedicado a las culturas amerindias de EE UU está instalado en la Custom House, obra de Cass Gilbert en 1907, uno de los edificios *beaux arts* más destacados de NY. En su gran sala elíptica, las galerías albergan exposiciones temporales que documentan la cultura, vida y creencias de los indígenas del país. La colección permanente incluye muestras de artes decorativas, telas y objetos ceremoniales. (www.nmai.si.edu; 1 Bowling Green; gratis; ⊙10.00-17.00 vi-mi, hasta 20.00 ju; Ⓢ4/5 hasta Bowling Green, R hasta Whitehall St)

Museum of Jewish Heritage   MUSEO

4 plano p. 30, B7

Este museo conmemorativo frente al río repasa todos los aspectos de la identidad judía mediante objetos personales, fotografías y documentales. El jardín de piedras exterior, creado por el artista Andy Goldsworthy (su primera obra permanente en NY), está dedicado a los familiares de las víctimas del Holocausto. Sus 18 bloques forman un estrecho pasillo para evocar la fragilidad de la vida. (www.mjhnyc.org; 36 Battery Pl; adultos/niños 12 US$/gratis, 16.00-20.00 mi gratis; ⊙10.00-17.45 do-ma y ju, hasta 20.00 mi, hasta 17.00 vi abr-sep, hasta 15.00 vi oct-mar; Ⓢ4/5 hasta Bowling Green)

Puntos de interés

Comprender
Huellas del pasado

El Financial District de Manhattan es más que rascacielos, mercados de valores y la avaricia de los beneficios. Es la cuna de NY y escenario de muchas anécdotas históricas. Wall St marcaba el límite norte del incipiente asentamiento holandés de Nueva Ámsterdam. En el Federal Hall, George Washington se convirtió en el primer presidente de EE UU. Pero bajo estos hechos históricos subyacen otras anécdotas, menos conocidas.

Lo que esconde un nombre

Wall St es una de tantas calles que conectan con el pasado. Conocida en origen como Mother-of-Pearl St por la cantidad de conchas iridiscentes que podrían hallarse en la zona, la tortuosa Pearl St recorría la ladera de una colina que ya no existe. En el s. XVIII el nivelado de colinas era una práctica habitual debido al crecimiento de la población de Manhattan y a la necesidad de nuevas tierras. Excavada y lanzada al río East, toda esa tierra se convirtió en Water St. A finales del s. XVIII, la costa se había retirado aún más con la creación de Front St. La calle en la que se halla la Bolsa de Nueva York, Broad St, fue en otra época un canal, cruzado por un puente a la altura de Bridge St.

Una explosión del pasado

Los edificios también tienen sus historias. P. ej., la sede central del JP Morgan Bank, en la esquina sureste de Wall St y Broad St; las marcas de la fachada de Wall St recuerdan el llamado bombardeo de Morgan Bank, el ataque terrorista con más víctimas de EE UU hasta el de la ciudad de Oklahoma de 1995. A las 12.01 del 16 de septiembre de 1920, 250 kg de barras de plomo y 45 kg de dinamita explotaron desde un carro de caballos. Murieron 38 personas y 400 resultaron heridas. Entre estas últimas se hallaba el padre de John F. Kennedy, Joseph P. Kennedy. La detonación de una bomba en el exterior de la institución financiera más influyente de EE UU de la época condujo a muchos a culpar a grupos anticapitalistas, desde anarquistas italianos a bolcheviques. El atentado nunca se resolvió, ya que la decisión de reabrir tanto el banco como la Bolsa al día siguiente hizo que se realizara una rápida limpieza que eliminó pruebas de vital importancia.

Federal Hall

MUSEO

5 plano p. 30, C6

Esta obra maestra de estilo neoclásico alberga un museo dedicado a la NY postindependencia. Entre los temas de las exposiciones destaca la toma de posesión de George Washington, la relación de Alexander Hamilton con la ciudad y las tribulaciones de John Peter Zenger, que fue aquí encarcelado, juzgado y absuelto de difamación por haber denunciado en su periódico la corrupción del Gobierno. En la sala de visitantes se ofrecen actividades culturales. (www.nps.gov/feha; 26 Wall St, acceso por Pine St; gratis; 9.00-17.00 lu-vi; **S** J/Z hasta Broad St, 2/3, 4/5 hasta Wall St)

Bolsa de Nueva York

EDIFICIO RELEVANTE

6 plano p. 30, C6

Wall Street, símbolo por excelencia del mundo capitalista, alberga la Bolsa de valores más famosa del mundo (New York Stock Exchange). Cerca de 1000 millones de acciones se compran y venden diariamente tras su solemne fachada neorrománica. Aunque ya no se permite la entrada al público por motivos de seguridad, se puede contemplar el exterior del edificio, protegido por barricadas y vigilado por la policía. A través de internet se pueden comprar recuerdos de la tienda, como sudaderas con capucha con el logo NYSE. (www.nyse.com; 11 Wall St; cerrado al público; **S** J/Z hasta Broad St, 2/3, 4/5 hasta Wall St)

Comprender
La Estatua de la Libertad

"La Libertad iluminando al mundo", uno de los símbolos más prototípicos del país fue una iniciativa conjunta de EE UU y Francia para conmemorar el centenario de la Declaración de Independencia. El proyecto se encargó al escultor Frédéric-Auguste Bartholdi, que tardó casi 20 años en ver realizado su sueño: una enorme estatua hueca que dominara el puerto de NY. La construcción se demoró por problemas estructurales, que se resolvieron gracias a la maestría del ingeniero Gustave Eiffel. La obra se terminó finalmente en Francia en 1884. Sus 350 piezas, repartidas en 214 cajas, fueron enviadas en barco a NY, donde se montaron durante cuatro meses y se colocaron sobre un pedestal de granito. Su espectacular inauguración en octubre de 1886 incluyó un desfile triunfal con una flotilla de casi 300 barcos. La Estatua de la Libertad fue declarada Patrimonio de la Humanidad por la Unesco en 1984.

Puntos de interés

Museum of Jewish Heritage (p. 32).

Trinity Church IGLESIA

7 plano p. 30, B6

Cuando se construyó, en 1846, era el edificio más alto de NY. Tiene un campanario de 85,3 m de alto, un ventanal con vitrales sobre el altar y un museo de objetos litúrgicos. Entre los famosos moradores de su cementerio destaca Alexander Hamilton. Su programación musical incluye los "Concerts at One" (13.00, ju) y recitales de canto coral, como la interpretación anual de *El Mesías* de Händel en diciembre. (www.trinitywallstreet.org; Broadway esq. Wall St; iglesia 7.00-18.00 lu-vi, 8.00-16.00 sa, 7.00-16.00 do, cementerio 7.00-16.00 lu-vi, 8.00-15.00 sa, 7.00-15.00 do; S R hasta Rector St; 2/3, 4/5 hasta Wall St)

St Paul's Chapel IGLESIA

8 plano p. 30, C4

A pesar de que George Washington acudió aquí a rezar tras su investidura en 1789, esta imponente capilla clasicista de arenisca se hizo famosa tras los atentados del 11 de septiembre. Con el WTC a solo una manzana, sirvió de apoyo espiritual y refugio de voluntarios, lo que se documenta en su exposición *Unwavering Spirit: Hope & Healing at Ground Zero*. (www.trinitywallstreet.org; Broadway esq. Fulton St; 10.00-18.00 lu-vi, hasta 16.00 sa, 8.00-16.00 do; S A/C, J/Z, 2/3, 4/5 hasta Fulton St)

Bowling Green   PARQUE

9 plano p. 30, C7

El parque público más antiguo, y probablemente más pequeño, de NY es el lugar donde supuestamente el colono holandés Peter Minuit compró a los indígenas la isla de Manhattan por el equivalente a 24 US$ de hoy. En su extremo norte se encuentra una escultura de bronce de más de 3 t, el *Charging Bull* de Arturo Di Modica, instalado aquí de forma permanente después de que un día de 1989, dos años después del derrumbe bursátil, apareciera misteriosamente frente a la Bolsa de Nueva York. (Broadway esq. State St; S 4/5 hasta Bowling Green)

Hudson River Park   PARQUE

10 plano p. 30, A2

Este parque de 8 km de largo y 222 Ha se extiende desde el Battery Park hasta Hell's Kitchen en la orilla occidental de la isla de Manhattan. Cuenta con un carril para ciclistas, corredores y patinadores, jardines, parques infantiles, muelles restaurados y convertidos en explanadas, pistas de minigolf y, en verano, cines y auditorios al aire libre. En la página web puede verse un plano detallado. (www.hudsonriverpark. org; lado oeste de Manhattan desde el Battery Park hasta 59th St; S 1 hasta Franklin St, 1 hasta Canal St)

New York City Police Museum   MUSEO

11 plano p. 30, C6

Hasta que reabra la sede de 100 Old Slip en el 2015 tras los daños causados por el huracán *Sandy,* el homenaje a los "Mejores de Nueva York" permanecerá en Wall St. Las exposiciones muestran la lucha pasada y presente contra el crimen, con fotos policiales y armas de famosos mafiosos neoyorquinos, uniformes antiguos e imágenes únicas de los atentados del 11 de septiembre. Consúltese la web para saber la fecha exacta de apertura de la antigua sede. (www.nycpolicemu seum.org; 45 Wall St, esq. William St; entrada 5 US$; 10.00-17.00 lu-sa, 12.00-17.00 do; ; S J/Z hasta Broad St; 2/3, 4/5 hasta Wall St)

Comprender
La compra de Manhattan

En 1624, la Compañía Holandesa de las Indias Occidentales envió a 110 colonos para crear un enclave comercial en lo que hoy es NY. Se instalaron en el actual Lower Manhattan y bautizaron el lugar con el nombre de Nueva Ámsterdam, todo ello mientras mantenían sangrientos enfrentamientos con los indómitos lenapes. En 1626 el primer gobernador de la colonia, Peter Minuit, se convirtió en el primer agente inmobiliario sin escrúpulos al comprar 5666 Ha de lo que hoy es Manhattan a los lenapes por 60 florines (24 US$) y varias cuentas de cristal.

Hudson River Park.

Museum of American Finance MUSEO

12 plano p. 30, C6

El dinero es el gran protagonista de este museo, dedicado a la historia financiera de EE UU. Entre sus exposiciones permanentes destacan documentos del s. XVIII, acciones y bonos de fines del s. XIX, la fotografía más antigua de Wall St y un tablero de cotizaciones de 1875. El edificio, antigua sede central del Bank of New York, tiene techos de 9 m, arañas de cristal y murales con escenas históricas sobre la banca y el comercio. (www.moaf.org; 48 Wall St, entre Pearl St y William St; adultos/niños 8 US$/gratis; ⏲10.00-16.00 ma-sa; Ⓢ2/3, 4/5 hasta Wall St)

Skyscraper Museum MUSEO

13 plano p. 30, B7

Galería que analiza los rascacielos como objetos de diseño, ingeniería y renovación urbana. Las exposiciones temporales dominan el espacio; una de las últimas se dedicó a la nueva generación de torres residenciales estilizadas de la ciudad. Entre las exposiciones permanentes se encuentran la del diseño y la construcción del Empite State y el World Trade Center. (www.skyscraper.org; 39 Battery Pl; entrada 5 US$; ⏲12.00-18.00 mi-do; Ⓢ4/5 hasta Bowling Green)

Irish Hunger Memorial — MONUMENTO

 plano p. 30, A4

El compacto laberinto de muros bajos de caliza y parterres de césped del artista Brian Tolle es un homenaje a la Gran Hambruna irlandesa y la emigración (1845-1852), que forzó a cientos de miles de irlandeses a abandonar el país en busca de nuevas oportunidades en el Nuevo Mundo. La obra, que representa casas abandonadas, muros de piedra y campos de patata, se creó con piedras procedentes de los 32 condados de Irlanda. (290 Vesey St, esq. North End Ave; gratis; S 2/3 hasta Park Place)

South Street Seaport — BARRIO

15 plano p. 30, E5

Este conjunto de 11 manzanas de calles adoquinadas, almacenes marítimos y tiendas combina lo mejor y lo peor de la conservación histórica. La mayoría de los neoyorquinos no lo conoce, pero a los turistas les atrae el ambiente náutico, las actuaciones callejeras y los abarrotados restaurantes. (www.southstreetseaport.com; S A/C, J/Z, 2/3, 4/5 hasta Fulton St)

Woolworth Building — EDIFICIO RELEVANTE

16 plano p. 30, C4

El edificio de 240 m de Cass Gilbert, el más alto del mundo cuando se terminó, en 1913, es una maravilla neogótica cubierta de mampostería y terracota, con un vestíbulo de mosaicos de estilo bizantino. Solo puede accederse al vestíbulo en visitas guiadas reservadas con antelación, que también ofrecen información curiosa sobre el edificio, como la entrada privada al metro o la piscina secreta. (http://woolworthtours.com; 233 Broadway, esq. Park Pl; circuitos de 30/90 min 15/45 US$; S R hasta City Hall, 4/5/6 hasta Brooklyn Bridge-City Hall)

African Burial Ground — MONUMENTO

 plano p. 30, C3

En 1991, unos trabajadores de la construcción desenterraron cerca de 400 ataúdes de madera apilados a 5-9 m bajo la calle. Los ataúdes contenían los restos de africanos esclavos (en el cementerio de la Trinity Church se había prohibido enterrar africanos en esa época). Hoy, un monumento conmemorativo y un centro de visitantes rinde homenaje a los cerca de 15 000 africanos enterrados aquí entre los ss. XVII y XVIII. (www.nps.gov/afbg; 290 Broadway, entre Duane St y Elk St; gratis; ☉ monumento 9.00-17.00 diario, centro de visitantes 10.00-16.00 ma-sa; S 4/5 hasta Wall St)

Dónde comer

Locanda Verde — ITALIANA $$$

  plano p. 30, A2

Tras las cortinas de terciopelo se esconde un ambiente animado repleto de camisas Brown Brothers, vestidos negros y elegantes camareros tras una larga y abarrotada barra. Parte del Greenwich Hotel, este amplio y bullicioso restaurante tipo *brasserie* es propiedad del cocinero Andrew Carmellini. (☏212-925-3797; www.locandaverdenyc.com; 377 Greenwich St, esq. Moore St; almuerzos 19-29 US$, principales cena 28-34 US$; ⏱7.00-23.00 lu-vi, desde 8.00 sa y do; Ⓢ A/C/E hasta Canal St, 1 hasta Franklin St)

North End Grill
AMERICANA $$

19 plano p. 30, A4

Versión del chef Danny Meyer de la barbacoa americana; atractiva, buena y fácil. Los productos de calidad (algunos de su propio huerto en la azotea) conforman los platos modernos que devoran con placer tanto ejecutivos como clientes de paso. Todos los platos tienen un toque de humo, tanto del horno de carbón como de la parrilla de leña. Destaca la *pizza* de almejas con copos de chile. (☏646-747-1600; www.northendgrillnyc.com; 104 North End Ave, esq. Murray St; almuerzo de 3 platos 39 US$, principales cena 17-34 US$; ⏱11.30-14.00 y 17.30-22.00 lu-ju, hasta 22.30 vi, 11.00-14.00 y 17.30-22.30 sa, 11.00-14.30 y 17.30-21.00 do; Ⓢ1/2/3, A/C hasta Chambers St, E hasta World Trade Center)

Les Halles
FRANCESA $$

20 plano p. 30, C5

Una *brasserie* abarrotada, propiedad del chef Anthony Bourdain. Entre sus elegantes lámparas de globo y manteles blancos, una clientela conservadora y carnívora acude a degustar sustanciosos platos como *cote de boeuf* o *steak au poivre*. (☏212-285-8585; www.leshalles.net; 15 John St, entre

---

> #### Comprender
> **Los orígenes de Nueva York**
>
> Mucho antes de la conquista europea, la franja de tierra que con el tiempo sería NY pertenecía a la tribu indígena de los lenape, que vivía en campamentos estacionales. Poblaban gran parte de la costa este, así como las colinas y valles glaciares del interior. Los detritos dejados por la última glaciación formaron las actuales Hamilton Heights y Bay Ridge. Los glaciares eliminaron las rocas blandas dejando a la vista la dura piedra de Manhattan, formada por gneis y esquisto. Cerca de 11 000 años antes de que los primeros europeos cruzaran el estrecho de Narrows, los lenape ya cazaban y pescaban en este lugar; prueba de ello son las puntas de lanzas y flechas, y los montículos de huesos y conchas que se han hallado. Algunos de sus senderos todavía discurren debajo de algunas calles, como Broadway. En la lengua munsee de los lenape, Manhattan pudo significar "isla de las colinas". Otros le han encontrado un significado más alegre: "lugar de embriaguez general".

Broadway y Nassau St; principales 14,50-32 US$; ⏱7.00-24.00; 🛜; Ⓢ A/C, J/Z, 2/3, 4/5 hasta Fulton St)

Shake Shack   HAMBURGUESERÍA $

 plano p. 30, A4

La cadena de culto de Danny Meyer sirve hamburguesas de carne de primera, perritos calientes al estilo de Chicago en panecillos de patata y semillas de amapola, y patatas fritas con queso. Para acompañar, cerveza de la cervecería Sixpoint de Brooklyn, y de postre, la legendaria crema helada. (www.shakeshack.com; 215 Murray St, entre West St y North End Ave; hamburguesas desde 3,60 US$; ⏱11.00-23.00; Ⓢ A/C, 1/2/3 hasta Chambers St)

Tiny's & the Bar Upstairs   AMERICANA $$$

 plano p. 30, B3

Con una chimenea en el salón de atrás y un íntimo bar en el piso de arriba, ofrece platos servidos en porcelana antigua, con un toque original, como las vieiras a la plancha con pomelo y salsa tailandesa de coco con chile y jengibre. Imprescindible reservar. (☎212-374-1135; 135 W Broadway, entre St Duane y Thomas St; principales 22-36 US$; ⏱11.30-23.00 lu-ju, hasta 24.00 vi, 10.30-24.00 sa, 10.30-23.00 do; Ⓢ A/C, 1/2/3 hasta Chambers St)

Dónde beber

Kaffe 1668   CAFÉ

 plano p. 30, B3

Meca del café, con cafeteras para espresso, de émbolo, Synesso y samovares que extraen toda la magia a los granos de origen único. En la gran mesa común se sientan tanto clientes trajeados como creativos con sus portátiles; abajo hay más sitio para sentarse. Si se quiere probar algo fuerte, se recomienda el *ristretto* triple. (www.kaffe1668.com; 275 Greenwich St, entre Warren St y Murray St; ⏱6.30-22.00 lu-vi, 7.00-21.00 sa y do; 🛜; Ⓢ A/C, 1/2/3 hasta Chambers St)

Dead Rabbit   COCTELERÍA

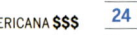 plano p. 30, C7

Esta nueva coctelería se ha hecho con todos los premios posibles, incluido el de "mejor nueva coctelería del mundo", "mejor carta de cócteles" y "coctelero internacional del año" del Tales of the Cocktail Festival del 2013.

Durante el día hay que ir al bar con el suelo cubierto de serrín a probar cervezas especiales, ponches clásicos y *pop-inns* (cervezas con lúpulo de distintos sabores). Por la noche es mejor subir al Parlour para probar alguno de sus 72 cócteles. (www.deadrabbitnyc.com; 30 Water St; ⏱11.00-4.00; Ⓢ R hasta Whitehall St, 1 hasta South Ferry)

Shake Shack.

Weather Up

COCTELERÍA

25 plano p. 30, B3

Las baldosas de metro suavemente iluminadas, los amables camareros y los atractivos cócteles forman un trío ganador. Se puede probar un Whizz Bang (*whisky* escocés, vermut seco, granadina casera, *bitter* de naranja y absenta) o bien contentarse con unas ostras con un toque de granizado de martini seco. (www.weatherupnyc.com; 159 Duane St, entre Hudson St y W Broadway; ⏲17.00-2.00; Ⓢ1/2/3 hasta Chambers St)

Macao

COCTELERÍA

26 plano p. 30, B1

A pesar de que el bar-restaurante de estilo casa de apuestas de la década de 1940 es fantástico, lo mejor es el "fumadero de opio" de abajo (abierto ju-sa). En ambos pisos se sirve comida chino-portuguesa y son ideales para beber y picar algo hasta altas horas de la noche, sobre todo para quienes gusten de las bebidas un tanto picantes. (📞212-431-8750; www.macaonyc.com; 311 Church St, entre Lispenard St y Walker St; ⏲bar 16.00-5.00; Ⓢ A/C/E hasta Canal St)

Brandy Library

BAR

27 plano p. 30, B1

Lujosa "biblioteca" con butacas frente a estanterías de suelo a techo llenas de botellas. Se recomiendan el coñac, el *whisky* de malta o el brandy añejo de más calidad (con precios entre 9 y

235 US$), combinados con tentempiés como la especialidad de la casa, los *gougeres* (buñuelos de gruyer). Se recomienda reservar. (www.brandylibrary.com; 25 N Moore St, esq. Varick St; 17.00-1.00 do-mi, 16.00-2.00 ju, 16.00-4.00 vi y sa; S 1 hasta Franklin St)

Smith & Mills — COCTELERÍA

28 plano p. 30, A2

Minúscula coctelería que marca todas las casillas de calidad: entrada discreta, diseño interior industrial algo extravagante y magistrales cócteles (el Carriage House es un guiño al anterior uso del local). Conviene acudir temprano para relajarse en uno de los lujosos bancos. La carta, de temporada, ofrece desde tentempiés ligeros hasta hamburguesas. (www.smithandmills.com; 71 N Moore St, entre Hudson St y Greenwich St; 11.00-2.00 lu-mi, hasta 3.00 ju-sa, hasta 1.00 do; S 1 hasta Franklin St)

Ward III — COCTELERÍA

29 plano p. 30, B3

Oscura y animada, conjura la libertad de otros tiempos, con bebidas elegantes, un ambiente de vieja escuela (con máquinas de coser Singer tras la barra) y reglas de urbanidad (nº 2: "No fastidiar"). Se podrán recordar viejos tiempos con un *moroccan martini* en la mano, o picotear alguno de sus platos de calidad. (www.ward3tribeca.com; 111 Reade St, entre Church St y W Broadway; 16.00-4.00 lu-vi, 17.00-4.00 sa y do; S A/C, 1/2/3 hasta Chambers St)

Keg No 229 — CERVECERÍA

30 plano p. 30, E5

Si el viajero sabe que la Flying Dog Raging Bitch es una cerveza artesanal, esta cervecería es su sitio. Desde la Mother's Milk Stout a la Abita Purple Haze, su batallón de cervezas de barril, botella y lata es un quién es quién de la cervecería americana. Enfrente, en el nº 220, está su hermana dedicada al vino, **Bin No 220.** (www.kegno229.com; 229 Front St, entre Beekman St y Peck Slip; 12.00-24.00 do-mi, hasta 2.00 ju-sa; S A/C, J/Z, 1/2, 4/5 hasta Fulton St)

Consejo
Entradas de TKTS

Para conseguir entradas de Broadway a precio rebajado, hay que olvidarse de las taquillas de TKTS en Times Sq y dirigirse a la sucursal de **South Street Seaport** (plano p. 30, D5; www.tdf.org/tkts; Front St esq. John St; 11.00-18.00 lu-sa, hasta 16.00 do; S A/C hasta Broadway- Nassau; 2/3, 4/5, J/Z hasta Fulton St). Las colas son más rápidas y también se pueden comprar entradas para la primera función del día siguiente (lo que no es posible en las de Times Sq). Si se dispone de teléfono inteligente, se puede bajar gratis la aplicación TKTS, que informa en tiempo real de las entradas disponibles.

La Colombe
CAFÉ

31 plano p. 30, B1

Lo único que ofrece este tostadero es café y algo de repostería, pero todo excelente, con un *espresso* oscuro e intenso. No hay que marcharse sin una botella de *Pure Black Coffee,* macerado 16 h sin oxígeno en cubas de acero inoxidable. (www.lacolombe.com; 319 Church St, esq. Lispenard St; 7.30-18.30 lu-vi, desde 8.30 sa y do; S A/C/E hasta Canal St)

Ocio

Tribeca Cinemas
CINE

32 plano p. 30, B1

Es la sede del Tribeca Film Festival, fundado en el 2003 por Robert De Niro y Jane Rosenthal, que tiene lugar a finales de abril o principios de mayo. La sala acoge todo el año una gran variedad de proyecciones y exposiciones didácticas, así como festivales sobre arquitectura y diseño. Más información en la web. (www.tribecacinemas.com; 54 Varick St, esq. Laight St; S A/C/E, N/Q/R, J/Z, 6 hasta Canal St)

De compras

Century 21
MODA

33 plano p. 30, B5

Para quienes quieren ir a la moda por poco dinero, esta tienda de descuentos es peligrosamente adictiva. En sus estantes cuelgan prendas de diseño con un 70% de descuento. Aunque no todo son gangas, vale la pena echar una ojeada. También vende accesorios, zapatos, cosmética, menaje y juguetes. (www.c21stores.com; 22 Cortlandt St, entre Church St y Broadway; 7.45-21.00 lu-mi, hasta 21.30 ju y vi, 10.00-21.00 sa, 11.00-20.00 do; S A/C, J/Z, 2/3, 4/5 hasta Fulton St, N/R hasta Cortlandt St)

Shinola
ACCESORIOS

34 plano p. 30, A2

Famosa por sus codiciados relojes de pulsera, la tienda con base en Detroit vende una gran selección de objetos fabricados en EE UU, como fundas de piel para iPad o bicicletas de edición limitada con alforjas personalizadas e incluso joyas fabricadas con metales de edificios demolidos de Detroit. Tiene una barra de cafés. (www.shinola.com;

Vida local
Flea Theater

Uno de los principales núcleos del "off-Broadway", el **Flea Theater** (plano p. 30, B2; www.theflea.org; 41 White St, entre Church St y Broadway; S 1 hasta Franklin St, A/C/E, N/Q/R, J/Z, 6 hasta Canal St) es famoso por representar obras innovadoras y oportunas en sus dos espacios. Grandes estrellas como Sigourney Weaver o John Lithgow han pisado sus tablas y en su programa anual se incluyen espectáculos de música y danza.

Staten Island Ferry (p. 32).

177 Franklin St, entre Greenwich St y Hudson St; ⏱11.00-19.00 lu-sa, 12.00-18.00 do; Ⓢ1 hasta Franklin St)

Philip Williams Posters VINTAGE

35 🔒 plano p. 30, B3

Ofrece más de medio millón de carteles, desde anuncios franceses de perfume y coñac hasta carteles de películas soviéticas y promociones de la TWA. Los precios oscilan desde 15 hasta miles de US$ y muchas de las piezas son originales. También se entra por el nº 52 de Warren St. (www.postermuseum.com; 122 Chambers St, entre Church St y W Broadway; ⏱11.00-19.00 lu-sa; Ⓢ A/C, 1/2/3 hasta Chambers St)

Steven Alan MODA

36 🔒 plano p. 30, B2

El diseñador neoyorquino combina sus modernas prendas de inspiración clásica para hombre y mujer con una bonita selección de ropa de marcas alternativas, como Scandinavia's Hope, Our Legacy o Won Hundred. También vende fragancias difíciles de encontrar, bolsos, joyas y una selección de zapatos de marcas como Common Projects o No. 6. (www.stevenalan.com; 103 Franklin St, entre Church St y W Broadway; ⏱11.30-19.00 lu-mi, vi y sa, 11.30-20.00 ju, 12.00-18.00 do; Ⓢ A/C/E hasta Canal St, 1 hasta Franklin St)

Pasanella & Son
VINOS

37 plano p. 30, E5

Los amantes del vino adoran esta vinoteca con más de 400 caldos, desde asequibles a onerosos. Especializada en pequeños productores, cuenta con una selección de bodegas biodinámicas y ecológicas. Ofrece catas gratis de las novedades semanales los domingos y degustaciones temáticas de vinos y quesos todo el año. (www.pasanellaandson.com; 115 South St, entre Peck Slip y Beekman St; ⊙10.00-21.00 lu-sa, 12.00-19.00 do; SA/C, J/Z, 2/3, 4/5 hasta Fulton St)

Mysterious Bookshop
LIBROS

38 plano p. 30, B3

Esta librería de misterio vende desde clásicos de espionaje y misterio hasta novela negra nórdica o crítica literaria, nuevos o de segunda mano, incluidas primeras ediciones, ejemplares firmados, revistas extrañas y libros ilustrados para pequeños detectives. En su web se detallan las actividades. (www.mysteriousbookshop.com; 58 Warren St, esq. W Broadway; ⊙11.00-19.00 lu-sa; S1/2/3, A/C hasta Chambers St)

Citystore
RECUERDOS

39 plano p. 30, C3

Ofrece todo tipo de recuerdos de NY: placas de taxi auténticas, posavasos en forma de alcantarilla, pósteres del puente de Brooklyn o gorras de béisbol del NYPD, además de libros sobre la ciudad. (www.nyc.gov/citystore; Municipal Bldg, North Plaza, 1 Centre St; ⊙10.00-17.00 lu-vi; SJ/Z hasta Chambers St, 4/5/6 hasta Brooklyn Bridge-City Hall)

Best Made Company
ACCESORIOS, MODA

40 plano p. 30, B1

Para que la próxima acampada tenga un aire de Manhattan, hay que visitar esta tienda-estudio de diseño. Bonitas hachas fabricadas a mano, mochilas, gafas de sol e incluso dianas y botiquines de diseño. La pequeña colección de ropa masculina incluye camisetas estampadas y artículos de punto de Dehen Knitting Mills, de Portland. (www.bestmadeco.com; 36 White St, esq. Church St; ⊙12.00-19.00 lu-sa, hasta 18.00 do; SA/C/E hasta Canal St, 1 hasta Franklin St)

Explorar

SoHo y Chinatown

Como los parches de colores de una gran colcha, las áreas que rodean el SoHo (SOuth of HOuston) son como un conjunto de mini repúblicas. Los italoamericanos recrean el ambiente de Nápoles en Little Italy, los expertos en moda van de *boutique* en *boutique* por Nolita (NOrth of LIttle ITAly) y las grandes familias chinas cotillean frente a un plato de *xiaolongbao* (bolas de masa) en Chinatown.

Lo mejor en un día

El día comienza paseando por la bulliciosa Chinatown. Uno se puede arrodillar frente al gran Buda del **templo Mahayana** (p. 54), jugar al *mahjong* en el **Columbus Park** (p. 54) y descubrir la vida de los chinos americanos en el **Museum of Chinese in America** (p. 52). Al llegar a Mulberry St se entra en pleno corazón de Little Italy, donde se podrá buscar paz en la **St Patrick's Old Cathedral** (p. 53).

En el SoHo se recomienda almorzar en **Dutch** (p. 55) o tomar un *brunch* en **Balthazar** (p. 55) y después ir de compras. Tras quemar las tarjetas de crédito en las tiendas de marcas más convencionales de Broadway, continuar por las joyas de las calles aledañas, como **Kiosk** (p. 61), **3x1** (p. 49), o **Rag & Bone** (p. 60). Si ir de compras no seduce, se puede viajar en el tiempo en el **Merchant's House Museum** (p. 52), la mansión federalista mejor conservada de NY.

Al caer la noche llega el momento de los restaurantes de moda, como **Saxon + Parole** (p. 55) o **Public** (p. 55). Aunque ambos cuentan con bares estupendos, se aconseja rematar la noche con un cóctel en el **Pegu Club** (p. 58), preparado por el galardonado coctelero Kenta Goto.

Para un recorrido local por el SoHo, véase p. 48.

 **Vida local**

De compras por el SoHo (p. 48)

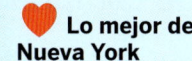 **Lo mejor de Nueva York**

Compras
Rag & Bone (p. 60)

MoMA Design Store (p. 60)

MiN New York (p. 49)

Museos
Merchant's House Museum (p. 52)

New York City Fire Museum (p. 53)

Comer
Dutch (p. 55)

Saxon + Parole (p. 55)

Cómo llegar

S Metro Las líneas de metro tienen parada en varios puntos de Canal St (J/Z, N/Q/R y 6). Una vez allí, lo mejor es seguir a pie. Otras paradas cercanas son Brooklyn Bridge-City Hall (4/5/6) o Chambers St (J/Z) para ir al sur (hay que andar un poco).

Taxi Conviene evitarlos, sobre todo en Chinatown, porque el tráfico es horrible.

Vida local
De compras por el SoHo

A los adictos a las compras de todo el mundo se les cae la baba al pensar en el SoHo y sus tiendas a la última, sus marcas de lujo y los personajes que pasean por allí, siempre a la moda. Pero más allá de las grandes marcas, se descubre un panorama completamente distinto, en el que artesanos con talento y empresas independientes crean artículos, únicos y sugerentes: es el SoHo en su máximo esplendor.

❶ **Café nicaragüense**
Para cargar las pilas con un café de origen único hay que ir al **Café Integral** (www.cafeintegral.com; 135 Grand St, entre Crosby St y Lafayette St; ⏱8.00-18.00 lu-vi, 10.00-18.00 sa, 12.00-17.00 do; ⓈN/Q/R, J, 6 hasta Canal St), una minúscula cafetería dentro de la tienda-galería American Two Shot. El veinteañero propietario

De compras por el SoHo

César Martin Vega está obsesionado con el café nicaragüense.

❷ Tejanos perfectos
En **3x1** (www.3x1.us; 15 Mercer St, entre Howard St y Grand St; ⊙11.00-19.00 lu-sa, 12.00-18.00 do; ⓈN/Q/R, J, 6 hasta Canal St) se pueden diseñar unos tejanos propios: sea escogiendo los botones y el dobladillo de un par ya cosido (desde 195 US$ los de mujer y desde 285 US$ los de hombre), personalizando la tela y los detalles de patrones existentes (525-750 US$), o bien creándolos desde cero (1200 US$).

❸ Zapatos de diseño
El calzado artesano y local es lo que define a **Alejandro Ingelmo** (www.alejandroingelmo.com; 51 Wooster St, entre Broome St y Grand St; ⊙11.00-19.00 lu-vi, desde 12.00 sa y do; Ⓢ1, A/C/E hasta Canal St), que ofrece desde botas de baloncesto a zapatos de tacón que se inspiran en mariposas. Unas deportivas cuestan cerca de 600 US$.

❹ Arte en la acera
El grabado de la acera de la esquina noreste de Prince St con Broadway es obra del escultor japonés Ken Hiratsuka, que ha esculpido casi 40 aceras de la ciudad. Para terminar este tardó dos años (1983-1984), con constantes interrupciones de la policía porque trabajaba ilegalmente y de noche.

❺ Compras 'gourmet'
A NY le gustan los colmados de lujo. **Dean & DeLuca** (📞212-226-6800; www.deananddeluca.com; 560 Broadway, esq. Prince St; ⊙7.00-20.00 lu-vi, 8.00-20.00 sa y do; ⓈN/R hasta Prince St, 6 hasta Spring St) es uno de los mejores, cuyas delicias listas para comer incluyen cruasanes de almendra con azúcar por encima.

❻ 'Fragrance Flight'
En **MiN New York** (www.minnewyork.com; 117 Crosby St, entre Jersey St y Prince St; ⊙11.00-19.00 lu-sa, 12.00-18.00 do; ⓈB/D/F/M hasta Broadway-Lafayette St, N/R hasta Prince St) se puede solicitar una de sus "fragrance flight", una visita guiada por su extraordinaria colección de perfumes y cosméticos únicos. Se recomienda probar las fragancias autóctonas, como Brooklyn's MCMC o Detroit's Kerosene, así como sus productos capilares.

❼ Parada intelectual
La animada librería alternativa **McNally Jackson** (📞212-274-1160; www.mcnallyjackson.com; 52 Prince St, entre Lafayette St y Mulberry St; ⊙10.00-22.00 lu-sa, hasta 21.00 do; ⓈN/R hasta Prince St; 6 hasta Spring St) está abarrotada con una gran selección de revistas y libros de ficción, gastronomía, arquitectura, diseño, arte e historia. Tras escoger un libro sobre estilo neoyorquino, nada mejor que tomar un café, al fondo. Con algo de suerte se tropezará con alguna lectura o firma de libros.

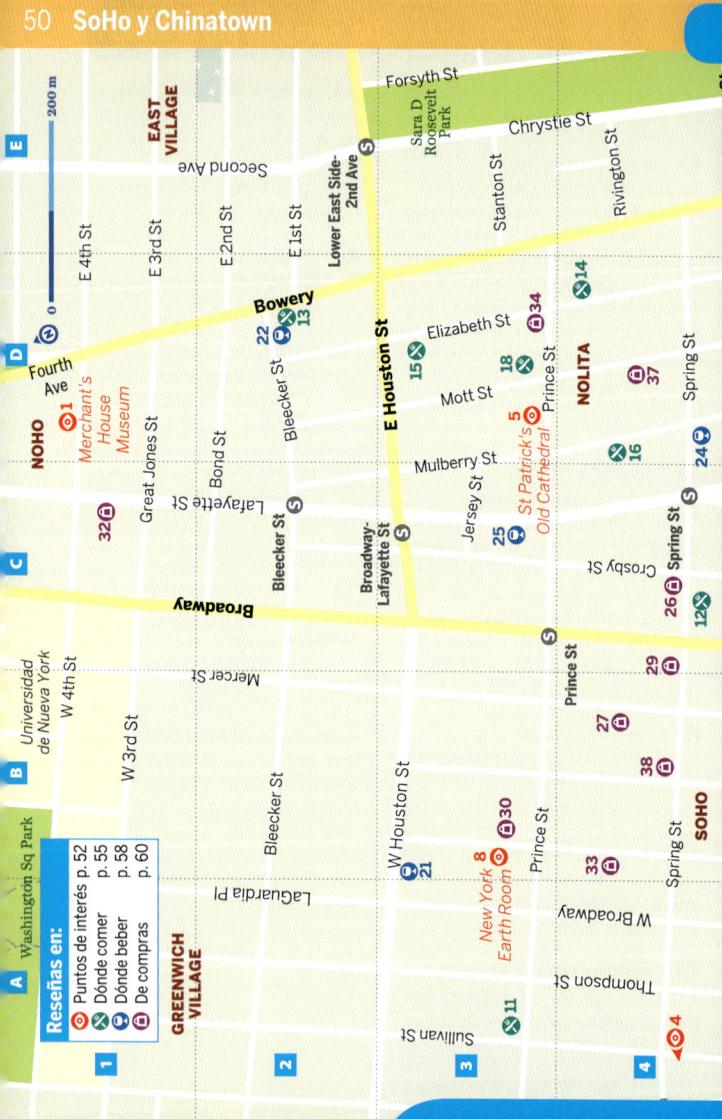

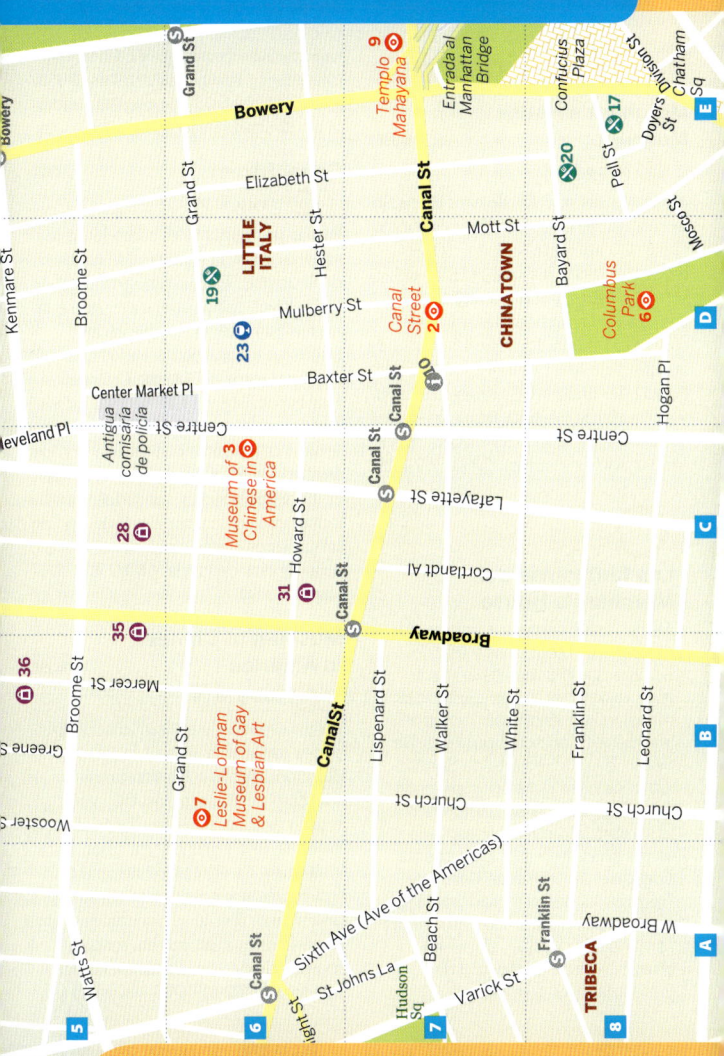

Puntos de interés

Merchant's House Museum
MUSEO

 plano p. 50, D1

Atravesar las puertas de esta mansión magníficamente conservada es como viajar 150 años atrás. Todo, desde los suelos hasta las campanillas del servicio, está igual que cuando se construyó. La fachada también se conserva intacta. La magnífica casa de ladrillo rojo fue, en otra época, la residencia del magnate Seabury Tredwell y su familia y, hasta la fecha, es la casa de estilo federal más auténtica de NY (de las 300 existentes). (212-777-1089; www.merchantshouse.org; 29 E 4th St, entre Lafayette St y Bowery; adultos/niños 10 US$/gratis; 12.00-17.00 ju-lu, circuitos guiados 14.00; S 6 hasta Bleecker St)

Canal Street
CALLE

 plano p. 50, D7

Pasear por Canal St es como jugar al videojuego de la rana por las calles de Shanghái. Es la arteria principal de Chinatown, por la que, sorteando a la marea humana, es posible escabullirse a los callejones en los que buscar tesoros del Lejano Oriente. Hay herboristerías que venden raíces y pociones dignas del caldero de una bruja, restaurantes con patos y cerdos asados enteros colgados por el cuello en los escaparates, y vendedores ambulantes que comercian con todo tipo de imitaciones, desde gafas de sol Gucci hasta bolsos de Prada. (S J/Z, N/Q/R, 6 hasta Canal St)

Museum of Chinese in America
MUSEO

 plano p. 50, C6

En un espacio de 1150 m² diseñado por la arquitecta Maya Lin (creadora del monumento a los Veteranos de Vietnam de Washington DC), este museo es un espacio polifacético, con galerías, una librería y un salón para visitantes. Es el centro nacional de información sobre la vida chino-americana, donde se pueden descubrir exposiciones multimedia, mapas, cronologías, fotos, cartas, películas y objetos. (212-619-4785; www.mocanyc.

> **Vida local**
> **Los fantasmas del Merchant's House**
>
> Tan famosos como sus antigüedades son sus fantasmas y espíritus. Se cree que muchos de los antiguos residentes han encantado la mansión, haciendo aparición por las noches y en actos públicos. De hecho, en un concierto de San Valentín de hace unos años, muchos asistentes afirmaron haber visto la sombra de una mujer sentada en las sillas de la salita. Se cuenta que era el fantasma de Gertrude Tredwell, la última moradora de la casa. Cada año, durante las últimas semanas de octubre, el museo ofrece un circuito especial de fantasmas, por la noche.

Puntos de interés

Templo Mahayana (p. 54).

org; 211-215 Centre St, entre Grand St y Howard St; adultos/niños 10 US$/gratis, ju gratis; ⊙11.00-18.00 ma, mi y vi-do, hasta 21.00 ju; [S]N/Q/R, J/Z, 6 hasta Canal St)

New York City Fire Museum MUSEO

4 ⊙ plano p. 50, A4

En un histórico parque de bomberos de 1904, este tributo a los bomberos incluye una colección de equipos antiguos, desde carros de caballos para la extinción de incendios hasta los primeros trajes especiales de rescate, con sombreros de copa. Las exposiciones muestran el desarrollo del sistema de bomberos de la ciudad, que se inició con las "brigadas de cubos". El Departamento de Bomberos de Nueva York (FDNY, por sus siglas en inglés) perdió a la mitad de sus miembros en la caída del World Trade Center, y las exposiciones conmemorativas se han convertido en una parte permanente de la colección. (☎212-219-1222; www.nycfiremuseum.org; 278 Spring St, entre Varick St y Hudson St; adultos/niños 8/5 US$; ⊙10.00-17.00; ♿; [S]C/E hasta Spring St)

St Patrick's Old Cathedral IGLESIA

5 ⊙ plano p. 50, D3

La St Patrick's Cathedral está hoy en Fifth Ave, en Midtown, pero su primera congregación apareció aquí, en el extremo norte de Little Italy, en esta iglesia neogótica de 1809-1815 diseñada por Joseph-François Mangin. En su época fue la sede de la vida religiosa de la archidiócesis de NY, así como un importante centro comunitario para los recién llegados, sobre todo irlandeses. El antiguo cementerio de la parte de atrás es un oasis de paz en mitad del caos urbano. (www.oldsaintpatricks.com; 263 Mulberry St, acceso por Mott St; 8.00-18.00; S N/R hasta Prince St)

Columbus Park PARQUE

6 plano p. 50, D8

Maestros del *mahjong,* practicantes de taichi y señoras mayores cotilleando mientras mastican pastelillos caseros: parece Shanghái pero es NY. En el s. XIX formaba parte del infame Five Points, la primera barriada de edificios altos de la ciudad y fuente de inspiración para Martin Scorsese y su *Gangs of New York.* (Mulberry St y Bayard St; S J/Z, N/Q/R, 6 hasta Canal St)

Leslie-Lohman Museum of Gay & Lesbian Art MUSEO

7 plano p. 50, B6

El primer museo del mundo dedicado a temática LGBT organiza de seis a ocho exposiciones anuales de arte nacional e internacional. Hasta la fecha se han ofrecido retrospectivas de artistas y exposiciones temáticas, como la de arte y sexo en la ribera de NY. Buena parte de lo expuesto proviene de la colección del museo, de cerca de 50 000 obras. También se realizan conferencias, lecturas, películas y actuaciones. (212-431-2609; www.leslielohman.org; 26 Wooster St, entre Grand St y Canal St; gratis; 12.00-18.00 ma-sa; S A/C/E hasta Canal St)

New York Earth Room GALERÍA

8 plano p. 50, B3

Desde 1980, la rareza de la obra del artista Walter De Maria ha cosechado la admiración de los curiosos con algo que no suele encontrarse en la ciudad: tierra (191 m^3, o 126 000 kg, para ser exactos). Pasear por el pequeño recinto es una experiencia única, ya que el aroma recuerda al de un bosque húmedo; la belleza y pureza de la tierra en mitad de esta frenética ciudad es algo sorprendentemente conmovedor. (www.earthroom.org; 141 Wooster St, entre Prince St y W Houston St; gratis; 12.00-18.00 mi-do, cerrado 15.00-15.30 med jun-med sep; S N/R hasta Prince St)

Templo Mahayana TEMPLO

9 plano p. 50, E7

El templo budista Mahayana alberga un Buda dorado de casi 5 m sentado sobre una flor de loto y rodeado de ofrendas de naranjas, manzanas y flores frescas. Es el mayor templo budista de Chinatown, y su fachada, justo al lado de la entrada de vehículos del Manhattan Bridge, está flanqueada por dos protectores leones dorados. (133 Canal St, esq. Manhattan Bridge Plaza; 8.00-18.00; S B/D hasta Grand St, J/Z, 6 hasta Canal St)

Dónde comer

Dutch AMERICANA CONTEMPORÁNEA $$$

10  plano p. 50, A3

Tanto en la barra como en la sala de atrás, siempre se sirve buena comida, directa de la granja, como ostras del Maine o jugosas hamburguesas de carne curada. Se recomienda reservar. (📞212-677-6200; www.thedutchnyc.com; 131 Sullivan St, entre Prince St y Houston St; principales 19-52 US$; ⏰11.30-15.00 y 17.30-hasta tarde lu-vi, desde 10.00 sa y do; 🅂C/E hasta Spring St, N/R hasta Prince St, 1 hasta Houston St)

Balthazar FRANCESA $$$

11  plano p. 50, C4

Continúa siendo el rey de los bistrós, abarrotado de clientes exigentes, gracias a tres detalles: su ubicación en pleno corazón comercial del SoHo; el ambiente entre París y NY; y la gran oferta de la carta. La cocina abre hasta la 1.00 los viernes y sábados, y el *brunch* del fin de semana siempre se llena y es delicioso. Si se quiere un capricho dulce se puede comprar un pastelillo en la panadería Balthazar de al lado. (📞212-965-1414; www.balthazarny.com; 80 Spring St, entre Broadway y Crosby St; principales 17-45 US$; ⏰7.30-hasta tarde lu-vi, desde 8.00 sa y do; 🅂6 hasta Spring St; N/R hasta Prince St)

Saxon + Parole AMERICANA CONTEMPORÁNEA $$$

12 plano p. 50, D2

Divertido y a la moda, bautizado en honor de dos caballos del s. XIX, ofrece platos caseros con un toque especial. Se puede disfrutar del tartar de atún con *yuzu*, *wasabi* de aguacate y chips de raíces, o bien de un delicioso pato de Long Island, ahumado a la perfección. Tras la comida, habrá que escurrirse por la puerta secreta y tomar un cóctel en Madam Geneva (p. 59). (📞212-254-0350; www.saxonandparole.com; 316 Bowery, esq. Bleecker St; almuerzos 8-17 US$, principales cena 18-37 US$; ⏰17.00-23.00 lu-ju, 12.00-24.00 vi, 10.30-24.00 sa, 10.30-22.00 do; 🅂6 hasta Bleecker St, B/D/F/M hasta Broadway-Lafayette St)

Public AMERICANA CONTEMPORÁNEA $$$

13 plano p. 50, D4

Antigua fábrica de magdalenas convertida en restaurante con bar, detalles industriales y platos magistralmente preparados que bien merecen su estrella Michelin. Los guiños a la cocina internacional son toda una sorpresa, tanto el canguro con *falafel* de cilantro y *tahini* de limón como el venado de Nueva Zelanda con buñuelos de Cabrales. (📞212-343-7011; www.public-nyc.com; 210 Elizabeth St, entre Prince St y Spring St; principales 21-34 US$; ⏰18.00-hasta tarde lu-vi, 10.30-15.30 y 18.00-hasta tarde sa y do; 🅂6 hasta Spring St, N/R hasta Prince St)

Comprender
Historia de dos vecindarios

Aunque renovar los barrios de NY parece ser el pasatiempo preferido de los constructores y las inmobiliarias, algunos rincones tienen raíces profundas en la psique de la ciudad. Chinatown y Little Italy son un buen ejemplo y sus miles de historias forman parte indisoluble del patrimonio de la urbe.

Five Points
Bajo el verdor de Columbus Park, en Chinatown, se esconde una historia oscura y sucia. En el s. xix formaba parte de Five Points, la barriada más miserable de EE UU. Un revoltijo antihigiénico de mataderos, curtidurías, tabernas y burdeles que acabó atrayendo a muchísimos neoyorquinos de pro, que venían a hacer visitas guiadas. Uno de los visitantes extranjeros fue el escritor inglés Charles Dickens, que luego dijo: "El libertinaje ha hecho que hasta las casas envejezcan prematuramente".

De la nada al todo
La historia de los inmigrantes chinos es larga y tumultuosa. Los primeros en llegar a América trabajaron en el Central Pacific Railroad o bien se fueron a la costa oeste en busca de oro. Cuando el oro empezó a escasear, se trasladaron a NY para trabajar en cadenas de montaje y lavanderías. El creciente racismo se plasmó en la Ley de Exclusión China (1882-1943), que imposibilitaba la naturalización de los chinos y prácticamente impedía que encontraran trabajo en EE UU. Con la introducción de la Ley de Inmigración y Nacionalidad de 1965, más justa, la inmigración se disparó y hoy hay cerca de 150 000 chinos viviendo en los edificios de los alrededores de Mott St.

Cantantes y mafiosos
A diferencia de Chinatown, Little Italy no ha dejado de menguar en los últimos 50 años. A pesar de los cambios, la sombra de la historia es alargada: el Mulberry Street Bar, en el nº 176½ de la calle homónima, era uno de los garitos preferidos de Frank Sinatra; en la esquina de Mulberry St y Kenmare St se vendía abiertamente alcohol durante la ley seca (lo que le valió el nombre de "la Bolsa del bordillo"); y en el nº 247 de la misma calle pasaban el rato los mafiosos Lucky Luciano y John Gotti.

Cannoli, Little Italy.

Tacombi

MEXICANA $

14 plano p. 50, D3

Luces de fiesta colgadas, sillas plegables y mexicanos preparando tacos en una vieja VW Kombie: si no se puede ir a Yucatán, este es un buen plan B. Informal y social, ofrece buenos tacos recién hechos, incluidos los de desayuno de huevos con chorizo. (www.tacombi.com; 267 Elizabeth St, entre E Houston St y Prince St; tacos desde 4 US$; ⏱11.00-hasta tarde lu-vi, desde 9.00 sa y do; S B/D/F/M hasta Broadway-Lafayette St, 6 hasta Bleecker St)

Rubirosa

PIZZERÍA $$

15 plano p. 50, D4

La infalible receta familiar de la masa de *pizza* finísima y perfecta atrae a un incesante número de clientes de toda la ciudad. Se puede comer en la barra o en una mesa, dejando sitio para los sabrosos aperitivos y *antipasti*. Ofrecen menús para celíacos. (📞212-965-0500; www.rubirosanyc.com; 235 Mulberry St, entre Spring St y Prince St; pizzas 16-26 US$, principales 12-28 US$; ⏱11.30-hasta tarde; S N/R hasta Prince St, B/D/F/M hasta Broadway-Lafayette St, 6 hasta Spring St)

Joe's Shanghai
CHINA $

16 plano p. 50, E8

Ideal para ir con amigos, parece sacado de Flushing, con mesas giratorias de plástico y la *xiao long bao* (sopa de bolas de masa) más jugosa de la ciudad. También sirven ventresca de bagre búfalo picante o cerdo y calamares salteados con jalapeños y cuajada de judías. Solo aceptan efectivo. (212-233-8888; www.joeshanghairestaurants.com; 9 Pell St, entre Bowery y Doyers St; principales 5-26 US$; 11.00-23.00; S N/Q/R, J/Z, 6 hasta Canal St, B/D hasta Grand St)

Café Gitane
MEDITERRÁNEA $$

17 plano p. 50, D3

Habrá que pestañear dos veces e intentar apartar el humo que engaña la vista y hace creer que se está en París. Es un local para ver y dejarse ver, con modelos que solo comen lechuga y alguna que otra estrella de Hollywood. Hay que probar platos a la moda como los *friands* de arándano y almendras o el cuscús marroquí con pollo ecológico. (212-334-9552; www.cafegitanenyc.com; 242 Mott St, esq. Prince St; principales 14-16 US$; 8.30-24.00 do-ju, hasta 12.30 vi y sa; S N/R hasta Prince St, 6 hasta Spring St)

Nyonya
MALASIA $$

18 plano p. 50, D6

El paladar cree haber llegado a la húmeda Malaca en este animado templo de la cocina chino-malasia, donde solo se puede pagar en metálico. Se podrá saborear el dulce, el agrio y el picante de platos típicos como el *kangkung belacan* (espinaca de agua salteada con pasta picante de gambas), el *randang* de ternera o la *rojak* (ensalada con vinagreta picante de tamarindo). No hay mucha oferta para vegetarianos. (212-334-3669; 199 Grand St, entre Mott St y Mulberry St; principales 7-24 US$; 11.00-hasta tarde; S N/Q/R, J/Z, 6 hasta Canal Street, B/D hasta Grand St)

Original Chinatown Ice Cream Factory
HELADERÍA $

19 plano p. 50, E8

La heladería preferida de Chinatown ofrece sabores locales como té verde, jengibre, durián o sorbete de lichi. Para los valientes se recomienda el de mantequilla zen (cremoso helado de mantequilla de cacahuete con semillas de sésamo tostadas). También venden camisetas con un dragón comiéndose un helado. (212-608-4170; www.chinatownicecreamfactory.com; 65 Bayard St; bola de helado 4 US$; 11.00-22.00; S N/Q/R, J/Z, 6 hasta Canal St)

Dónde beber

Pegu Club
COCTELERÍA

20 plano p. 50, B3

El elegante Pegu Club (que toma el nombre de un legendario club masculino de la Rangún colonial) es una parada obligatoria para los amantes de los cócteles. Hay que arrellanarse en uno de los sofás de terciopelo y saborear las infinitas creaciones del

Dónde beber

galardonado coctelero Kenta Goto, como el sedoso Earl Grey MarTEAni (ginebra con infusión de té, zumo de limón y clara de huevo batida). La oferta de picoteo es de corte asiático. (www.peguclub.com; 77 W Houston St, entre W Broadway y Wooster St; ⏰17.00-2.00 do-mi, hasta 4.00 ju-sa; Ⓢ B/D/F/M hasta Broadway-Lafayette St, C/E hasta Spring St)

Madam Geneva COCTELERÍA

En esta oscura y sensual coctelería se encontrarán lámparas colgantes, sofás de cuero y papel pintado con volutas que recuerdan la Nayang colonial. Dominan la carta los cócteles de ginebra, combinados con acierto con bocados de inspiración asiática, como los bollos de pato al vapor o las alas de pollo con tamarindo. Al lado se halla el restaurante Saxon + Parole (p. 55). (www.madamgeneva-nyc.com; 4 Bleecker St, esq. Bowery; ⏰18.00-2.00; Ⓢ 6 hasta Bleecker St, B/D/F/M hasta Broadway-Lafayette St)

Mulberry Project COCTELERÍA

 plano p. 50, D6

Tras una puerta sin marcas se esconde esta íntima coctelería, con un animado patio trasero que es uno de los mejores sitios del barrio para relajarse. Su especialidad son los cócteles preparados al gusto del consumidor: solo hay que decir qué ingredientes gustan y el camarero se encarga del resto. Hay una buena selección de bocados, como la ensalada de sandía con queso de cabra o los dátiles con beicon. (☎646-448-4536; www.mulberry-project.com; 149 Mulberry St, entre Hester St y Grand St; ⏰18.00-1.00 do-ju, hasta 4.00 vi y sa; Ⓢ N/Q/R, J/Z, 6 hasta Canal St)

Spring Lounge BAR

23 plano p. 50, D4

Este rebelde de neones rojos nunca ha permitido que nada se interpusiera en el camino de una buena fiesta. Durante la ley seca traficaba con cerveza y en la década de 1960 el sótano era un garito de apuestas. Hoy es conocido por sus tiburones disecados, sus clientes tempraneros y sus juergas hasta altas horas de la madrugada.

Para que el ritmo no pare, se venden bebidas baratas y se sirve comida gratis (perritos calientes los miércoles desde las 17.00 y *bagels* los domingos desde las 12.00 y hasta que se acaban). (www.thespringlounge.com; 48 Spring St, esq. Mulberry St; ⏰8.00-4.00 lu-sa, desde 12.00 do; Ⓢ 6 hasta Spring St, N/R hasta Prince St)

 Consejo

Comida en plan familiar

Chinatown tiene la mejor oferta culinaria de la zona y a los neoyorquinos les encanta bajar al centro para satisfacer sus ansias de comida china. Lo ideal es ir con amigos y pedir en plan familiar, un montón de platos de los que se probará un poco de cada. Parecerá que el camarero se haya olvidado un cero de la cuenta.

La Colombe   CAFÉ

24 plano p. 50, C3

Los agotados compradores del SoHo recargan pilas en esta minúscula cafetería decorada con un mural de Roma. Sirven cafés fuertes y con cuerpo. Venden una pequeña selección de bocados, como galletas o cruasanes. (www.lacolombe.com; 270 Lafayette St, entre Prince St y Jersey St; ⏲7.30-18.30 lu-vi, desde 8.30 sa y do; Ⓢ N/R hasta Prince St, 6 hasta Spring St)

De compras

MoMA Design Store   MENAJE, REGALOS

25 plano p. 50, C4

La tienda del centro del Museum of Modern Art vende objetos elegantes, originales y útiles para la casa, la oficina y el armario. Hay despertadores modernos, jarrones con formas extrañas, utensilios de cocina de diseño y lámparas surrealistas, además de juegos de ingenio, marionetas, bufandas, libros ilustrados y montones de ideas para regalo. (📞646-613-1367; www.momastore.org; 81 Spring St, esq. Crosby St; ⏲10.00-20.00 lu-sa, 11.00-19.00 do; Ⓢ N/R hasta Prince St, 6 hasta Spring St)

Rag & Bone   MODA

26 plano p. 50, B4

La marca Rag & Bone es todo un éxito entre los neoyorquinos más elegantes y modernos, tanto hombres como mujeres. Las prendas con todo tipo de detalles incluyen camisas y americanas de corte sencillo, camisetas estampadas, vestidos de tirantes ligeros, artículos de piel y los codiciados tejanos de Rag & Bone. (www.rag-bone.com; 119 Mercer St, entre Prince St y Spring St; ⏲11.00-20.00 lu-sa, 12.00-19.00 sa; Ⓢ N/R hasta Prince St)

Saturdays   MODA, ACCESORIOS

27 plano p. 50, C5

La tienda de *surf* del SoHo no solo ofrece tablas, cera y neoprenos; también vende productos de cosmética de diseño, artes gráficas y libros sobre *surf*, además de su propia línea de moda de gran calidad para hombres. Una vez vestido y con un café en la mano se podrá descansar en el jardín trasero y escuchar todo tipo de historias sobre tiburones. Hay otra tienda en West Village; véase la web

Consejo
Moda en la Red

Los auténticos adictos a las compras deberían consultar las webs especializadas, los blogs de moda o a los famosos de Twitter antes de lanzarse a las calles del SoHo y más allá. Algunos de los mejores son **Racked** (www.ny.racked.com), **Bill Cunningham** (www.nytimes.com/video/on-the-street), **Andre Leon Talley** (twitter.com/OfficialAL) y **Women's Wear Daily** (twitter.com/womensweardaily).

De compras

Chinatown.

para más detalles. (www.saturdaysnyc.com; 31 Crosby St, entre Broome St y Grand St; 8.30-19.00 lu-vi, desde 10.00 sa y do; S N/Q/R, J/Z, 6 hasta Canal St)

Kiosk REGALOS
28 plano p. 50, C4

Los propietarios recorren todo el mundo en busca de artículos interesantes y únicos, desde libros y pantallas de lámparas hasta pasta de dientes, que traen al SoHo y venden con espíritu digno de museo. Sus aventuras comerciales les han hecho traer curiosidades de Japón, Islandia, Suecia y Hong Kong. (212-226-8601; www.kioskkiosk.com; 2ª planta, 95 Spring St, entre Mercer St y Broadway; 12.00-19.00 lu-sa; S N/R hasta Prince St, B/D/F/M hasta Broadway-Lafayette St)

Adidas Originals CALZADO, MODA
29 plano p. 50, B3

Venden las emblemáticas deportivas de tres rayas, muchas de ellas recuerdo de las décadas de oro de 1960-1980. Incluso se puede diseñar un par propio. Además de zapatillas, se pueden comprar sudaderas con capucha, ropa deportiva, camisetas y accesorios, como gafas de sol, relojes y bolsas retro. A veces pinchan DJ. (212-673-0398; 136 Wooster St, entre Prince St y W Houston St; 11.00-19.00 lu-sa, 12.00-18.00 do; S N/R hasta Prince St)

Vida local
Bunya Citispa

Exmodelos y compradores agotados se refugian en el elegante **Bunya Citispa** (plano p. 50, A3; ☎212-388-1288; www.bunyacitispa.com; 474 W Broadway, entre Prince St y W Houston St; ⊙10.00-22.00 lu-sa, hasta 21.00 do; ⑤N/R hasta Prince St; C/E hasta Spring St), de inspiración asiática, para dejarse mimar a la oriental. La oferta de tratamientos relajantes incluye reflexología, masaje craneal con té verde, masaje con piedras calientes y el popular masaje tailandés "Oriental herbal compress".

Opening Ceremony — MODA
30 plano p. 50, C6

Famosa por su interminable colección de marcas alternativas, ofrece un cartel cambiante de marcas de todo el mundo, además de las propias creaciones de la tienda. Independientemente de la marca del momento, siempre se encontrarán prendas urbanas, atrevidas y vanguardistas que harán que todos pregunten dónde se han comprado. (☎212-219-2688; www.opening-ceremony.us; 35 Howard St, entre Broadway y Lafayette St; ⊙11.00-20.00 lu-sa, 12.00-19.00 do; ⑤N/Q/R, J/Z, 6 hasta Canal St)

Screaming Mimi's — VINTAGE
31 plano p. 50, C1

A quienes guste la ropa de segunda mano, esta tienda les encantará. Ofrece una selección de prendas de ayer organizadas por décadas, desde 1950 hasta 1990 (más una pequeña colección de ropa de las décadas de 1920, 1930 y 1940). También hay una selección de accesorios y joyas. (☎212-677-6464; 382 Lafayette St, entre E 4th St y Great Jones St; ⊙12.00-20.00 lu-sa, 1-19.00 do; ⑤6 hasta Bleecker St, B/D/F/M hasta Broadway-Lafayette St)

Piperlime — MODA, CALZADO
32 plano p. 50, B4

Vende moda femenina moderna y bonita a precios razonables. Conocida por dar espacio a los nuevos diseñadores, su oferta se organiza en categorías como "elegancia rápida", "presupuesto reducido" o "la recomendación del invitado", esta última seleccionada por mujeres como la estilista Rachel Zoe o la actriz/modelo Jessica Alba. También tiene una colección de calzado. (www.piperlime.com; 121 Wooster St, entre Prince St y Spring St; ⊙10.00-20.00 lu-sa, 11.00-19.00 do; ⑤N/R hasta Prince St, C/E hasta Spring St)

INA Men — VINTAGE
33 plano p. 50, D3

Los dandis adoran el INA para comprar ropa, calzado y accesorios de lujo de segunda mano. La selección es de gran calidad, con prendas muy buscadas, como tejanos de Rag & Bone, pantalones de lana de Alexander McQueen, camisas Burberry y zapatos de Church. Al lado está la tienda femenina. Hay otras tiendas en NoHo y Chelsea; para más detalles, consúltese la web. (www.inanyc.com; 19 Prince St, esq.

Elizabeth St; ⏲12.00-20.00 lu-sa, hasta 19.00 do; Ⓢ6 hasta Spring St, N/R hasta Prince St)

Scoop — MODA

34 🔒 plano p. 50, C5

Ofrece prendas contemporáneas de marcas como Theory, Diane Von Furstenberg, Michael Kors o J Brand. No son selecciones especialmente originales, pero sí amplias (cerca de 100 diseñadores entre ropa femenina y masculina) y es fácil encontrar buenas ofertas en las rebajas de fin de temporada. Hay varias tiendas por toda la ciudad. (☎212-925-3539; www.scoopnyc.com; 473 Broadway, entre Broome St y Grand St; ⏲11.00-20.00 lu-sa, hasta 19.00 do; Ⓢ N/Q/R hasta Canal St, 6 hasta Spring St)

Joe's Jeans — MODA

35 🔒 plano p. 50, B5

Con unos tejanos de esta marca de culto de Los Ángeles las piernas se ven más *sexies*. Ofrece telas desgastadas y pitillos que sientan bien incluso si no se es una supermodelo. Se pueden combinar con camisas súper cómodas, sudaderas con capucha, jerséis y chaquetas de piel. (☎212-925-5727; www.joesjeans.com; 77 Mercer St, entre Spring St y Broome St; ⏲11.00-19.00 lu-sa, 12.00-18.00 do; Ⓢ N/R hasta Prince St, 6 hasta Spring St)

Resurrection — VINTAGE

36 🔒 plano p. 50, D4

Tienda color rojo pasión que ofrece una nueva vida a diseños que fueron de vanguardia hace unas décadas, con prendas de distintas épocas y diseños *mod*, *glam-rock* y *new-wave*. Grandes diseñadores como Marc Jacobs se han pasado por la tienda para buscar inspiración. Entre los mejores artículos hay vestidos de Halston o abrigos y chaquetas Courrèges. (☎212-625-1374; www.resurrectionvintage.com; 217 Mott St, entre Prince St y Spring St; ⏲11.00-19.00 lu-sa, 12.00-19.00 do; Ⓢ6 hasta Spring St; N/R hasta Prince St)

American Apparel — MODA

37 🔒 plano p. 50, B4

Aquí hay prendas básicas de buena calidad fabricadas en EE UU y en cuya producción no se emplea mano de obra explotada, como chándales, sudaderas con capucha, ropa interior, ropa de baño y otras prendas de uso diario. (☎212-226-4880; www.americanapparel.net; 121 Spring St, esq. Greene St; ⏲10.00-22.00 lu-sa, hasta 21.00 do; Ⓢ N/R hasta Prince Street)

Explorar

East Village y Lower East Side

Si se sueña con la imagen idealizada de Nueva York (grafitis sobre los rojos ladrillos, rascacielos, *punks* y abuelitas andando unos junto a otros y cafeterías con mesas desvencijadas en las aceras), East Village y Lower East Side son el Santo Grial de los barrios.

Explorar

Lo mejor en un día

Pasear por Lower East Side mientras los jóvenes del barrio vuelven a casa tras una noche de marcha. Parar en el **Lower East Side Tenement Museum** (p. 69) para descubrir el pasado inmigrante del vecindario y luego viajar al futuro en el **New Museum** (p. 68) y ver qué se cuece en el arte moderno.

Comerse un tajín en el **Cafe Mogador** (p. 73) de East Village y después tomar un capuchino en **Abraço** (p. 75). Si aún se tiene apetito, nada mejor que recorrer **St Marks Place** (p. 68) con un postre de **ChiKaLicious Dessert Club** (p. 75) en la mano y parar a comprar artículos *punk-rock* en **Trash & Vaudeville** (p. 82). Si el tiempo acompaña, se puede jugar al *frisbee* en el **Tompkins Square Park** (p. 70).

Para cenar, se puede escoger entre los restaurantes baratos, con un cuenco de fideos en **Ippudo NY** (p. 74) o **Minca** (p. 75), o reservar una mesa en **Hearth** (p. 72). Después habrá que seguir con una copa en **McSorley's Old Ale House** (p. 78) antes de recalar en la belleza sureña de **Wayland** (p. 76), el retro **Golden Cadillac** (p. 76) o el desvergonzado **Eastern Bloc** (p. 78).

Lo mejor de Nueva York

Comer
Hearth (p. 72)

Freemans (p. 71)

Tacos Morelos (p. 73)

Beber
Death + Co (p. 76)

Angel's Share (p. 76)

Golden Cadillac (p. 76)

Compras
Obscura Antiques (p. 80)

Museos
Lower East Side Tenement Museum (p. 69)

Cómo llegar

S Metro No llega a la mayoría de lugares de East Village, aunque queda a poca distancia de la línea 6 en Astor Pl o de la L en First Ave. La línea F para en pleno Lower East Side.

Autobús Si se viene del lado oeste habrá que tomar el M14, que es el que llega más lejos de East Village.

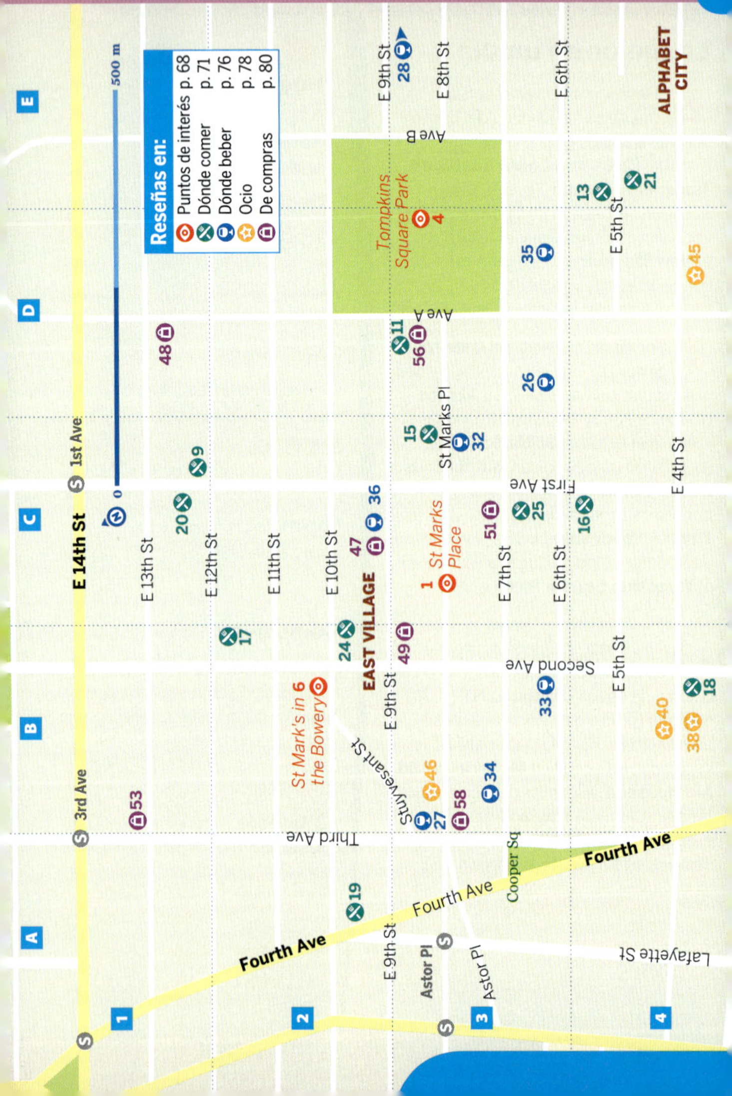

Reseñas en:
Puntos de interés p. 68
Dónde comer p. 71
Dónde beber p. 76
Ocio p. 78
De compras p. 80
500 m
E 14th St
E 13th St
E 12th St
E 11th St
E 10th St
E 9th St
E 8th St
E 7th St
E 6th St
E 5th St
E 4th St
1st Ave
3rd Ave
Third Ave
Second Ave
First Ave
Fourth Ave
Ave A
Ave B
St Marks Pl
Stuyvesant St
Astor Pl
Cooper Sq
Lafayette St
EAST VILLAGE
ALPHABET CITY
Tompkins Square Park
St Marks Place
St Mark's in the Bowery

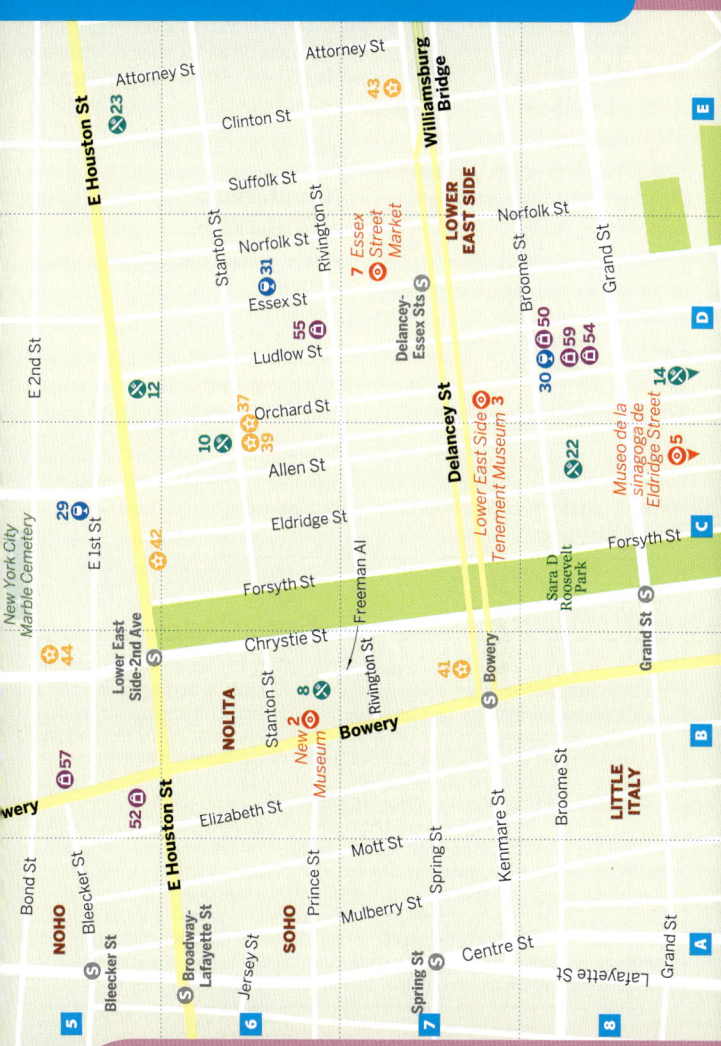

Puntos de interés

St Marks Place CALLE

 plano p. 66, C3

Una de las cosas más mágicas de NY es que todas las calles cuentan una historia, desde la que se despliega a cada momento hasta la que se oculta tras las fachadas. St Marks Pl es uno de los mejores tramos de asfalto de la ciudad en lo que a anécdotas se refiere, ya que casi todos los edificios de la zona tienen su propia historia, que se remonta a la época en la que East Village encarnaba el espíritu rebelde de la ciudad.

En abril de 1966, Andy Warhol alquiló el edificio del nº 19-25, remodelando su interior para usarlo durante una fiesta de un mes que él acabó bautizando con el desconcertante nombre de Exploding Plastic Inevitable. (St Marks Pl, Ave A hasta 3rd Ave; S N/R/W hasta 8th St-NYU, 6 hasta Astor Pl)

New Museum MUSEO

 plano p. 66, B6

Cualquier museo actual que merezca tal denominación debería contar con una estructura que diga tanto como el arte que se expone en su interior. El New Museum de Lower East Side lo consigue gracias al diseño del estudio japonés de arquitectura SANAA. La declaración de intenciones del museo es simple: "arte nuevo, ideas nuevas" y, como único museo de la ciudad dedicado al arte contemporáneo,

---

> **Comprender**
> ### LA VISIÓN DEL SANAA
>
> Aunque las exposiciones van cambiando en el New Museum, modificando el carácter del espacio interior, el caparazón (una inspirada demostración arquitectónica) permanece siempre igual. Sirve de elemento estructural único en medio de un panorama urbano muy variado, aunque es capaz de fundirse con el entorno cuando es necesario para que las exposiciones brillen con luz propia.
>
> La estructura del edificio es idea del estudio japonés SANAA, la asociación de dos grandes mentes, Sejima Kazuyo y Nishizawa Ryue. En el 2010, SANAA ganó el premio Pritzker por su contribución al mundo del diseño (una especie de Oscar de la arquitectura). Sus características fachadas evanescentes son famosas por seguir al pie de la letra la corriente de diseño en la que la forma sigue a la función, donde a veces la estructura general toma la forma de la planta de la parcela. El diseño de cajas apiladas contrasta con los edificios de ladrillo rojo y las salidas de incendio de hierro circundantes y, a la vez, hace referencia a la geometría de las exposiciones de su interior.

Puntos de interés

Tompkins Square Park.

ha expuesto todo tipo de obras de vanguardia.

El primer sábado de cada mes se organizan actividades especiales para artistas en ciernes, con talleres prácticos y actividades para niños de 4 a 15 años, en las que se incluye la entrada gratuita al museo para los adultos (para los niños siempre es gratis). (212-219-1222; www.newmuseum.org; 235 Bowery, entre Stanton St y Rivington St; adultos/niños 16 US$/gratis, 19.00-21.00 ju gratis; 11.00-18.00 mi y vi-do, hasta 21.00 ju; N/R hasta Prince St, F hasta 2nd Ave, J/Z hasta Bowery, 6 hasta Spring St)

Lower East Side Tenement Museum
MUSEO

3 plano p. 66, D7

Ningún otro museo de NY humaniza tanto el pasado de la ciudad como este, que muestra el acervo del barrio, a veces desgarrador pero siempre estimulante, gracias a diversas recreaciones de los edificios de apartamentos de principios de s. xx, incluida la casa de la familia Gumpertz, judíos alemanes de la década de 1870, o la morada de la familia Baldizzi, católica italiana, que vivió la Gran Depresión de 1929. El museo organiza circuitos por el exterior y varias tardes a la semana ofrece charlas, a menudo relacionadas con la actual experiencia de la migración en EE UU. (📞212-982-8420; www.tenement.org; 103 Orchard St, entre Broome St y Delancey St; entrada 22 US$; ⏱10.00-18.00; 🅂B/D hasta Grand St, J/M/Z hasta Essex St, F hasta Delancey St)

Tompkins Square Park PARQUE

4 🎯 plano p. 66, D3

Parque de 4 Ha que se creó en homenaje a Daniel Tompkins, gobernador de NY de 1807 a 1817 y vicepresidente de la nación después, durante el mandato de James Monroe. Es como una plaza de pueblo para la gente del barrio, que se reúne para jugar al ajedrez en las mesas de cemento, hacer *picnics* en el césped cuando hace buen tiempo o improvisar conciertos de guitarra o tambores. El festival anual de septiembre Howl! Festival of East Village Arts desarrolla en el parque y varios locales del barrio su programa de teatro, música, danza, cine y poesía inspirados en Allen Ginsberg. (www.nycgovparks.org; E 7th St y 10th St, entre Ave A y Ave B; ⏱6.00-24.00; 🅂6 hasta Astor Pl)

Museo de la sinagoga de Eldridge Street MUSEO

5 🎯 plano p. 66, C8

Emblemático lugar de culto construido en 1887 que fue el centro de la vida de la comunidad judía hasta que, en la década de 1920, cayó en la miseria. Quedó condenado al olvido hasta hace poco y hoy brilla con su esplendor original. El museo ofrece visitas cada 30 min (incluidas en el precio de la entrada) hasta las 16.00. (📞212-219-0302; www.eldridgestreet.org; 12 Eldridge St, entre Canal St y Division St; adultos/niños 10/6 US$; ⏱10.00-17.00 do-ju, hasta 15.00 vi; 🅂F hasta East Broadway)

St Mark's in the Bowery IGLESIA

6 🎯 plano p. 66, B2

A pesar de que es más popular entre los vecinos de East Village por su oferta cultural, como las lecturas de poesía de Poetry Project o los vanguardistas espectáculos de danza del Danspace y el Ontological Hysteric Theater, es también un sitio histórico. Esta iglesia episcopal ocupa el lugar en el que estaba la granja, o *bouwerie*, del gobernador holandés Peter Stuyvesant, cuya cripta se halla bajo el cementerio. (📞212-674-6377; www.stmarksbowery.org; 131 E 10th St, esq. 2nd

---

Vida local
St Marks

La cantidad de detalles históricos de St Marks Place (p. 68) dejarían anonadado a cualquier aficionado al trivial. Un montón de personajes originales han dejado huella en el nº 4 de St Marks Pl. El hijo de Alexander Hamilton construyó el edificio, James Fenimore Cooper vivió en él en la década de 1830 y los artistas del Fluxus de Yoko Ono lo usaron en la década de 1960. Y los edificios del nº 96 y el nº 98 fueron inmortalizados en la carátula del disco de Led Zepellin, *Physical Graffiti*.

Sinagoga de Eldridge Street.

Ave; ⏲10.00-18.00 lu-vi; Ⓢ L hasta 3rd Ave, 6 hasta Astor Pl)

Essex Street Market   MERCADO
7 📍 plano p. 66, D7

Fundado en 1940, es el mercado local de productos frescos, pescado, carne, quesos y comestibles latinos, e incluso tiene una barbería. En Rainbo's se vende pescado ahumado y en Saxelby Cheesemongers, quesos artesanales, salchichas ahumadas y paté casero. Pain d'Avignon hornea hogazas de pan, Bouboki prepara pasteles de espinacas y *baklavas*, y Roni-Sue's Chocolates promete tentaciones dulces. También es posible sentarse a comer en Shopsin's General Store, Brooklyn Taco Company o Davidovich Bakery. (📞212-312-3603; www.essexstreetmarket.com; 120 Essex St, entre Delancey St y Rivington St; ⏲8.00-19.00 lu-sa; Ⓢ F hasta Delancey St, J/M/Z hasta Essex St)

Dónde comer

Freemans   AMERICANA $$$
8 🍴 plano p. 66, B6

Escondido en un callejón, atrae a clientes modernos que hacen repiquetear sus joyas contra las mesas de madera mientras toman cócteles. Las macetas con plantas y las astas que cuelgan de las paredes le dan un aire de cabaña de caza. (📞212-420-0012;

www.freemansrestaurant.com; al final de Freeman Alley; principales almuerzo 12-19 US$, cenas 22-32 US$; 11.00-23.30 lu-vi, desde 10.00 sa y do; S F hasta 2nd Ave)

Hearth

ITALIANA $$$

9 plano p. 66, C1

Imprescindible para clientes exigentes y con posibles. Con una copa de tinto en la mano se podrá estudiar la carta de temporada, principalmente italiana, con esturión asado con lentejas y beicon o *pappardelle* de conejo con habas. (646-602-1300; www.restauranthearth.com; 403 E 12th St, esq. 1st Ave; principales 21-48 US$; 18.00-22.00 do-ju, hasta 23.00 vi, 11.00-14.00 y 18.00-23.00 sa, 11.00-14.00 do; S L hasta 1st Ave; L, N/Q/R, 4/5/6 hasta 14th St-Union Sq)

Meatball Shop

ITALIANA $

10 plano p. 66, C6

Alzando la albóndiga a la categoría de arte, aquí sirven cinco variedades, incluida una vegetariana. Si se piden en bocadillo, con *mozzarella* y salsa de tomate picante, se tendrá una comida sabrosa y asequible. El local de Lower East Side tiene un ambiente rocanrolero, con camareros tatuados. Hay cuatro sucursales más por la ciudad. (212-982-8895; www.themeatballshop.com; 84 Stanton St, entre Allen St y Orchard St;

PETER PTSCHELINZEW/GETTY IMAGES ©

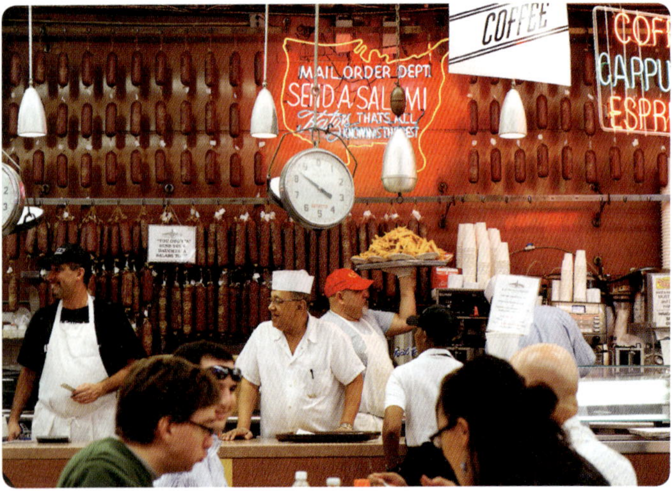

Katz's Delicatesen.

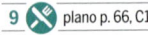

principales desde 10 US$; ⏲12.00-2.00 do-ju, hasta 4.00 ju-sa; ⓢ2nd Ave; F hasta Delancey St; J/M/Z hasta Essex St)

Tacos Morelos MEXICANA $

11 plano p. 66, D3

Famoso camión de comida que se puso en una acera de East Village en el 2013 y se convirtió rápidamente en uno de los sitios de tacos preferidos de Manhattan. Se sirven de pollo, carne, cerdo asado, lengua o vegetarianos. Se recomienda pagar los 0,50 US$ extra por la tortilla casera. (438 E 9th St, entre 1st Ave y Ave A; tacos desde 2,50 US$; ⏲12.00-24.00 do-ju, hasta 2.00 vi y sa; ⓢL hasta 1st Ave)

Katz's Delicatessen DELI $$

12 plano p. 66, D5

A pesar de que los visitantes ya no encontrarán casi vestigios de los antiguos restaurantes judíos de Lower East Side, aún queda algún que otro bastión estelar, como este, donde Meg Ryan fingió su famoso orgasmo en la película de 1989 *Cuando Harry encontró a Sally* y donde los amantes de la comida típica de *deli* pueden acabar viviendo la misma experiencia. (☎212-254-2246; www.katzsdelicatessen.com; 205 E Houston St, esq. Ludlow St; pastrami con pan de centeno 17 US$; ⏲8.00-22.45 lu-mi y do, hasta 2.45 ju-sa; ⓢF hasta 2nd Ave)

Lavagna ITALIANA $$

13 plano p. 66, E4

Las velas titilantes y el brillo que sale de una especie de cocina abierta lo convierten en un escondrijo para amantes de última hora de la noche. Ofrece desde pastas *al dente* o *pizza* de masa fina hasta unas tiernas costillas de cabrito. (☎212-979-1005; www.lavagnanyc.com; 545 E 5th St, entre Ave A y Ave B; principales 19-35 US$; ⏲18.00-23.00 lu-ju, hasta 24.00 vi-do; 🔧🍴; ⓢF hasta 2nd Ave)

Fat Radish BRITÁNICA CONTEMPORÁNEA $$$

14 plano p. 66, D8

Los jóvenes y modernos se apelotonan en este restaurante de luces tenues y detalles industriales. Es ruidoso, pero los platos, que siguen la nueva moda de la cocina de *pub* de calidad, de temporada y con productos locales, merecen la pena. Tras empezar con las grandes ostras se podrá seguir con el *crumble* de remolacha y acelga; o bien optar por los platos vegetarianos. (17 Orchard St, entre Hester St y Canal St; principales 18-28 US$; ⏲12.00-15.30 diario, 17.30-24.00 lu-sa, hasta 22.00 do; 🔧; ⓢF hasta East Broadway, B/D hasta Grand St)

Cafe Mogador MARROQUÍ, DE ORIENTE MEDIO $$

15 plano p. 66, C3

Típico restaurante familiar de toda la vida que sirve esponjosos cuscús, cordero a la brasa y salchichas *merguez* con arroz *basmati* y platillos de *hummus* y *babaganoush*, aunque lo que destaca son los tajines. El *brunch* del fin de semana (9.00 a 16.00) es excelente. (☎212-677-2226; 101 St Marks

Pl; principales almuerzo 8-14 US$, cenas 17-21 US$; ⊙9.00-1.00 do-ju, hasta 2.00 vi y sa; **S**6 hasta Astor Pl)

Upstate
PESCADO $$

16 plano p. 66, C4

Pequeño y con frecuencia pasado por alto, sirve deliciosos platos de pescado fresco y cervezas artesanas. Destacan los mejillones al vapor de cerveza, los guisos de pescado, las nécoras y las ostras. (www.upstatenyc.com; 95 1st Ave, entre 5th St y 6th St; principales 15-30 US$; ⊙17.00-23.00; **S**F hasta 2nd Ave)

Angelica Kitchen
VEGANA, CAFÉ $$

17 plano p. 66, B2

Clásico herbívoro de la ciudad, con un ambiente relajado (velas, mesas íntimas y un personal gentil que lleva toda la vida allí) y suficientes opciones como para que cueste decidirse. Los nombres de algunos platos son algo cursis (Goodnight Mushroom, Thai Mee Up), pero en todos se saca el máximo partido al tofu, el *seitán,* las especias, los derivados de la soja y, a veces, productos crudos. (☎212-228-2909; www.angelicakitchen.com; 300 E 12th St, entre 1st Ave y 2nd Ave; platos 11-19 US$; ⊙11.30-22.30; ; **S**L hasta 1st Ave)

Calliope
FRANCESA $$

18 plano p. 66, B4

Restaurante de estilo rústico que sirve platos caseros de la campiña francesa con un toque moderno. La carta es corta: caballa picante con aguacate y sésamo negro; lengua de ternera con cebolla en vinagre; delicadas *pappardelle* con conejo; y una tiernísima *tête du porc* (cabeza de cerdo). Los comensales menos arriesgados podrán pedir pollo asado, bistec de Newport o mejillones. (84 E 4th St, esq. 2nd Ave; principales almuerzo 12-17 US$, cenas 26-39 US$; ⊙17.00-23.00 lu, 11.00-14.30 y 17.00-23.00 ma-sa, 10.30-15.00 y 17.00-22.00 do; **S**F hasta 2nd Ave)

Ippudo NY
JAPONESA $$

19 plano p. 66, A2

Restaurante que ha dado un giro, manteniendo su deliciosa receta de *ramen* pero añadiendo un toque de elegancia (superficies de color negro brillante y cintas de color rojo). Y suena música *rock.* (☎212-388-0088; www.ippudo.com/ny; 65 4th Ave, entre 9th St y 10th St; ramen 15-16 US$; ⊙lu-sa 11.00-15.30, lu-ju 17.00-23.30, vi y sa 17.00-24.30, do 11.00-22.30; **S**N/R hasta 8th St-NYU, 4/5/6 hasta 14th St-Union Sq, 6 hasta Astor Pl)

Consejo

Conseguir mesa

Muchos de los restaurantes no aceptan reservas, por lo que lo mejor es pasar por el que se haya escogido, a primera hora de la tarde (hacia las 14.00, p. ej.), y dejar el nombre en la lista de la cena. Con un poco de suerte sacarán el nombre y sentarán al viajero rápidamente al volver a la hora de cenar.

Dónde comer

Luzzo's
PIZZERÍA $$

20 plano p. 66, C1

Estrecho local de East Village que se abarrota todas las noches de parroquianos con ganas de comer su *pizza* de masa fina cocida en un horno de carbón. (☎212-473-7447; 211-213 1st Ave, entre 12th St y 13th St; pizzas desde 20 US$; ⏱12.00-23.00 ma-do, 17.00-23.00 lu; Ⓢ1st Ave)

Minca
JAPONESA $

21 plano p. 66, E4

Paradigma del mini restaurante de East Village, donde la atención se centra en la comida: gigantescos cuencos de humeante *ramen* servido con una guarnición de *gyoza* fritas. (☎212-505-8001; www.newyorkramen.com; 536 E 5th St, entre Ave A y Ave B; ramen 11-14 US$; ⏱12.00-23.30; Ⓢ F hasta 2nd Ave, J/M/Z hasta Essex St, F hasta Delancey St)

Vanessa's Dumpling House
CHINA $

22 plano p. 66, C8

Deliciosas *dumplings* (bolas de masa), tanto al vapor como fritas o en sopa, que se preparan en sartenes de hierro a la velocidad del rayo y se sirven a precios imbatibles. (☎212-625-8008; 118 Eldridge St, entre Grand St y Broome St; *dumplings* 1-6 US$; ⏱7.30-22.30; Ⓢ B/D hasta Grand St, J hasta Bowery, F hasta Delancey St)

Clinton Street Baking Company
AMERICANA $

23 plano p. 66, E5

Negocio familiar que se lleva la palma en casi todo: las mejores tortitas (de arándanos), las mejores magdalenas, los mejores *po'boys,* las mejores galletas, etc., así que la satisfacción está garantizada, sin importar la hora del día (o la noche) a la que se vaya. Los lunes y martes se venden botellas de vino a mitad de precio. (☎646-602-6263; www.clintonstreetbaking.com; 4 Clinton St, entre Stanton St y Houston St; principales desde 9-17 US$; ⏱8.00-16.00 y 18.00-23.00 lu-sa, 9.00-18.00 do; Ⓢ J/M/Z hasta Essex St, F hasta Delancey St, F hasta 2nd Ave)

ChiKaLicious Dessert Club
POSTRES $

24 plano p. 66, B2

Popular local donde los postres tradicionales se transforman en fantásticas creaciones. Enfrente tienen otro local. (☎212-995-9511; www.chikalicious.com; 204 E 10th St, entre 1st Ave y 2nd Ave; postres desde 4 US$; ⏱7.00-24.00; Ⓢ L hasta 1st Ave, 6 hasta Astor Pl)

Abraço
CAFÉ $

25 plano p. 66, C3

Sin apenas espacio para moverse, es un refugio de East Village en el que el buen café y el buen gusto se han combinado, creando una de las mejores cafeterías de NY. Se recomienda tomar un *espresso* con una porción de bizcocho de aceite de oliva. (www.

abraconyc.com; 86 E 7th St, entre 1st Ave y 2nd Ave; tentempiés 2-3 US$; ⏲ ma-sa 8.00-16.00, do 9.00-16.00; Ⓢ F hasta 2nd Ave, L hasta 1st Ave, 6 hasta Astor Pl)

Dónde beber

Death + Co
LOUNGE

26 🚇 plano p. 66, D3

"Death & Co" aparece garabateado en el suelo de la puerta, la única manera de saber que se ha llegado al lugar adecuado para tomar uno de los mejores cócteles de NY. Hay ambiente relajado, luces tenues y camareros doctorados en coctelería capaces de hacer magia mientras sacuden y agitan la coctelera. (☎ 212-388-0882; www.deathandcompany.com; 433 E 6th St, entre 1st Ave y Ave A; ⏲ 18.00-1.00 lu-ju y do, hasta 2.00 vi y sa; Ⓢ F hasta 2nd Ave, L hasta 1st Ave, 6 Astor Pl)

Angel's Share
BAR

27 🚇 plano p. 66, B3

Hay que llegar pronto a esta joya escondida tras un restaurante japonés que hay en el mismo piso. Es tranquilo y elegante y sirve cócteles creativos, pero no se permite quedarse si no se tiene mesa o sitio en la barra, y suele llenarse con rapidez. (☎ 212-777-5415; 2ª planta, 8 Stuyvesant St, cerca de 3rd Ave y E 9th St; ⏲ 17.00-24.00; Ⓢ 6 hasta Astor Pl)

Wayland
BAR

28 🚇 plano p. 66, E3

Las paredes encaladas, los suelos de madera desgastada y las lámparas recuperadas le dan a este local urbano un aire del Misisipi, lo que pega bastante con la música en directo entre semana (*bluegrass, jazz,* folk). Pero lo mejor son las bebidas, como el "I hear banjos", de licor de manzana, *whisky* de centeno y humo de madera de manzano. Hay bebidas del día y ostras a 1 US$ de 17.00 a 19.00 entre semana. (700 E 9th St, esq. Ave C; ⏲ 17.00-4.00; Ⓢ L hasta 1st Ave)

Golden Cadillac
BAR

29 🚇 plano p. 66, C5

Seductor bar recién estrenado que rememora los alcohólicos años 70 con paneles de madera, papel pintado y música de esa década (además de portadas de *Playboy* de la misma época). Los cócteles de temática tropical (14 US$) saben muy bien. Se recomienda el Mezcal Mule (mezcal, fruta de la pasión, jengibre y pepino). También hay platos retro modernizados. (13 1st Ave, esq. 1st St; ⏲ 17.00-2.00 do-mi, hasta 4.00 ju-sa; Ⓢ 2nd Ave)

Ten Bells
TAPAS

30 🚇 plano p. 66, D8

Escondido bar de tapas diseñado como una gruta, con velas, techos oscuros con artesonado metálico, paredes de ladrillos y una barra en forma de U. La carta cuelga en una pizarra en las dos paredes y ofrece fantásticos vinos a copas, que combinan muy bien con los boquerones, los chipirones en su tinta, los quesos regionales o las ostras (1,25 US$ antes de las 19.00). (212-228-4450; 247 Broome St, entre Ludlow St y Orchard St; 17.00-2.00 lu-vi, desde 15.00 sa y do; S F hasta Delancey St, J/M/Z hasta Essex St)

Beauty & Essex BAR

 plano p. 66, D6

El *glamour* de este recién llegado queda oculto tras el feo escaparate de una tienda de empeños. Tras la puerta hay 900 m² de elegancia, con sofás de cuero y banquetas, lámparas ambarinas y una escalera de caracol que conduce a otro salón y zona de bar.

Las señoras que necesiten una copa pueden pasar de largo la barra e ir al baño, donde se les ofrece una copa de champán gratis. (212-614-0146; www.beautyandessex.com; 146 Essex St, entre Stanton St y Rivington St; 17.00-1.00; S F hasta Delancey St, J/M/Z hasta Essex St)

Proletariat BAR

 plano p. 66, C3

Los neoyorquinos expertos en cerveza llenan este minúsculo bar con tan solo 10 taburetes al oeste del Tompkins Square Park. Promete cervezas "únicas, nuevas e inusuales" y en su cambiante carta se ofrecen brebajes que no se encuentran en ningún otro sitio. Los últimos éxitos han sido las cervezas de barril de artesanos como Hitachino Nest de Japón, BFM de Suiza o Mahr's Bräu de Alemania. (102 St

St Mark's Place (p. 68).

Marks Pl, entre 1st Ave y Ave A; ⏱17.00-2.00; Ⓢ L hasta 1st Ave)

Mayahuel   COCTELERÍA
33 🚇 plano p. 66, B3

Nada que ver con los baretos cutres que sirven tequila; más bien parece la bodega de un monasterio. Los amantes del agave fermentado podrán darse muchos caprichos y probar docenas de variedades (cócteles 14 US$). Entre copa y copa se pueden tomar quesadillas y tamales. (☎212-253-5888; 304 E 6th St, esq. 2nd Ave; ⏱18.00-2.00; Ⓢ L hasta 3rd Ave, L hasta 1st Ave, 6 hasta Astor Pl)

McSorley's Old Ale House   BAR
34 🚇 plano p. 66, B3

Abierto desde 1854, queda lejos del ambiente moderno de East Village. Aquí se bebe en compañía de bomberos, refugiados de Wall St y algún que otro turista. Es difícil superar el ambiente que dan las telas de araña, los suelos llenos de serrín y los camareros que sirven dos jarras de cerveza de la casa cada vez que se pide una. (☎212-474-9148; 15 E 7th St, entre 2nd Ave y 3rd Ave; ⏱11.00-1.00 lu-sa, desde 13.00 do; Ⓢ 6 hasta Astor Pl)

Eastern Bloc   GAY
35 🚇 plano p. 66, D3

A pesar de la temática de "telón de acero", en este bar gay de East Village las telas son más de terciopelo y tafetán. La chaqueta se cuelga en el "Goat Czech" antes de lanzarse a un mar abarrotado de chicos, algunos intentando ligar con los camareros sin camiseta, y otros haciendo ver que no miran el porno de la década de 1970 que se pone en los TV. (☎222-777-2555; www.easternblocnyc.com; 505 E 6th St, entre Ave A y Ave B; ⏱19.00-4.00; Ⓢ F hasta 2nd Ave)

Immigrant   BAR DE VINOS Y CERVEZAS
36 🚇 plano p. 66, C2

Sencillos y sin pretensiones, estos bares gemelos del tamaño de un vagón se podrían convertir en el local de cabecera si uno decidiera mudarse a la ciudad. El personal charla con los clientes habituales mientras sirve aceitunas y llena copas con licores de importación. (☎212-677-2545; www.theimmigrantnyc.com; 341 E 9th St, entre 1st Ave y 2nd Ave; ⏱17.00-1.00 lu-mi y do, hasta 2.00 ju, hasta 3.00 vi y sa; Ⓢ L hasta 1st Ave, 4/6 hasta Astor Pl)

Ocio

Sweet   COMEDIA
 37 plano p. 66, C6

La ciudad están llena de pequeñas salas de comedia, pero lo más probable es que nadie haya oído hablar de este espectáculo local que organizan cada martes Seth Herzog y sus amigos (incluida su madre, a la que le encanta ponerse frente al público a explicar su lista semanal de quejas). (The Slipper Room; ☎212-253-7246; www.slipperroom.com; 167 Orchard St, esq. Stanton St; entrada 5 US$; ⏱espectáculos 21.00 ma; Ⓢ F hasta

2nd Ave, F hasta Delancey St, J/M/Z hasta Essex St)

La MaMa ETC   TEATRO
38 ⭐ plano p. 66, B4

Veterano escenario de espectáculos experimentales (ETC significa Experimental Theater Club) que hoy se ha convertido en un complejo con tres teatros, un café, una galería de arte y un edificio aparte en el que se programan dramas, comedias y lecturas de todo tipo. (📞212-475-7710; www.lamama.org; 74A E 4th St; entradas 10-20 US$; **S** F hasta 2nd Ave)

Slipper Room   CABARÉ
39 ⭐ plano p. 66, C6

Cerrado en el 2010, ha vuelto y con mayor fuerza que nunca gracias a su gran reforma. El club de dos pisos organiza una gran variedad de espectáculos, como el de Seth Herzog o varios *shows* semanales de cabaré en los que se combina la acrobacia con la sensualidad, la comedia y el absurdo. Las entradas pueden comprarse en línea. (www.slipperroom.com; 167 Orchard St, acceso por Stanton St; entradas 7-15 US$; **S** F hasta 2nd Ave)

New York Theater Workshop   TEATRO
40 ⭐ plano p. 66, B4

Innovador teatro que en breve celebrará su 25º aniversario y que es una auténtica joya para quienes buscan obras contemporáneas de vanguardia y con sentido. En él se crearon dos grandes éxitos de Broadway, *Rent* y *Urinetown*, y ofrece un cartel constante de obras de gran calidad. (📞212-460-5475; www.nytw.org; 79 E 4th St, entre 2nd Ave y 3rd Ave; **S** F hasta 2nd Ave)

Bowery Ballroom   MÚSICA EN DIRECTO
41 ⭐ plano p. 66, B7

Recinto de tamaño medio con un sonido perfecto y un gran ambiente para conciertos de *rock* alternativo (The Shins, Stephen Malkmus, Patti Smith). (📞212-533-2111; www.boweryballroom.com; 6 Delancey St, esq. Bowery St; **S** J/Z hasta Bowery)

Landmark Sunshine Cinema   CINE
42 ⭐ plano p. 66, C5

Teatro yiddish renovado que proyecta películas extranjeras y de estreno en pantallas gigantes. También cuenta con una platea en forma de estadio,

---

◯ Vida local
Arte y activismo

Fundado en 1980, **ABC No Rio** (plano p. 66, E6; 📞212-254-3697; www.abcnorio.org; 156 Rivington St, entre Suffolk St y Clinton St; precios de entrada variables; ⏱horario variable; **S** F, J/M/Z hasta Delancey St- Essex St) es un centro de arte y protesta de fama internacional que organiza espectáculos semanales de música experimental *hard-core/punk*, así como exposiciones de bellas artes, lecturas de poesía y otras actividades.

por lo que incluso si se sienta un gigante delante se puede ver la pantalla. (☏212-260-7289; www.landmarktheatres.com; 143 E Houston St, entre Forsyth St y Eldridge St; Ⓢ F/V hasta Lower East Side-2nd Ave)

Delancey MÚSICA EN DIRECTO
43 plano p. 66, E7

Sorprendentemente elegante para Lower East Side, ofrece conciertos de populares bandas locales para un fiel público del *rock* alternativo. También es un buen sitio para tomar algo a primera hora, sobre todo en la terraza con palmeras del 2º piso. (☏212-254-9920; www.thedelancey.com; 168 Delancey St, esq. Clinton St; Ⓢ F hasta Delancey St, J/M/Z hasta Essex St)

Anthology Film Archives CINE
44 plano p. 66, B5

Abierto en 1970, está dedicado a la idea del cine como forma de arte. Programa películas alternativas de directores noveles y repone clásicos, desde Luis Buñuel hasta la psicodelia de Ken Brown. (☏212-505-5181; www.anthologyfilmarchives.org; 32 2nd Ave, esq. 2nd St; Ⓢ F hasta 2nd Ave)

Amore Opera ÓPERA
45 plano p. 66, D4

Esta compañía, formada por varios miembros de la antigua Amato Opera, presenta obras conocidas como *La flauta mágica, La bohème* o *El Mikado* y *Hansel y Gretel,* representadas en su teatro de East Village. Las entradas son más baratas y el ambiente es más íntimo que en la mayoría de óperas. (www.amoreopera.org; Connelly Theater, 220 E 4th St, entre Ave A y Ave B; entradas 40 US$; Ⓢ F hasta 2nd Ave)

Sing Sing Karaoke KARAOKE
46 plano p. 66, B3

Su nombre es un guiño a la cercana prisión estatal y refleja exactamente lo que se hace en él: cantar a pleno pulmón. (☏212-387-7800; www.karaokesingsing.com/page/home; 9 St Marks Pl; Ⓢ N/R hasta 8th St-NYU, L hasta 3rd Ave, 6 hasta Astor Pl)

De compras

Verameat JOYERÍA
47 plano p. 66, C2

La diseñadora Vera Balyura crea exquisitas piezas con un sentido del humor algo negro en esta tiendecita de 9th St. Ofrece minúsculos colgantes, anillos y pulseras fabricados con arte que parecen casi demasiado bonitos hasta que, al mirarse de cerca, dejan ver zombis, robots *godzillas,* cabezas de animales, dinosaurios y garras. (☏212-388-9045; 315 E 9th St, entre 1st Ave y 2nd Ave; ⓗ12.00-20.00; Ⓢ 6 hasta Astor Pl)

Obscura Antiques ANTIGÜEDADES
48 plano p. 66, D1

Pequeño gabinete de curiosidades que gusta tanto a los amantes de lo macabro como a los cazadores de antigüedades. Se venden desde cabezas de animales disecadas hasta montajes de mariposas en vitrinas de vidrio o banderas de minas alemanas (apilables para que los tanques pudieran verlas), antiguos frascos de veneno o Zippos de soldados de Vietnam. (212-505-9251; 207 Ave A, entre 12th St y 13th St; 12.00-20.00 lu-sa, hasta 19.00 do; L hasta 1st Ave)

Dinosaur Hill   NIÑOS

49   plano p. 66, B3

Pequeña y anticuada tienda de juguetes que ha hecho volar la imaginación más que las películas Disney. Ofrece marionetas checas, marionetas de sombras chinescas, mini bloques de construcción, conjuntos de caligrafía, pianos de juguete, *kits* de arte y ciencia, música infantil de todo el mundo y bloques de madera en media docena de lenguas, además de ropa de fibras naturales para bebé. (212-473-5850; www.dinosaurhill.com; 306 E 9th St; 11.00-19.00; 6 hasta Astor Pl)

Top Hat   ACCESORIOS

50   plano p. 66, D8

Caprichosa tiendecilla repleta de curiosidades de todo el mundo, desde lápices *vintage* italianos hasta diarios de piel o silbatos de madera tallada. Si se necesita un clarinete de juguete, telas japonesas o un plano arrugado del cielo nocturno, lo más probable es que se encuentre aquí. (212-677-4240; 245 Broome St, entre Ludlow St y Orchard St; 12.00-20.00; B/D hasta Grand St)

Tokio 7   ROPA DE SEGUNDA MANO

51 plano p. 66, C3

Tienda de ropa de segunda mano de lujo que ofrece ropa de marca en buen estado, para ella y para él, a precios a veces algo altos. Sus dueños son japoneses y a veces tienen prendas de Issey Miyake o Yohji Yamamoto, además de una buena selección de Dolce & Gabbana, Prada, Chanel y otras marcas de lujo. (212-353-8443; www.tokio7.net; 83 E 7th St, cerca de 1st Ave; 12.00-20.00; 6 hasta Astor Pl)

Patricia Field   MODA

52 plano p. 66, B5

La vanguardista estilista de *Sexo en Nueva York* no teme los excesos: boas de pluma, chaquetas rosa, vestidos disco, camisetas estampadas y de un solo color o zapatos de tacón de estampado de leopardo, además de pelucas coloreadas, elastano plateado e ideas locas para regalo. (212-966-4066; 306 Bowery St, esq. 1st St; 11.00-20.00 do-ju, hasta 21.00 vi y sa; F hasta 2nd Ave)

Kiehl's   BELLEZA

53 plano p. 66, B1

Prepara y vende productos cosméticos desde que abrió sus puertas como boticario en NY en 1851. La tienda principal ha doblado su tamaño y se ha convertido en una cadena internacional, aunque no ha perdido el toque personal, ni el generoso tamaño de sus codiciadas muestras. (212-677-3171; 109 3rd Ave, entre 13th St y 14th St;

⏱10.00-20.00 lu-sa, 11.00-18.00 do; Ⓢ L hasta 3st Ave)

By Robert James MODA
54 🔒 plano p. 66, D8

Ropa masculina resistente y de buen corte; ese es el objetivo de Robert James, que crea y fabrica su ropa en NY (el estudio de diseño está en el piso de arriba). Las estanterías están llenas de tela tejana que sienta como un guante, camisas de vestir y abrigos deportivos de corte clásico. (📞212-253-2121; www.byrobertjames.com; 74 Orchard St; ⏱12.00-20.00 lu-sa, hasta 18.00 do; Ⓢ F hasta Delancey St, J/M/Z hasta Essex St)

Edith Machinist VINTAGE
55 🔒 plano p. 66, D6

Para pavonearse en Lower East Side hay que vestirse adecuadamente. Aquí ayudan a conseguir ese aspecto de elegancia descuidada en un momento, con toques *vintage* a base de botas de ante hasta la rodilla, vestidos de seda de la década de 1930 y bailarinas. (📞212-979-9992; 104 Rivington St, esq. Essex St; ⏱12.00-19.00 ma-sa, hasta 18.00 do; Ⓢ F hasta Delancey St, J/M/Z hasta Essex St)

Sustainable NYC ROPA
56 🔒 plano p. 66, D3

Frente al Tompkins Square Park, esta tienda ecológica vende todo tipo de artículos para el hogar y la oficina respetuosos con el medio ambiente: camisetas orgánicas, radios y linternas de cuerda (que no necesitan pilas), velas de soja y cera de abeja, relojes reciclados hechos con discos de vinilo y zapatillas Tom. Tiene un pequeño café. (📞212-254-5400; 139 Ave A, entre St Marks Pl y 9th St; ⏱8.00-22.00 lu-vi, desde 9.00 sa y do; Ⓢ 6 hasta Astor Pl)

John Varvatos MODA, CALZADO
 plano p. 66, B5

En el sagrado local del antiguo club de *punk* CBGB, la tienda John Varvatos Bowery se esfuerza al máximo en combinar la moda con el *rock*, con discos, equipos de música de la década de 1970 e incluso guitarras eléctricas a la venta junto a tejanos, botas de cuero, cinturones y camisetas estampadas. (📞212-358-0315; 315 Bowery, entre 1st St y 2nd St; ⏱12.00-20.00 lu-sa hasta 18.00 do; Ⓢ F hasta 2nd Ave, 6 hasta Bleecker St)

Trash & Vaudeville ROPA
58 🔒 plano p. 66, B3

De dos pisos, es la capital del reino del *punk* y el *rock,* y auténtico armario de cantantes como Debbie Harry, que encontraron su rollo en East Village en la época más dura del barrio. Todos los días pasan por aquí desde *drag queens* a fiesteros temáticos que visten los zapatos, camisetas y pelos más ridículos que quepa imaginar. (4 St Marks Pl; ⏱12.00-20.00 lu-vi, 11.30-21.00 sa, 13.00-19.30 do; Ⓢ 6 hasta Astor Pl)

Moo Shoes CALZADO
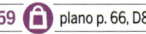

Boutique respetuosa con la tierra y los animales que vende zapatos, bolsos y carteras de micro fibra (falsa piel)

Trash & Vaudeville.

sorprendentemente bonitos. Ofrecen bailarinas elegantes de Love Is Mighty, resistentes *oxfords* para hombre de Novacos y elegantes carteras de Matt & Nat. (212-254-6512; www.mooshoes.com; 78 Orchard St, entre Broome St y Grand St; 11.30-19.30 lu-sa, 12.00-18.00 do; S F hasta Delancey St, J/M/Z hasta Essex St)

Explorar

Greenwich Village, Chelsea y Meatpacking District

La razón de que se llame a esta zona Village es porque parece un pueblo. Calles tranquilas y pintorescas se abren paso entre casas adosadas unifamiliares de ladrillo visto, ideales para dar agradables paseos. Al otro lado del Meatpacking District, antaño lleno de mataderos y en la actualidad rebosante de *boutiques* y clubes nocturnos, está Chelsea, barrio de la comunidad gay repleto de galerías de arte.

Explorar

Lo mejor en un día

La **High Line** (p. 86), una agradable zona verde elevada, permite orientarse en esta zona de la ciudad. La mañana se puede dedicar a las compras. En 14th St están las *boutiques* de diseño del Meatpacking District y en West Village hay comercios más originales, como **Strand Book Store** (p. 108).

Las galerías de Chelsea, a lo largo de antiguas naves industriales, son una buena opción para pasar la tarde. Para reponer fuerzas, nada como el **Chelsea Market** (p. 92) o restaurantes como **Cookshop** (p. 98) o **Le Grainne** (p. 101).

Se puede pasar un rato oyendo a los músicos callejeros del **Washington Square Park** (p. 92) antes de disfrutar de una cena deliciosa en locales como **Rosemary's** (p. 96) y **RedFarm** (p. 96). Después de cenar, se pueden recrear los días de la ley seca en el **Little Branch** (p. 101) o el **Bathtub Gin** (p. 103), o reírse a carcajadas en locales de comedia como **Upright Citizens Brigade Theatre** (p. 105) o **Comedy Cellar** (p. 106).

Para recomendaciones en Chelsea, véase p. 88.

 Principales puntos de interés

La High Line (p. 86)

Vida local

Galerías de Chelsea (p. 88)

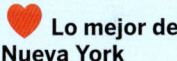 **Lo mejor de Nueva York**

Comer

Jeffrey's Grocery (p. 97)

Rosemary's (p. 96)

RedFarm (p. 96)

Beber

Little Branch (p. 101)

Top of the Standard (p. 102)

Jane Ballroom (p. 102)

Ocio

Upright Citizens Brigade Theatre (p. 105)

Comedy Cellar (p. 106)

Cómo llegar

S Metro Para llegar rápidamente, las mejores líneas son las A/C/E o 1/2/3 hasta la estación de 14th St.

Autobús Las líneas M14 y M8 llegan a las zonas más occidentales de Chelsea y West Village.

Principales puntos de interés

High Line

A principios del s. xx, el oeste de Chelsea era la mayor zona industrial de Manhattan, por lo que se construyeron abundantes vías elevadas para transportar mercancías por encima de sus atestadas calles. Con el tiempo, estas líneas férreas se tornaron obsoletas y fueron abandonadas. En 1999 se pensó en la posibilidad de reconvertirlas en espacios verdes. El 9 de junio del 2009 comenzó la primera parte de este proyecto. En el momento de redactar esta guía, estaba previsto que la sección final se completara a finales del 2014. Irá de 30th hasta 34th St.

- Plano p. 90, C3
- 212-500-6035
- www.thehighline.org
- Gansevoort St
- gratis
- 7.00-19.00
- M11 hasta Washington St; M11, M14 hasta 9th Ave; M23, M34 hasta 10th Ave, S L, A/C/E hasta 14th St-8th Ave; C/E hasta 23rd St-8th Ave

High Line

Indispensable

Exposiciones de arte
Aparte de ser un refugio de verdor, la High Line es un espacio artístico informal que alberga gran variedad de instalaciones, tanto independientes como concebidas para este espacio en concreto. Para más información sobre estas exposiciones, véase art.thehighline.org.

Personal
La High Line dispone de personal (reconocible por las camisetas con el logotipo de la doble H) encargado de indicar direcciones y ofrecer información sobre las vías. Hay visitas gratuitas los martes a las 18.30 (en los meses más cálidos). Hay que apuntarse en la entrada de 14th St.

Pasado industrial
Cuesta creer que la High Line fuera antaño una sórdida línea ferroviaria que apuntalaba un barrio depauperado cuya principal industria eran los mataderos, y la mayoría de sus habitantes, granujas y prostitutas. Lo que un día se convertiría en la High Line fue construido en la década de 1930, cuando el gobierno municipal decidió elevar las vías que pasaban a ras de suelo tras años de accidentes; tantos, que le valieron a Tenth Ave el apodo de "avenida de la muerte". Se invirtieron más de 150 millones de US$ (equivalentes a unos 2000 millones de US$ actuales) y, cinco años después, el proyecto estaba listo. Tras dos décadas de uso, el aumento del tráfico y del transporte de camiones hizo que el tendido férreo cada vez se empleara menos y, finalmente, en la década de 1980, las vías fueron abandonadas.

☑ Consejos

▶ Para evitar multitudes, hay que empezar temprano en 30th St, pasear en dirección sur y salir por 14th St para comer en el Chelsea Market antes de explorar West Village. Si no es suficiente, se puede recorrer la High Line en dirección opuesta, helado en mano.

▶ Una forma de financiar la High Line es registrarse en su sitio web. Los miembros tienen descuentos en locales del barrio, como la *boutique* de Diane von Furstenberg y el Amy's Bread, en el Chelsea Market.

✕ Una pausa

La High Line invita a los establecimientos gastronómicos de toda la ciudad a montar puestos de comida. En los meses estivales abundan los de café y helado.

Los muros de ladrillo del Chelsea Market (p. 92) esconden un buen número de restaurantes (desde la High Line hay que salir en 14th St).

Vida local
Galerías de Chelsea

Quizá la High Line sea la estrella más rutilante de esta parte de la ciudad, pero no es la única. Chelsea acoge la mayor concentración de galerías de arte de NY y el número sigue aumentando. Casi todas se hallan cerca de 20th St, entre Tenth Ave y Eleventh Ave. Las inauguraciones suelen ser los jueves por la noche (hay vino y queso).

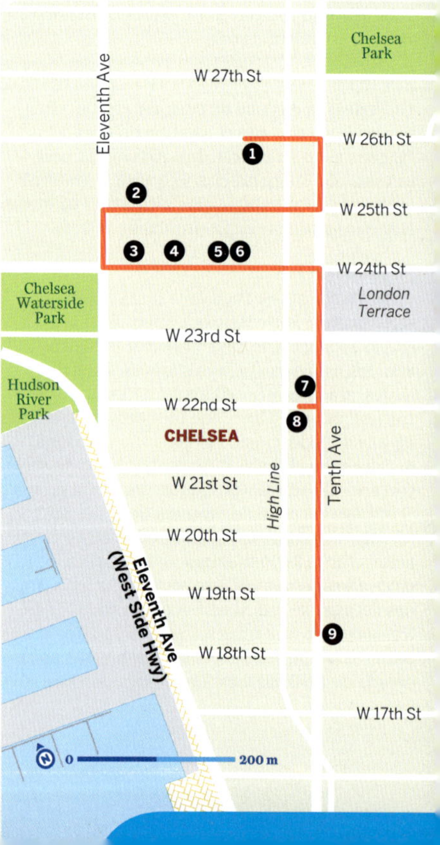

❶ **Greene Naftali**
La **Greene Naftali** (☎212-463-7770; www.greenenaftaligallery.com; 526 W 26th St; ⏰10.00-18.00 ma-sa; Ⓢ C/E hasta 23rd St) es una galería atrevida y conceptual, enfocada a un público joven. Su oferta artística cambiante abarca cine, vídeo, pintura, dibujo y *performances*. Potencian a jóvenes talentos. Por aquí han pasado artistas emergentes como Tracy Emin o Laura Owens.

Galerías de Chelsea

❷ Cheim & Read
Esculturas de todas las formas, tamaños y materiales copan **Cheim & Read** (☎212-242-7727; www.cheimread.com; 547 W 25th St, entre 10th Ave y 11th Ave; ⏲10.00-18.00 ma-sa; ⓢC/E, hasta 23rd St). Las exposiciones mensuales mantienen la frescura de la oferta, con luminosas instalaciones y muestras de fotografía.

❸ Gagosian
Gagosian (☎212-741-1111; www.gagosian.com; 555 W 24th St; ⏲10.00-18.00 ma-sa; ⓢC/E hasta 23rd St) forma parte de una cadena internacional de salas, por lo que aporta un toque distinto al de las galerías independientes. Se recomienda la sede de 21st St, que no tiene nada que envidiar a algunos museos de la ciudad.

❹ Mary Boone
Mary Boone Gallery (www.maryboonegallery.com; 541 W 24th St; ⏲10.00-18.00 ma-sa; ⓢC/E, 1 hasta 23rd St), adquirió su fama en la década de 1980, cuando tuvo el ojo para fijarse en Jean-Michel Basquiat y Julian Schnabel. Es una de las más prestigiosas galerías de la ciudad.

❺ Andrea Rosen
En la **Andrea Rosen Gallery** (☎212-627-6000; www.andrearosengallery.com; 525 W 24th St; ⏲10.00-18.00 ma-sa; ⓢC/E, 1 hasta 23rd St) suelen verse instalaciones de gran formato. Los comisarios llenan cada centímetro de espacio con las formas más interesantes. Esto incluye el anexo, la Gallery 2. Representan a artistas como John Currin, Felix González-Torres o Tetsumi Kudo.

❻ Barbara Gladstone
Tras 30 años en el mundo del arte, la **Barbara Gladstone Gallery** (☎212-206-9300; www.gladstonegallery.com; 515 W 24th St, entre 10th Ave y 11th Ave; ⏲10.00-18.00 ma-sa, cerrado fines de semana jul y ago; ⓢC/E, 1 hasta 23rd St) suele exponer las muestras con mejores críticas de la zona.

❼ Un descanso a la española
En **Tía Pol** (☎212-675-8805; www.tiapol.com; 205 10th Ave entre 22nd St y 23rd St; tapas 4-16 US$; ⏲12.00-23.00 ma-do, desde 17.30 lu; ⓢC/E hasta 23rd St) se sirven tapas españolas en un espacio reducido. Siempre está lleno de gente.

❽ Matthew Marks
La galería de **Matthew Marks** (☎212-243-0200; www.matthewmarks.com; 522 W 22nd St; ⏲10.00-18.00 ma-sa; ⓢC/E hasta 23rd St), pionera en Chelsea, es famosa por exponer grandes nombres, como Jasper Johns y Ellsworth Kelly. Tiene otras dos sedes en 22nd St y 24th St.

❾ Alexander & Bonin
Tras mudarse a Chelsea desde el SoHo en 1997, las plantas de **Alexander & Bonin** (☎212-367-7474; www.alexanderandbonin.com; 132 10th Ave, cerca de 18th St; ⏲10.00-18.00 ma-sa; ⓢC/E hasta 23rd St) hacen buen uso de su amplio espacio con un elenco estelar de artistas, incluidos algunos ganadores del Premio Turner.

90 Greenwich Village, Chelsea y Meatpacking District

Puntos de interés

Washington Square Park PARQUE

 plano p. 90, F4

Lo que antaño fuera un cementerio para pobres y una zona de ejecuciones públicas es ahora el principal parque del barrio, frecuentado por universitarios, artistas callejeros, perros curiosos que pasean con sus dueños y jugadores de ajedrez.

Rodeado por casas unifamiliares perfectamente conservadas y enormes edificios modernos, todos ellos propiedad de la Universidad de Nueva York, es uno de los parques más bellos de la ciudad, sobre todo cuando se accede a él desde el emblemático Stanford White Arch en su extremo norte. (5th Ave esq. Washington Sq N; S A/C/E, B/D/F/M hasta W 4th St-Washington Sq; N/R hasta 8th St-NYU)

Chelsea Market MERCADO

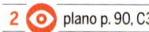 plano p. 90, C3

Magnífico ejemplo de remodelación y conservación, ocupa una antigua fábrica del imperio de las galletas Nabisco (creador de las Oreo), que ha sido transformado en un espacio comercial de 250 m de longitud para satisfacción de los aficionados a la buena mesa. El mercado ocupa solo la planta baja del recinto, de 93 000 m² y que se extiende por toda la manzana, en cuya planta superior se hallan las sedes de las cadenas de televisión Food Network, Oxygen Network y NY1, el canal de noticias local. (www.chelseamarket.com; 75 9th Ave, esq. 15th St; 7.00-22.00 lu-sa, 8.00-21.00 do; S A/C/E hasta 14th St; L hasta 8th Ave)

Universidad de Nueva York UNIVERSIDAD

 plano p. 90, G4

En 1831, Albert Gallatin, secretario del Tesoro durante la presidencia de Thomas Jefferson, fundó un modesto centro de educación superior abierto a todos los estudiantes sin distinción de raza o clase social. En la actualidad, el centro acoge a más de 54 000 estudiantes. Apuntarse a un curso de un día o de fin de semana (desde historia de EE UU hasta fotografía) en la School of Professional Studies and Continuing Education es una experiencia única para mezclarse con los neoyorquinos. (NYU; 212-998-2222; www.nyu.edu; centro de información 50 W 4th St; S A/C/E, B/D/F/M hasta W 4th St-Washington Sq; N/R hasta 8th St-NYU)

Astor Place PLAZA

 plano p. 90, G4

Debe su nombre a la familia Astor, que amasó una fortuna en los inicios de la ciudad gracias a las pieles de castor, y que residía en Colonnade Row, al sur de la plaza. Antaño se alzaba aquí la Astor Opera House, ya desaparecida, cuyas representaciones atraían a la élite neoyorquina del s. XIX. Ahora alberga la redacción del *Village Voice* y el instituto público Cooper Union. (8th St, entre 3rd Ave y 4th Ave; S N/R hasta 8th St-NYU; 6 hasta Astor Pl)

Puntos de interés

Comprender
Comunidad homosexual en el Village

La zona de Lower East Side se había forjado una reputación escandalosa por sus salones de baile, bares y burdeles a finales del s. XIX, pero Greenwich Village acabaría jugando un rol esencial en la larga historia de los gais de NY.

Movimiento bohemio
Muchos escritores y bohemios se instalaron en Greenwich Village a principios del s. XX. Sus actitudes poco convencionales generaron un ambiente de tolerancia en el que los gais podían vivir con más libertad. En MacDougall St había muchos negocios regentados por homosexuales, como el legendario Eve's Hangout del nº 129, una tetería regentada por una inmigrante judía polaca, Eva Kotchever (Eve Addams). El local era famoso por dos cosas: las lecturas de poesía y el cartel de la puerta que decía: "Los hombres pueden entrar, pero no son bienvenidos".

Años de persecución
La relativa transgresión de principios del s. XX fue sustituida por un nuevo conservadurismo durante la Gran Depresión, la II Guerra Mundial y la Guerra Fría. A ello contribuyó el senador McCarthy, que declaró que los homosexuales del Departamento de Estado ponían en peligro a los niños y la seguridad del país. Pretendía apartar de la esfera pública a los gais, que en las décadas de 1940 y 1950 tuvieron que mantenerse en el anonimato.

Poder gay
La indignación de las personas LGBT explotó el 28 de junio de 1969, cuando ocho policías irrumpieron en el Stonewall Inn, un bar de Greenwich Village frecuentado por gais y transexuales. Harta de los acosos, la gente empezó a tirarles monedas, botellas y ladrillos, mientras coreaban consignas como "poder gay" o "venceremos". Unas *drag queens* entonaron un cántico que se haría famoso: "Somos las chicas del Stonewall, llevamos el pelo rizado, no llevamos ropa interior, enseñamos el vello púbico, llevamos un peto sobre nuestras rodillas de nenazas...". Su solidaridad y furia colectiva darían lugar al movimiento a favor de los derechos LGTB.

Muelle 45 MUELLE

Todavía conocido como el muelle de Christopher Street, es un dedo de hormigón de 260 m de largo que se adentra en el río Hudson. Renovado con césped, arriates, una cómoda estación, una cafetería, toldos y una parada de taxis acuáticos, atrae a todo tipo de gente, desde familias con críos hasta jóvenes gais. (W 10th St, esq. río Hudson; S 1 hasta Christopher St-Sheridan Sq)

Grace Church IGLESIA

Proyectada en 1843 por James Renwick Jr, esta iglesia episcopal neogótica se construyó en mármol extraído por presos de Sing Sing, la penitenciaría estatal de Ossining, 48 km al norte. Tras años de abandono, se ha remodelado por completo y ha sido declarada monumento nacional. Sus elaboradas tallas, la torre con aguja y el cuidado patio impactan en esta zona bastante anodina del Village. (☎ 212-254-2000; www.gracechurchnyc.org; 802 Broadway, esq. 10th St; ⏱ 10.00-17.00, misas diario; S N/R hasta 8th St-NYU; 6 hasta Astor Pl)

Rubin Museum of Art MUSEO

Es el primer museo del mundo occidental dedicado al arte del Himalaya y las regiones circundantes. Su impresionante colección incluye textiles bordados de China, esculturas metálicas del Tíbet, estatuas de piedra paquistaníes e intrincadas pinturas de Bután, así como objetos para rituales y máscaras de danza de varias regiones tibetanas de los ss. II al XIX. (☎ 212-620-5000; www.rmanyc.org; 150 W 17th St, esq. 7th Ave; adultos/niños 10 US$/gratis, 18.00-22.00 vi gratis; ⏱ 11.00-17.00 lu y ju, hasta 21.00 mi, hasta 22.00 vi, hasta 18.00 sa y do; S 1 hasta 18th St)

Chelsea Hotel  EDIFICIO HISTÓRICO

El futuro de este famoso hotel sigue siendo incierto, después de que lo comprara un constructor de lujo en el 2013. Eso sí, conserva sus ornamentados balcones de hierro y las siete placas que atestiguan su pasado literario.

Vida local

Robert Hammond en la High Line

El cofundador y director ejecutivo de Friends of The High Line, Robert Hammond comenta sus zonas preferidas de la High Line (p. 86): "Lo que me encanta de la High Line son sus lugares ocultos, como la rejilla de Tenth Ave, cerca de 17th St. La mayoría de la gente se sienta en las gradas, pero del otro lado se puede ver la Estatua de la Libertad, a lo lejos, en el puerto. A los amantes de la arquitectura les aconsejo que bajen la vista en 18th St. Mi sitio favorito es la rejilla de metal de 30th St, por la que puedes ver los vehículos que pasan por debajo".

Puntos de interés

El hotel desempeñó un papel estelar en la historia de la cultura estadounidense: se dice que fue aquí donde Jack Kerouac escribió *En el camino,* donde Arthur C. Clarke escribió *2001: Una Odisea en el espacio,* donde Dylan Thomas murió alcoholizado en 1953 y donde Sid Vicious de los Sex Pistols apuñaló a su novia Nancy Spungen en 1978. (212-243-3700; 222 W 23rd St, entre 7th Ave y 8th Ave; S 1, C/E hasta 23rd St)

Chelsea Piers Complex DEPORTES

9 plano p. 90, B2

Enorme centro deportivo junto al río. Es posible practicar golf en sus campos de cuatro niveles, patinaje sobre hielo en la pista cubierta o alquilar patines en línea para recorrer el carril bici que va del Hudson River Park al Battery Park. También dispone de una bolera, cancha de baloncesto, escuela de vela para niños, canchas de béisbol, un amplio gimnasio con piscina cubierta (pases diarios para no abonados, 50 US$) y paredes de escalada en roca también interiores. (212-336-6666; www.chelseapiers.com; río Hudson al final de W 23rd St; S C/E hasta 23rd St)

Forbes Collection MUSEO

10 plano p. 90, F3

Estas galerías, ubicadas en el vestíbulo de la sede de la revista *Forbes,* albergan exposiciones temporales y objetos curiosos de la colección personal del fallecido magnate de la edición Malcolm Forbes. Entre ellos hay huevos de Fabergé, barcos de juguete, las primeras versiones del Monopoly y más de 10 000 soldaditos de plomo. (212-206-5548; www.forbesgalleries.com; 62 5th Ave, esq. 12th St; gratis; 10.00-16.00 ma-sa; S L, N/Q/R, 4/5/6 hasta 14th St-Union Sq)

Downtown Boathouse KAYAK

11 plano p. 90, D5

El embarcadero público con más actividad de NY organiza salidas en kayak gratuitas de 20 min (equipo incluido) los fines de semana y algunas tardes laborables por una ensenada del río Hudson. (www.downtownboathouse.org; muelle 40 cerca de Houston St; circuitos gratis; 10.00-18.00 sa y do, 17.00-19.00 ju med may-med oct; S 1 hasta Houston St)

New York Trapeze School DEPORTES

12 plano p. 90, C5

Dispone de una carpa al aire libre junto al río para hacer realidad los sueños circenses volando de trapecio en trapecio, como hizo Carrie en *Sexo en Nueva York.* Suele funcionar de mayo a septiembre en el muelle 40. La escuela también dispone de unas instalaciones cubiertas en la Circus Warehouse, en Long Island City, que abre de octubre a abril. (www.newyork.trapezeschool.com; muelle 40 esq. West Side Hwy; desde 50 US$ por clase; S 1 hasta Houston St)

Dónde comer

RedFarm — DE FUSIÓN $$$

13 plano p. 90, D4

Sabores de Oriente y Occidente combinados en platos potentes como *bruschetta* de cangrejo fresco y berenjena, un jugoso churrasco (marinado toda la noche en papaya, jengibre y soja) o rollos de huevo y pastrami. Para evitar las colas hay que ir temprano (no aceptan reservas) o esperar tomando cócteles en el bar de abajo. (212-792-9700; www.redfarmnyc.com; 529 Hudson St, entre 10th St y Charles St; principales 19-49 US$; 17.00-23.45 lu-sa, hasta 23.00 do y 11.00-2:30 sa y do; A/C/E, B/D/F/M hasta W 4th St; 1 hasta Christopher St-Sheridan Sq)

Rosemary's — ITALIANA $$

14 plano p. 90, E4

Comida italiana de categoría a la altura de las expectativas. Sirven pasta casera, ensaladas y tablas de queso y *salumi* (embutidos), además de platos como *acqua pazza* (estofado de marisco) o *carne misti* (costillas de cerdo, paletilla de cordero, medio pollo). Hay que ir temprano para no encontrarlo lleno (no reservan). (212-647-1818; rosemarysnyc.com; 18 Greenwich Ave, esq. W 10th St; principales 12-26 US$; 8.00-24.00; 1 hasta Christopher St-Sheridan Sq)

Comprender
La historia del Washington Square Park

Este parque encantador ha tenido una historia larga y ecléctica. Cuando los holandeses se asentaron en Manhattan con la Compañía Holandesa de las Indias Orientales, cedieron la zona que actualmente ocupa el parque a los esclavos negros libertos. En los albores del s. XIX, la zona funcionó como cementerio, que pronto se amplió a raíz de un brote de fiebre amarilla. En la actualidad hay más de 20 000 cadáveres enterrados bajo el parque. En 1830 el terreno se usaba para desfiles militares. Pronto se transformó en un parque para la élite, que construía sus casas unifamiliares en las calles vecinas.

El parque lo domina el Stanford White Arch, conocido coloquialmente como Washington Square Arch. En 1889 se alzó un arco de madera de 22 m para celebrar el centenario de la investidura del presidente George Washington. Se hizo tan popular que seis años más tarde fue sustituido por el actual de mármol de Dover. En 1916 el artista Marcel Duchamp subió a lo alto del arco por la escalera interna y proclamó el parque "República Libre e Independiente de Washington Square".

Dónde comer

Rubin Museum of Art (p. 94).

Jeffrey's Grocery   AMERICANA CONTEPORÁNEA $$

15 plano p. 90, E4

El marisco es el rey en este animado restaurante de West Village con una barra de ostras. También sirven platos de carne como pollo asado con alcachofas de Jerusalén o hamburguesa de pastrami. El *brunch* es fantástico, y en el bar la clientela va pidiendo más bebida que comida a medida que avanza la noche. (646-398-7630; jeffreysgrocery.com; 172 Waverly Pl, esq. Christopher St; principales 18-35 US$; 8.00-23.00 do-mi, hasta 2.00 ju-sa; S 1 hasta Christopher St-Sheridan Sq)

Foragers City Table   AMERICANA CONTEPORÁNEA $$

16 plano p. 90, D2

Los propietarios de este nuevo restaurante de Chelsea tienen una granja de 12 Ha en el valle del Hudson, de donde provienen buena parte de los ingredientes. Ofrece sostenibilidad y platos inmejorables, como sopa de calabacín con alcachofas de Jerusalén y trufas negras. El *brunch* es muy popular. (www.foragerscitygrocer.com; 300 W 22nd St, esq. 8th Ave; principales 22-28 US$; 18.00-22.00 ma-sa, desde 10.30 sa y do; ; S C/E, 1 hasta 23rd St)

Blue Hill

AMERICANA $$$

17 plano p. 90, F4

Local pionero del movimiento Slow Food, que es un paraíso para adictos a la cocina de proximidad. El chef Dan Barber, procedente de una familia de granjeros de los Berkshires (Massachusetts), utiliza los productos de su tierra y de las granjas del norte del estado de Nueva York para crear platos como bacalao en caldo de almendra o cordero con judías blancas y patatas nuevas. (212-539-1776; www.bluehillfarm.com; 75 Washington Pl, entre 6th Ave y Washington Sq W; principales 32-38 US$; 17.00-23.00 lu-sa, hasta 22.00 do; S A/C/E, B/D/F/M hasta W 4th St-Washington Sq)

Minetta Tavern

BISTRÓ $$

18 plano p. 90, F5

Conviene reservar o llegar temprano entre semana a este legendario local con cómodas banquetas de cuero rojo. El menú está lleno de delicias como tuétano salteado, grandes hamburguesas o panecillos franceses. (212-475-3850; www.minettatavernny.com; 113 MacDougal St; principales 19-35 US$; 17.30-1.00 lu y ma, 11.00-15.00 y 17.30-1.00 mi-do; S A/C/E, B/D/F/M hasta W 4th St)

Spotted Pig

PUB $$

19 plano p. 90, D4

Un *pub* gastronómico con estrella Michelin, famoso por sus platos británicos e italianos de categoría. Sus dos plantas están decoradas con objetos de otra época. No hacen reservas y casi siempre hay que esperar mesa. Entre semana hay menos gente a la hora de comer. (212-620-0393; www.thespottedpig.com; 314 W 11th St, esq. Greenwich St; principales 16-35 US$; 11.00-2.00;  S A/C/E hasta 14th St; L hasta 8th Ave)

Cookshop

AMERICANA CONTEMPORÁNEA $$

20 plano p. 90, C2

Local ideal para tomar un *brunch* antes (o después) de pasear por la High Line, al otro lado de la calle. El excelente servicio, los cócteles, la cesta de panes perfectamente horneados y el surtido de platos creativos a

---

Vida local
Dónde comer en el Chelsea Market

Los pasillos restaurados de este refugio para *gourmets* están llenos de panaderías *boutique*. Entre ellas destaca **Eleni's** (plano p. 90, C3; 212-255-6804; Chelsea Market; S A/C/E hasta 14th St, L hasta 8th Ave), cuya propietaria, Eleni Gianopulos, una de las primeras en instalarse en el mercado, hornea deliciosas galletas. También vale la pena parar en Tuck Shop, que sirve tartas de estilo australiano, rollos, *lamingtons* y refrescos caseros. Los golosos disfrutarán con los helados de L'Arte Del Gelato. Sus helados con más de 20 sabores se preparan a diario; son el tentempié perfecto para llevarse a la High Line.

base de huevo lo convierten en una excelente elección para pasar la tarde del domingo en Chelsea. Las cenas son también estupendas. Cuando hace buen tiempo, hay mesas fuera. (📞212-924-4440; www.cookshopny.com; 156 10th Ave, entre 19th St y 20th St; principales 15-35 US$; ⏱11.30-16.00 y 17.30-23.30 diario, desde 10.30 sa y do; Ⓢ L hasta 8th Ave; A/C/E hasta 23rd St)

Saigon Shack VIETNAMITA $

21 plano p. 90, F5

Popular restaurante revestido de madera que sirve boles humeantes de *pho* (sopa de fideos), bocadillos *bahn mi* y rollos de primavera crujientes. Está a un tiro de piedra del Washington Square Park, y la gente lo adora por el servicio rápido y los precios razonables. (📞212-228-0588; saigonshacknyc.com; 114 MacDougal St, entre Bleecker St y 3rd St; principales 7-10 US$; ⏱11.00-23.00 do-ju, hasta 1.00 vi y sa; Ⓢ A/B/C, B/D/F/M hasta W 4th St)

Barbuto AMERICANA CONTEMPORÁNEA $$

22 plano p. 90, C4

Un garaje cavernoso con grandes puertas acristaladas, que se suben hasta el techo cuando hace calor. Tienen un surtido de nueva cocina italiana, con platos como lomo de cerdo con polenta y manzana o *bruschetta* con hígado de pato, pistachos y vinagre balsámico. (📞212-924-9700; www.barbutonyc.com; 775 Washington St, entre 12th St y Jane St; principales 19-27 US$; ⏱12.00-23.00 lu-mi, hasta 24.00 ju-sa, hasta 22.00 do; Ⓢ L hasta 8th Ave; A/C/E hasta 14th St; 1 hasta Christopher St-Sheridan Sq)

Café Cluny BISTRÓ $$

23 plano p. 90, D4

Este café no desentonaría en el barrio parisino de Le Marais. Está adornado con pájaros disecados y otras curiosidades del mundo natural. El menú cuenta con creaciones como rape con lentejas y chorizo o gratinado de col rizada de la Toscana con gouda añejo. (📞212-255-6900; www.cafecluny.com; 284 W 12th St; principales almuerzo 14-24 US$, cenas 18-34 US$; ⏱8.00-23.30 lu-vi, 9.00-23.00 sa y do; Ⓢ L hasta 8th Ave; A/C/E, 1/2/3 hasta 14th St)

Taïm ISRAELÍ $

24 plano p. 90, E4

Es uno de los mejores locales de *falafel* de la ciudad. Tienen varias modalidades: verde (estilo tradicional), *harissa* (con especias tunecinas) o rojo (con pimientos asados). Todos van en pan de pita con una cremosa salsa de *tahina* y una dosis generosa de ensalada israelí. También hay platos variados, ensaladas y batidos (como el de dátiles, lima y plátano). (📞212-691-1287; www.taimfalafel.com; 222 Waverly Pl, entre Perry St y W 11th St; principales 6-12 US$; ⏱11.00-22.00; Ⓢ 1/2/3 hasta 14th St)

Joe's Pizza PIZZERÍA $

25 plano p. 90, E5

Esta sencilla pizzería se ha ganado muchos premios y unos seguidores leales en las últimas tres décadas.

Atrae a un público variado, desde estudiantes o turistas a famosos como Kirsten Dunst o Bill Murray. (212-366-1182; www.joespizzanyc.com; 7 Carmine St, entre 6th Ave y Bleecker St; porciones desde 3 US$; 10.00-16.30; SA/C/E, B/D/F/M hasta W 4th St; 1 hasta Christopher St-Sheridan Sq o Houston St)

Cafe Blossom   VEGANA $

26   plano p. 90, E5

Un restaurante romántico con luz de velas que sirve cocina vegana de calidad. La especialidad son los platillos creativos para compartir, como tartas de setas y ostras asadas, *pizza* con anacardos, hinojo ahumado y ricota, o *agedashi tofu* con curry rojo tailandés. También hay cócteles, cervezas y vinos ecológicos. (blossomnyc.com; 41 Carmine St, entre Bleecker St y Bedford St; platillos 8-16 US$; 17.00-22.00 lu-vi, 12.00-22.00 sa, hasta 21.00 do; SA/C/E, B/D/F/M hasta W 4th St)

Murray's Cheese Bar   QUESO $$

27   plano p. 90, E5

Este es el rey neoyorquino del *fromage* cremoso y artesanal. Sirven macarrones con queso, bocadillos de queso fundido y sopa francesa de cebolla. Se llevan la palma las bandejas de quesos variados, como la Cheesemongers Choice (que incluye de cinco a ocho

Chelsea Market (p. 92).

quesos y algunos embutidos). Lo ideal es acompañarlos con un vino de una carta muy bien seleccionada. (www.murrayscheesebar.com; 246 Bleecker St; principales 12-17 US$, bandejas de queso 12-16 US$; ⓒ12.00-22.00 do-ma, hasta 24.00 mi-sa; ⓢA/C/E, B/D/F/M hasta W 4th St)

Victory Garden   HELADERÍA $

Pequeño café donde se puede probar helado elaborado con leche de cabra. Sirven helados con sabores como caramelo salado, chocolate (hecho con cacao mexicano a la piedra) y opciones de temporada como sandía o ciruela asada. Las selecciones cambian semanalmente. Cada día hay unas cuatro. (31 Carmine St, entre Bleecker St y Bedford St; helados 4-6 US$; ⓒ12.00-23.00 lu-sa, hasta 22.00 do; ⓢA/C/E, B/D/F/M hasta W 4th St)

Le Grainne   FRANCESA $$

Se puede degustar una sopa de cebolla mientras se sueña con la ingenua Amélie resquebrajando su *crème brulée*; este restaurante es un viaje en toda regla a las callejuelas de París, y sus almuerzos son notables. En su apretado espacio también sirven *baguettes* y crepes, y el olor a ajo lo impregna todo desde la cocina cuando preparan la cena. (☏646-486-3000; www.legrainnecafe.com; 183 9th Ave, entre 21st St y 22nd St; principales 10-24 US$; ⓒ8.00-24.00; ⓢC/E, 1 hasta 23rd St; A/C/E hasta 14th St)

> **Vida local**
> ### De 'brunch' por Eighth Ave
> Si se es gay y se quiere conocer chicos (o solo regalarse la vista), pero no en bares de ambiente, se recomienda probar los *brunchs* de fin de semana en Eighth Ave. Allí se congrega la simpática juventud masculina de Chelsea para pasar la resaca, vestida con camisetas ajustadas y vaqueros más ajustados todavía.

Dónde beber

Little Branch   COCTELERÍA

  plano p. 90, E5

Si no fuera por el portero con tirantes, nunca podría adivinarse que unos de los mejores bares se esconde tras la pesada puerta de metal. Si el portero le deja franquear la entrada, el viajero verá ante sí un sótano que evoca la década de 1920, con música añeja y cócteles de época muy bien hechos. (☏212-929-4360; 22 7th Ave, esq. Leroy St; ⓒ19.00-3.00; ⓢ1 hasta Houston St)

Stumptown Coffee Roasters   CAFÉ

31   plano p. 90, F4

Los buenos cafeteros alaban este célebre tostador de Portland, que está liderando la evolución del panorama cafetero de NY con sus mezclas exquisitas y sus técnicas artesanales. Tiene un interior elegante con techo encofrado y una barra de nogal. Hay pocas mesas, que suelen llenarse de gente con portátiles. (30 W 8th St, esq. MacDougal St; ⏰7.00-20.00; Ⓢ A/C/E, B/D/F/M hasta W 4th St)

Bell Book & Candle BAR
32 🚇 plano p. 90, E4

A los veinteañeros les encanta este *pub* gastronómico a la luz de las velas donde se sirve buena comida y bebidas creativas como un Margarita hecho con tequila de canela. Hay una barra pequeña y un patio trasero. Aquí se viene a disfrutar de las ostras a 1 US$ y de las bebidas especiales de la *happy hour* (a primera hora de la noche). También sirven platos más consistentes, casi todos confeccionados con verduras del huerto aeropónico de la azotea, en el 6º piso. (141 W 10th St, entre Waverley Pl y Greenwich Ave; Ⓢ A/B/C, B/D/F/M hasta W 4th St; 1 hasta Christopher St-Sheridan Sq)

Jane Ballroom LOUNGE
 plano p. 90, C4

El salón del Jane Hotel es sensacional: una enorme bola de espejos, sillones de velvetón, tejidos con estampados de animales y animales disecados. Entre semana el ambiente es discreto y sosegado, mientras que los fines de semana la fiesta es muy animada y la gente se sube a los muebles a bailar. (113 Jane St, esq. West St; Ⓢ L hasta 8th Ave; A/C/E, 1/2/3 hasta 14th St)

Standard BAR
34 🚇 plano p. 90, C3

Local que se erige sobre la High Line con unas columnas de hormigón. En las plantas superiores hay un salón refinado y una discoteca que atraen a un público selecto: el Top of the Standard y Le Bain. También hay un asador, una zona de comida y bebida (que en invierno se transforma en pista de patinaje), y una cervecería al aire libre con menú clásico alemán y jarras espumosas. (📞212-645-4646, 877-550-4646; www.standardhotels.com; 848 Washington St; Ⓢ A/C/E hasta 14th St; L hasta 8th Ave)

Top of the Standard LOUNGE
Ubicado en el Standard (véase 34 🚇 plano p. 90, C3), es un local exclusivo al que acude la élite que aparece en *Vogue*: modelos, fotógrafos y algún que otro famoso. (📞212-645-4646; standardhotels.com/high-line; 848 Washington St, entre 13th St y Little W 12th St; ⏰16.00-2.00; Ⓢ L hasta 8th Ave; 1/2/3, A/C/E hasta 14th St)

Employees Only BAR
35 🚇 plano p. 90, D4

Hay que acceder por debajo del cartel de neón que dice "Psychic" para descubrir este bar, que se llena a medida que avanza la noche. Los camareros son especialistas en cócteles adictivos como el Ginger Smash o el Mata Hari. Su restaurante sigue abierto después de las 24.00. (📞212-242-3021; 510 Hudson St, cerca de Christopher St; ⏰18.00-4.00; Ⓢ 1 hasta Christopher St-Sheridan Sq)

Buvette
BAR DE VINOS

36 plano p. 90, E5

Vinería de decoración rústica elegante, con placas de latón y una barra de mármol, ideal para tomar una copa de vino en cualquier momento del día. Pero para gozar plenamente de esta *gastrotèque,* hay que tomar asiento y probar uno o dos platos deliciosos mientras se saborean vinos europeos. (212-255-3590; www.ilovebuvette.com; 42 Grove St, entre Bedford St y Bleecker St; 8.00-2.00 lu-vi, desde 10.00 sa y do; S1 hasta Christopher St-Sheridan Sq; A/C/E, B/D/F/M hasta W 4th St)

Clarkson
BAR

37 plano p. 90, E5

Un bar nuevo muy estiloso con barra en forma de herradura, ideal para integrarse en la parroquia parlanchina y degustar cócteles magistrales. En la sala con decoración de zebra se sirve cocina francesa creativa, y hay un menú nocturno hasta tarde. (225 Varick St, esq. Clarkson St; 11.00-1.30 lu, hasta 2.30 ma-sa, hasta 22.00 do; S1 hasta Houston St)

Bathtub Gin
COCTELERÍA

38 plano p. 90, D2

En plena moda neoyorquina de bares tipo clandestino, este logra descollar con su entrada ultrasecreta, oculta en la pared de un sencillo café. Dentro, los asientos relajantes, la música suave de fondo y los amables camareros lo convierten en el sitio perfecto para degustar buenos cócteles. (646-559-1671; www.bathtubginnyc.com; 132 9th Ave, entre 18th St y 19th St; 18.00-1.30 do-ma, hasta 3.30 mi-sa; S A/C/E hasta 14th St; L hasta 8th Ave; A/C/E hasta 23rd St)

Vol de Nuit
PUB

39 plano p. 90, F4

Cervecería belga que se llena de estudiantes de la Universidad de Nueva York. Sirven Delirium Tremens de tirador y tienen varias cervezas embotelladas, como Duvel o Lindemans. Se pueden pedir *moules* (mejillones) y *frîtes* (patatas fritas) para compartir en el patio delantero, el salón, las mesas comunales o en la barra, bajo las lámparas rojas colgantes. (212-982-3388; 148 W 4th St; 16.00-1.00 do-ju, hasta 3.00 vi y sa; S A/C/E, B/D/F/M hasta W 4th St-Washington Sq)

 Consejo

Perderse como un neoyorquino

Es una buena idea agenciarse un plano (o confiar en el *smartphone*) para moverse por las callejuelas de West Village. Incluso a algunos residentes les cuesta orientarse. Con recordar que 4th St tuerce en diagonal hacia el norte (rompiendo el típico plano en damero este-oeste), no habrá pérdida.

124 Old Rabbit Club BAR

40 plano p. 90, F5

Aquí el reto es encontrar el bar. La clave es buscar las palabras "Rabbit Club Craft Beer Bar" escritas en pequeño sobre la puerta. Una vez dentro, se encuentra un espacio estrecho y cavernoso: es hora de sentarse en la barra y tomar una buena *stout* o una de las muchas cervezas de importación. (☏212-254-0575; 124 MacDougal St; ⏱18.00-4.00; **S** A/C/E, B/D/F/M hasta W 4th St; 1 hasta Houston St)

Eagle NYC DISCOTECA

41 plano p. 90, B1

Un club para los más fetichistas, repleto de chicos vestidos de cuero. Las dos plantas y la azotea ofrecen espacio de sobra para bailar y beber hasta la saciedad. El jueves es la noche 'código': todos deben cumplir el código de indumentaria; o sea, vestir cuero. Se encuentra en un establo renovado del s. XIX; la broma interna es "que vienen los sementales". (☏646-473-1866; www.eaglenyc.com; 555 W 28th St, entre 10th Ave y 11th Ave; ⏱22.00-4.00 lu-sa; **S** C/E hasta 23rd St)

Julius Bar GAY

 plano p. 90, E4

Auténtico antro de perdición, uno de los primeros bares de mala fama de la ciudad; de hecho, es el local gay más antiguo de NY. El único indicio de sus raíces homosexuales es la clientela, una mezcla de residentes fieles y novatos ocasionales. Su grata sencillez lo aleja del Stonewall y el Duplex, más conocidos. (☏212-243-1928; 159 W 10th St, esq. Waverly Pl; ⏱12.00-2.00 do-ju, hasta 4.00 vi y sa; **S** A/C/E, B/D/F/M hasta W 4th St, 1 hasta Christopher St-Sheridan Sq)

Henrietta Hudson LESBIANAS

 plano p. 90, E5

Un elegante local que atrae a lesbianas jóvenes y bellas desde los vecinos New Jersey y Long Island. Hay noches temáticas amenizadas por DJ adeptos al *hip-hop*, el *house* y el *rock*. La propietaria, Lisa Canistraci, oriunda de Brooklyn, es una de las promotoras predilectas de la noche lésbica y a menudo se deja ver por el local para codearse con sus fans. (☏212-924-3347; 438 Hudson St; ⏱17.00-2.00 lu y ma, 16.00-4.00 mi-vi, 14.00-4.00 sa y do; **S** 1 hasta Houston St)

Cielo DISCOTECA

44 plano p. 90, C3

Un club veterano con un sonido excelente, que atrae a un público relajado. Los lunes la gente viene a bailar al Deep Space Monday, en el que el DJ François K pincha *dub* y música alternativa. En otras noches la gente baila sin parar con la selección de DJ europeos. (☏212-645-5700; www.cieloclub.com; 18 Little W 12th St; entrada 15-25 US$; ⏱22.30-5.00 lu-sa; **S** A/C/E, L hasta 8th Ave-14th St)

Spotted Pig (p. 98).

Ocio

Upright Citizens Brigade Theatre
COMEDIA

45 plano p. 90, D1

Los profesionales del *sketch* y de las improvisaciones reinan en este frecuentado local con capacidad para 74 personas, donde de vez en cuando se deja ver algún director de *casting*. La entrada es barata y también lo son la cerveza y el vino. A veces actúan caras conocidas de programas cómicos nocturnos. Los domingos después de las 21.30 y los miércoles a partir de las 23.00 la entrada es gratis, cuando los novatos suben al escenario. (☎212-366-9176; www.ucbtheatre.com; 307 W 26th St, entre 8th Ave y 9th Ave; entradas 5-10 US$; **S** C/E hasta 23rd St)

Village Vanguard
JAZZ

46 plano p. 90, E4

Posiblemente sea el club de *jazz* más prestigioso de la ciudad, donde han actuado los mejores músicos de los últimos 50 años. Empezó organizando recitales y a veces vuelve a sus raíces, pero normalmente se escucha buen *jazz* toda la noche. (☎212-255-4037; www.villagevanguard.com; 178 7th Ave, esq. 11th St; entradas 25-30 US$ más 1 bebida mínimo; **S** 1/2/3 hasta 14th St)

'Sleep No More' — TEATRO

47 plano p. 90, B1

Sleep No More es de las experiencias teatrales más fascinantes de la historia. Se trata de una relectura libre de *Macbeth*, ubicada en una serie de almacenes de Chelsea. Es una experiencia del tipo "elige tu propia aventura", donde el público es libre de deambular por las habitaciones e interactuar con los actores. Un aviso: al entrar se deja todo lo que se lleva encima (chaqueta, bolso, móvil, etc.) y se va con una máscara, en plan *Eyes Wide Shut*. (www.sleepnomorenyc.com; McKittrick Hotel, 530 W 27th St; entradas desde 106 US$; ⏱19.00-24.00 lu-sa; ⓈC/E hasta 23rd St)

Le Poisson Rouge — MÚSICA EN DIRECTO

48 plano p. 90, F5

Un espacio de vanguardia decorado con un acuario colgante, famoso por sus conciertos eclécticos. Aquí han actuado grupos como Deerhunter, Marc Ribot o Cibo Matto. Predominan la experimentación y la fusión de géneros, con especial hincapié en la música clásica, el folk, la ópera y mucho más. (☎212-505-3474; www.lepoissonrouge.com; 158 Bleecker St; ⓈA/C/E, B/D/F/M hasta W 4th St-Washington Sq)

Comedy Cellar — COMEDIA

49 plano p. 90, F5

Veterano de Greenwich Village ubicado en un sótano, con público heterogéneo y un buen plantel de humoristas habituales (p. ej., Darrell Hammond y Wanda Sykes de *Saturday Night Live*), aparte de actuaciones puntuales de pesos pesados como Dave Chappelle. (☎212-254-3480; www.comedycellar.com; 117 MacDougal St, entre W 3rd St y Minetta Ln; entradas 12-24 US$; ⏱espectáculo aprox. 21.00 do-vi, 19.00 y 21.30 sa; ⓈA/C/E, B/D/F/M hasta W 4th St-Washington Sq)

Blue Note — JAZZ

 plano p. 90, F5

Es el club de *jazz* más célebre (y caro) de la ciudad, con diferencia. Los precios oscilan entre 30 US$ en la barra y 45 US$ en una mesa, aunque pueden subir si hay actuaciones estelares (también hay conciertos más baratos por 20 US$, además de *brunch* a ritmo de *jazz* los domingos a las 11.30). Mejor acudir una noche entre semana. (☎212-475-8592; www.bluenote.net; 131 W 3rd St, entre 6th Ave y MacDougal St; ⓈA/C/E, B/D/F/M hasta W 4th St-Washington Sq)

Cherry Lane Theater — TEATRO

51 plano p. 90, E5

Fundado por la poeta Edna St Vincent Millay, este clásico de West Village ha dado voz a numerosos dramaturgos y actores durante años. Sigue fiel a su misión de crear teatro 'vivo', accesible a todos. Hay recitales, obras y lecturas dramatizadas frecuentes. (☎212-989-2020; www.cherrylanetheater.org; 38 Commerce St; Ⓢ1 hasta Christopher St-Sheridan Sq)

Ocio

Angelika Film Center CINE

52 plano p. 90, G5

Sala especializada en cine extranjero e independiente, con un encanto peculiar: a veces se oye el ruido del metro, hay largas colas y el sonido es deficiente. Su espaciosa cafetería es un buen sitio para quedar antes o después de la película, y la belleza del edificio de estilo *beaux arts*, obra de Stanford White, es incontestable. (☏212-995-2570; www.angelikafilmcenter.com; 18 W Houston St, esq. Mercer St; entradas 10-14 US$; ♿; Ⓢ B/D/F/M hasta Broadway-Lafayette St)

IFC Center CINE

53 plano p. 90, E5

Cine de arte y ensayo cerca de la Universidad de Nueva York, con una cartelera sólida de películas extranjeras, independientes y de culto. Aquí se pueden ver cortos, documentales, reposiciones de la década de 1980, ciclos de cine de autor, clásicos en fin de semana y proyecciones especiales de películas de culto a medianoche. (☏212-924-7771; www.ifccenter.com; 323 6th Ave, esq. 3rd St; Ⓢ A/C/E, B/D/F/M hasta W 4th St-Washington Sq)

Duplex CABARÉ, KARAOKE

54 plano p. 90, E4

Su oferta habitual se centra en el cabaré y el karaoke. Fotos de Joan Rivers cuelgan en las paredes y los artistas se ponen muy mordaces cuando gastan bromas sobre el público. Divertido y sencillo, no es apto para tímidos.

> **Vida local**
> **West 4th Street Basketball Courts**
> En esta **cancha de baloncesto** (plano p. 90, F4; 6th Ave, entre 3rd St y 4th St; Ⓢ A/C/E, B/D/F/V hasta W 4th St-Washington Sq), rodeada por una valla de tela metálica y también conocida como The Cage, juegan los mejores equipos de básquet callejero del país. Aunque es más turística que su homóloga del Rucker Park, en Harlem, los partidos que se celebran aquí atraen a multitudes de entregados espectadores.

(☏212-255-5438; www.theduplex.com; 61 Christopher St; entradas 5-15 US$ más 2 bebidas mínimo; ⏱16.00-4.00; Ⓢ 1 hasta Christopher St-Sheridan Sq)

Chelsea Bow Tie Cinema CINE

55 plano p. 90, D1

Complejo multisalas que ofrece estrenos, una sesión golfa de fin de semana donde se proyecta *The Rocky Horror Picture Show*, y un magnífico ciclo los jueves por la noche: el Chelsea Classics, en el que la *drag queen* Hedda Lettuce presenta clásicos del ambiente con estrellas como Joan Crawford, Bette Davis o Barbra Streisand. (☏212-777-3456; www.bowtiecinemas.com; 260 W 23rd St, entre 7th Ave y 8th Ave; Ⓢ C/E hasta 23rd St)

Atlantic Theater Company — TEATRO

56 plano p. 90, D2

Fundado por David Mamet y William H. Macy en 1985, es un pilar de la comunidad "off-Broadway". Por aquí han pasado muchos actores laureados con el Tony Award y el Drama Desk en los últimos 27 años. (☎212-691-5919; www.atlantictheater.org; 336 W 20th St, entre 8th Ave y 9th Ave; [S]C/E hasta 23rd St, 1 hasta 18th St)

Joyce Theater — DANZA

57 plano p. 90, D2

Un cine renovado muy frecuentado por los aficionados a la danza, gracias a un enfoque excelente y a una oferta poco convencional. Aquí actúan compañías modernas de corte tradicional, como Pilobolus, Stephen Petronio Company y Parsons Dance, además de estrellas globales como DanceBrazil, Ballet Hispánico y MalPaso Dance Company. (☎212-242-0800; www.joyce.org; 175 8th Ave; [S]C/E hasta 23rd St; A/C/E hasta 8th Ave-14th St; 1 hasta 18th St)

New York Live Arts — DANZA

58 plano p. 90, E2

Un elegante centro de danza, bajo la dirección artística de Carla Peterson, con una programación anual de más de 100 obras experimentales contemporáneas. Artistas de todo el mundo traen piezas de actualidad. A veces hay una charla con los coreógrafos y/o los bailarines antes o después de la actuación. (☎212-924-0077; www.newyorklivearts.org; 219 W 19th St, entre 7th Ave y 8th Ave; [S]1 hasta 18th St)

De compras

Strand Book Store — LIBROS

59 plano p. 90, G3

No hay que perderse la librería más famosa y preciada de NY. Fundada en 1927, vende ejemplares nuevos, usados y raros que llenan 29 km lineales de estanterías; es decir, unos 2,5 millones de libros repartidos en tres laberínticas plantas. (☎212-473-1452; www.strandbooks.com; 828 Broadway, esq. 12th St; ⊙9.30-22.30 lu-sa, desde 11.00 do; [S]L, N/Q/R, 4/5/6 hasta 14th St-Union Sq)

Vida local
Marie's Crisis

Reinonas de Broadway entradas en años, gais forasteros, turistas de risa tonta y amantes de los musicales cantan a coro en torno a un piano en el **Marie's Crisis** (plano p. 90, E4; ☎212-243-9323; 59 Grove St, entre 7th Ave y Bleecker St; ⊙16.00-4.00; [S]1 hasta Christopher St-Sheridan Sq). Por turnos, atacan piezas cursis coreadas por la parroquia. Diversión de toda la vida que consigue acabar con el aburrimiento de cualquiera.

De compras

Duplex (p. 107).

Personnel of New York
MODA, ACCESORIOS

60 plano p. 90, E4

Lo bueno viene en frasco chico, y así es esta tienda de moda. Venden ropa de diseño para hombre y mujer de marcas exclusivas de la costa este, la costa oeste y el extranjero: tejidos de Ace & Jig, resistente ropa de hombre de Hiroshi Awai, piezas de costura de Rodobjer y camisas de batik de All Nations. (9 Greenwich Ave, entre Christopher St y W 10th St; 11.00-20.00 lu-sa, 12.00-19.00 do; S A/C/E, B/D/F/M hasta W 4th St; 1 hasta Christopher St-Sheridan Sq)

Monocle
MODA, ACCESORIOS

61 plano p. 90, D4

Tienda diminuta fundada por Tyler Brûlé, gurú de una conocida revista de moda. Aquí se encuentran productos estilosos para urbanitas y viajeros internacionales, como cuadernos recubiertos de piel, material de oficina elegante, jabones japoneses, fundas de pasaporte o trajes de baño. Si el viajero no conoce la revista *Monocle*, aquí puede llevarse un ejemplar. (535 Hudson St, esq. Charles St; 11.00-19.00 lu-sa, 12.00-18.00 do; S 1 hasta Christopher St-Sheridan Sq)

CO Bigelow Chemists
SALUD, BELLEZA

62 plano p. 90, F4

La botica más antigua de EE UU se ha convertido en un paraíso para los amantes de los productos de belleza. Venden sus propios bálsamos labiales, cremas de manos y pies, cremas para el afeitado y agua de rosas. También hay lociones, champús, cosméticos y perfumes de marcas como Weleda, Yu-Be y Vichy. (212-473-7324; 414 6th Ave, entre 8th St y 9th St; 7.30-21.00 lu-vi, 8.30-19.00 sa, 8.30-17.30 do; S 1 hasta Christopher St-Sheridan Sq; A/C/E, B/D/F/M hasta W 4th St-Washington Sq)

Printed Matter
LIBROS

63 plano p. 90, C2

Esta librería con dos espacios está consagrada a monografías de artistas en edición limitada y a revistas singulares de corta tirada. No tiene nada comercial que lo asemeje a las grandes cadenas de librerías. Los estantes esconden de todo: manifiestos subversivos, ensayos críticos sobre cómics o *flip books* donde se puede ver la cara de Jesús a través de códigos de barras. (212-925-0325; 195 10th Ave, entre 21st St y 22nd St; 11.00-19.00 sa y lu-mi, hasta 20.00 ju-vi; S C/E hasta 23rd St)

Aedes de Venustas
BELLEZA

64 plano p. 90, E4

Este comercio lujoso y atractivo (Aedes de Venustas significa "templo de belleza" en latín) posee más de 40 marcas de perfumes europeos de lujo, como Hierbas de Ibiza, Mark Birley for Men, Costes, Odin y Shalini. También venden productos para la piel creados por Susanne Kaufmann y Acqua di Rose, además de las populares velas aromáticas de Diptyque. (212-206-8674; www.aedes.com; 9 Christopher St; 12.00-20.00 lu-sa, 13.00-19.00 do; S A/C/E, B/D/F/M hasta W 4th St; 1 hasta Christopher St-Sheridan Sq)

Antiques Garage Flea Market
ANTIGÜEDADES, MERCADO

65 plano p. 90, E1

Rastro que se organiza los fines de semana en un garaje de dos plantas. Más de 100 vendedores ofrecen ropa, calzado, discos, libros, globos, muebles, alfombras, lámparas, cristalería, cuadros, obras de arte y otros vestigios del pasado. Imprescindible para amantes de las antigüedades. (112 W 25th St, esq. 6th Ave; 9.00-17.00 sa y do; S 1 hasta 23rd St)

Earnest Sewn
MODA, ACCESORIOS

66 plano p. 90, C3

Earnest Sewn es célebre por su conocimiento del oficio, y los clientes se apuntan a largas listas de espera para encargar vaqueros personalizados hechos a medida. La tienda tiene mucho encanto, con una curiosa mezcla de joyas exquisitas, ropa de abrigo, navajas y maquinaria antigua. Tienen otra tienda en Lower East Side. (212-242-3414; www.earnestsewn.com; 821 Washington

St; ⏱11.00-19.00 do-vi, 11.00-20.00 sa; Ⓢ A/C/E hasta 14th St; L hasta 8th Ave)

Yoyamart
NIÑOS

67 🔒 plano p. 90, D3

En apariencia enfocado a los más jóvenes, es un lugar divertido para los adultos, vayan o no con niños. Aparte de la ropa para bebés y niños, también hay robots y *ninjas* de peluche, guantes Gloomy Bear, ukeleles desmontables, CD y artículos tipo *anime*. (📞212-242-5511; www.yoyamart.com; 15 Gansevoort St; ⏱11.00-19.00 lu-sa, 12.00-18.00 do; Ⓢ A/C/E hasta 14th St; L hasta 8th Ave)

Beacon's Closet
SEGUNDA MANO

68 🔒 plano p. 90, F3

Una buena selección de la ropa usada enfocada a *hipsters,* con precios solo ligeramente superiores a los de la tienda hermana de Williamsburg. Para evitar multitudes, se recomienda ir entre semana. (10 W 13th St, entre 5th Ave y 6th Ave; ⏱11.00-20.00; Ⓢ L, N/R, 4/5/6 hasta Union Sq)

Bonnie Slotnick Cookbooks
LIBROS

Librería decorada como la despensa de la abuela, ubicada junto a Julius Bar (véase 42 🍴 plano p. 90, E4). La propietaria, Bonnie, ayuda a los clientes a encontrar el libro de cocina perfecto. Las altas estanterías contienen las mejores recetas del mundo, desde sopas judías a gastronomía gay. (📞212-989-8962; www.bonnieslotnickcookbooks.com; 163 W 10th St, entre Waverly Pl y 7th Ave; Ⓢ 1/2 hasta Christopher St-Sheridan Sq; A/C/E, B/D/F/M hasta W 4th St)

Flight 001
ARTÍCULOS DE VIAJE

69 🔒 plano p. 90, E3

Viajar es emocionante, pero planificar el viaje lo es todavía más. El viajero podrá fantasear sobre su próxima aventura en este local, con su amplia gama de maletas y bolsas, botiquines femeninos de emergencia muy *kitsch* (refrescante bucal, crema labial, quitamanchas, etc.), frascos con chicas *pin-up*, fundas de pasaporte de colores brillantes, etiquetas de piel para las maletas, guías de viaje y neceseres. ¡Sólo queda comprar el billete! (📞212-989-0001; www.flight001.com; 96 Greenwich Ave; ⏱11.00-20.00 lu-sa, 12.00-18.00 do; Ⓢ A/C/E hasta 14th St; L hasta 8th Ave)

Explorar

Union Square, Flatiron District y Gramercy

"Union Square" es un nombre muy apropiado para este barrio, que es la unión de varias zonas de la ciudad muy diferentes entre sí. Aquí se puede respirar la esencia del Village (cafés extravagantes, tiendas originales y paseantes con rastas) mezclada con una característica atmósfera comercial, con restaurantes y bares llenos de oficinistas.

Explorar

Lo mejor en un día

🌅 Se empieza la mañana contemplando el espectáculo humano en **Union Square** (p. 115): hombres de negocios corriendo a la oficina y artistas callejeros haciendo malabares en los escalones. Si es día de mercado, se pueden comprar alimentos frescos en el **Union Square Greenmarket** (p. 124), cuyos ingredientes vienen de granjas del cercano valle del Hudson.

☀️ Se admira la forma triangular del cautivador **Flatiron Building** (p. 115), y a continuación se puede ir a comprar recuerdos a **ABC Carpet & Home** (p. 124). Se come ahí mismo, en el **ABC Kitchen** (p. 118), o se opta por un almuerzo típicamente neoyorquino: un *bagel* de **Ess-a-Bagel** (p. 118). Después, se recomienda tomar un café en **Toby's Estate** (p. 122).

🌙 Se da un paseo al atardecer por el **Gramercy Park** (p. 116), se curiosea entre los productos *gourmet* de **Eataly** (p. 124) y se sube a la **Birreria** (p. 122) del ático para gozar del codillo de cerdo y la cerveza artesana. Otra opción es subir el listón gastronómico con un menú degustación en el **Eleven Madison Park** (p. 117). Se culmina la noche con unos cócteles clásicos en el **Flatiron Lounge** (p. 121).

♥ Lo mejor de Nueva York

Comer
Eleven Madison Park (p. 117)

Maialino (p. 118)

Birreria (p. 122)

Beber
Flatiron Lounge (p. 121)

Raines Law Room (p. 121)

Boxers NYC (p. 123)

Compras
ABC Carpet & Home (p. 124)

Idlewild Books (p. 125)

Books of Wonder (p. 125)

Cómo llegar

S Metro En Union Sq convergen varias líneas de metro. Se puede ir al este de Manhattan con las líneas 4, 5 y 6, cruzar a Williamsburg con la L, o ir a Queens con las N, Q y R.

Autobús El M14 y el M23 ofrecen un servicio de este a oeste por 14th St y 23rd St respectivamente.

114 Union Square, Flatiron District y Gramercy

Reseñas en:
- Puntos de interés p. 115
- Dónde comer p. 117
- Dónde beber p. 121
- Ocio p. 124
- De compras p. 124

Flatiron Building.

Puntos de interés

Union Square PLAZA

1 plano p. 114, B4

Union Sq es como el Arca de Noé de NY, solo que en lugar de animales son parejas de personas distintas y en lugar de diluvio es un mar de cemento. El espectáculo humano que se reúne entre estos escalones de piedra y zonas verdes es de lo más ecléctico: ejecutivos trajeados respirando aire fresco a la hora de comer, músicos con rastas tocando bongos, *punks* patinando en las escaleras, universitarios comiendo lo más barato que encuentran y manifestantes protestando por las causas más variopintas. (www.unionsqua renyc.org; 17th St entre Broadway y Park Ave S; S L, N/Q/R, 4/5/6 hasta 14th St-Union Sq)

Flatiron Building PUNTO DE INTERÉS

2 plano p. 114, B3

Este característico edificio de 20 plantas, cuya planta triangular recuerda a la proa de un barco enorme, fue diseñado por Daniel Burnham y construido en 1902. La preciosa fachada caliza y de terracota se va haciendo más bella y compleja cuanto más se contempla. El mejor lugar para observar el edificio es la isleta peatonal al norte de 23rd St, entre Broadway y Fifth Ave. Cuando fue construido, el Flatiron dominaba toda la plaza. Hasta 1909, fue el edificio más alto del mundo. (Broadway esq. 5th Ave y 23rd St; S N/R, F/M, 6 hasta 23rd St)

Madison Square Park   PARQUE

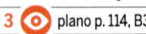 plano p. 114, B3

Antiguamente, la población de Manhattan llegaba hasta este parque. Esto cambió después de la Guerra de Secesión, cuando la población de la isla empezó a crecer desmesuradamente. Actualmente es un remanso de paz, ideal para descansar del ritmo frenético de Manhattan. Los vecinos vienen a pasear el perro en la zona designada para ello, los niños juegan en el parque infantil y en el Shake Shack (p. 120) se devoran hamburguesas frenéticamente. (www.nycgovparks.org/parks/madisonsquarepark; 23rd St hasta 26th St entre 5th Ave y Madison Ave; ⊙6.00-23.00; S N/R, F/M, 6 hasta 23rd St)

Gramercy Park   PARQUE

 plano p. 114, C3

Un magnífico parque de estilo inglés, creado por Samuel Ruggles en 1831 después de drenar la ciénaga que había en la zona y edificar varias calles de estilo colonial. Es una de las zonas más tranquilas de la ciudad. Al ser un parque privado, el viajero no podrá entrar, pero vale la pena mirar a través de los barrotes de hierro. (E 20th St entre Park Ave y 3rd Ave; S N/R, F/M, 6 hasta 23rd St)

Comprender
El Flatiron inmortal

La construcción del Flatiron (conocido originalmente como Fuller Building) coincidió con la proliferación de las postales. Fue una combinación increíble, que creó muchas expectativas. Mucho antes de terminarse de construir, ya circulaban por todo el planeta fotografías del que sería el edificio más alto del mundo.

El editor Frank Munsey fue uno de los primeros arrendatarios del edificio. Desde sus oficinas de la 18ª planta, publicaba *Munsey's Magazine*, que incluía los relatos cortos del escritor William Sydney Porter, que firmaba con el pseudónimo "O Henry". El edificio quedó inmortalizado en los escritos de Porter, en los cuadros de John Sloan, en las fotografías de Alfred Stieglitz y en un comentario famoso de la actriz Katharine Hepburn, que dijo en una entrevista que le gustaría que la admiraran tanto como al Flatiron.

La planta baja de la 'proa' del edificio es un espacio de arte acristalado que muestra la obra de artistas invitados. En el 2013, se expuso una réplica recortada en 3D del cuadro de Edward Hopper *Nighthawks* (1942). Las líneas angulosas del restaurante del cuadro son muy parecidas a las formas del Flatiron.

Lugar de nacimiento de Theodore Roosevelt
EMPLAZAMIENTO HISTÓRICO

5  plano p. 114, B4

Este emplazamiento histórico nacional es un poco tramposo, ya que la casa donde nació el 26º presidente de EE UU fue demolida mientras él estaba vivo. Dicho esto, vale la pena ver el edificio, reconstruido por sus parientes, que al lado construyeron otra residencia familiar.

Es interesante venir si al viajero le interesa la extraordinaria vida de Roosevelt, que quedó un poco eclipsada por la de su primo menor (Franklin D). La visita guiada dura 30 min. También hay una casa de verano espectacular en Oyster Bay, en Long Island. (☎212-260-1616; www.nps.gov/thrb; 28 E 20th St, entre Park Ave S y Broadway; adultos/niños 3 US$/gratis; ⊘circuitos guiados 10.00, 11.00, 13.00, 14.00, 15.00 y 16.00 ma-sa; ⓢN/R/W, 6 hasta 23rd St).

Institute of Culinary Education
CURSOS DE COCINA

6  plano p. 114, A3

El viajero puede descubrir el cocinero que lleva dentro haciendo un curso de cocina en el ICE. Este centro tiene la mayor oferta de cursos de cocina, panadería y cata de vinos de todo el país, desde clases de 1½ h a sesiones de varios días. Los temas son muy variados, desde gastronomía toscana a comida callejera japonesa, además de presentaciones de vinos californianos y cafés. También ofrecen numerosos circuitos culinarios por la ciudad. (ICE; http://recreational.ice.edu; 50 W 23rd St, entre 5th Ave y 6th Ave; cursos 30-605 US$; ⓢF/M, N/R, 6 hasta 23rd St)

Consejo
El tráfico en 14th St
El tráfico humano puede llegar a ser desbordante en Union Sq, especialmente en 14th St. Si el viajero va con prisa, puede ir por 13th St para cubrir mucha más distancia en menos tiempo.

Dónde comer

Eleven Madison Park
AMERICANA CONTEMPORÁNEA $$$

7 ✗ plano p. 114, B3

Durante mucho tiempo, este restaurante quedó a la sombra de otros grandes nombres de la ciudad. En el 2013, alcanzó el nº 5 de la lista San Pellegrino de los 50 mejores restaurantes del mundo. Y a nadie le sorprende. Este local de cocina americana ecológica es uno de los siete restaurantes de NY con tres estrellas Michelin.

El responsable es el joven copropietario y chef Daniel Humm, que convierte los mejores ingredientes regionales en platos sublimes. Hay que reservar con antelación. (☎212-889-0905; www.elevenmadisonpark.com; 11 Madison Ave, entre 24th St y 25th St; menú degustación 225 US$; ⊘12.00-13.00

ju-sa, 17.30-22.00 lu-do; S N/R, F/M, 6 hasta 23rd St)

ABC Kitchen AMERICANA CONTEMPORÁNEA $$$

Mitad galería, mitad casa rústica, se trata del restaurante sostenible asociado a los grandes almacenes del hogar ABC Carpet & Home (véase 28 plano p. 114, B4). Sirven platos elaborados con ingredientes ecológicos, como vieiras crudas con uvas y hierba luisa o un reconfortante lechón con nabos estofados y mermelada de panceta ahumada. Para comer algo más sencillo, también sirven suculentas *pizzas* de harina integral. (212-475-5829; www.abckitchennyc.com; 35 E 18th St, esq. Broadway; *pizzas* 15-19 US$, principales cena 24-34 US$; 12.00-15.00 y 17.30-22.30 lu-mi, hasta 23.00 ju, hasta 23.30 vi, 11.00-15.30 y 17.30-23.30 sa, hasta 22.00 do; ; S L, N/Q/R, 4/5/6 hasta Union Sq)

Maialino ITALIANA $$$

8 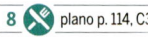 plano p. 114, C3

El restaurante de Danny Meyer, escondido en el siempre elegante Gramercy Park Hotel, se lleva las papilas gustativas de vacaciones a Roma. Sirven platos italianos rústicos preparados con ingredientes del mercado de Union Sq. Nadie puede resistirse al extraordinario *brodetto* (estofado de pescado).

Hay un menú de almuerzo (35 US$) que sale muy a cuenta si se eligen los platos más caros. (212-777-2410; www.maialinonyc.com; 2 Lexington Ave, esq. 21st St; principales almuerzo 19-26 US$, cenas 28-72 US$; 7.30-22.30 lu-vi, desde 10.00 sa y do; S 6, N/R hasta 23rd St)

Casa Mono TAPAS $$$

9  plano p. 114, C4

Otro gran éxito de Mario Batali y el chef Andy Nusser. Tiene una barra de bar muy larga, desde donde el viajero podrá ver cómo se preparan unas tapas con estrella Michelin. También hay mesas para conversar con discreción. Sirven platos llenos de sabor, como crema de coliflor con erizo de mar crudo y especias indias. A la vuelta de la esquina está el divertido bar comunal de Batali, el **Bar Jamón**. (212-253-2773; www.casamonony.com; 52 Irving Pl, entre 17th St y 18th St; tapas 9-24 US$; 2.00-24.00; S L, N/Q/R, 4/5/6 hasta Union Sq)

Ess-a-Bagel DELI $

10  plano p. 114, D3

Es imposible resistirse a los aromas de sésamo que flotan por First Ave. En el interior, una multitud se relame los labios y pide esos *bagels* tan típicamente neoyorquinos, acompañados con dosis generosas de queso para untar. ¿Y qué decir de esos estridentes candelabros que cuelgan del techo de poliestireno? (212-260-2252; www.ess-a-bagel.com; 359 1st Ave, esq. 21st St; bagels desde 1,65 US$; 6.00-21.00 lu-vi, hasta 17.00 sa y do; S L, N/Q/R, 4/5/6 hasta Union Sq)

Union Square Greenmarket (p. 124).

Gramercy Tavern AMERICANA $$$

 plano p. 114, B4

Toda una institución de la comida rural más elaborada, confeccionada con ingredientes locales de temporada. La decoración es a base de candelabros de cobre, alegres murales y grandes arreglos florales. Hay dos espacios a elegir: la taberna con su menú a la carta (no se puede reservar), o el comedor elegante, con sus ambiciosos menús de precio fijo y sus menús degustación.

Los comensales salen muy satisfechos después de regalarse platos como pollo (criado al natural) con salchichas, manzana, colinabo y bolas de alforfón. (212-477-0777; www.gramercytavern.com; 42 E 20th St, entre Broadway y Park Ave S; menú degustación almuerzo/cena 58/120 US$; taberna 12.00-23.00 do-ju, hasta 24.00 vi y sa; comedor 12.00-14.00 y 17.30-22.00 lu-ju, hasta 23.00 vi, 17.30-23.00 sa, 17.30-22.00 do; SN/R, 6 hasta 23rd St)

Pure Food & Wine VEGETARIANA $$$

 plano p. 114, C4

Un restaurante elegante y sofisticado que sirve las creaciones más deliciosas confeccionadas únicamente a partir de ingredientes ecológicos crudos, pasados por batidoras, deshidratadores y por las manos expertas del personal. El resultado es una serie de platos sanos y seductores, como lasaña de tomate y calabacín (sin queso ni pasta),

Vida local

Mad Sq Eats

Cada año, en primavera y en otoño, los más sibaritas acuden a la General Worth Square (entre Fifth Ave y Broadway, delante del Madison Square Park) para visitar el mercado culinario **Mad Sq Eats** (plano p. 114, A2; www.madisonsquarepark.org/tag/mad-sq-eats; General Worth Sq; ⏱primavera y otoño; ⓢN/R, F/M, 6 hasta 23rd St). Durante un mes se pueden ver unos 30 puestos de comida (entre ellos algunos de los mejores restaurantes de la ciudad) y comer buenas *pizzas* o tacos de ternera confeccionados con los mejores ingredientes locales.

croquetas de nueces de Brasil y algas, o una increíble tarta de crema de limón recubierta con coco y almendras. (☎212-477-1010; www.oneluckyduck.com/purefoodandwine; 54 Irving Pl, entre 17th St y 18th St; principales 19-26 US$; ⏱12.00-16.00 y 17.30-23.00; ; ⓢL, N/Q/R, 4/5/6 hasta 14th St-Union Sq)

Trattoria Il Mulino　ITALIANA $$$

13 　plano p. 114, B4

El chef Michele Mazza se parece muchísimo a la superestrella del cine italiano Marcello Mastroianni, algo muy apropiado ya que sus platos son la pura representación de la *dolce vita*. La pasta y las *pizzas* al horno de leña son inolvidables. No hay que perderse creaciones trans-regionales como el tiramisú de *limoncello*. El servicio atento y el ambiente elegante a la vez que amigable lo hacen el lugar *perfetto* para una cena especial. (☎212-777-8448; www.trattoriailmulino.com; 36 E 20th St, entre Broadway y Park Ave; platos de pasta 24 US$, principales 28-45 US$; ⏱11.30-23.00 do-ju, hasta 2.00 vi y sa; ⓢ6, N/R hasta 23rd St)

Boqueria Flatiron　TAPAS $$

14 plano p. 114, A4

Tapas de estilo español confeccionadas con productos frescos del mercado. Su excelente selección de tapas y raciones atrae a muchos ejecutivos, que vienen a gozar con salteados de setas con queso manchego y tomillo, o chipirones a la plancha con endivia, tomate confitado y cebolleta. (☎212-255-4160; www.boquerianyc.com; 53 W 19th St, entre 5th Ave y 6th Ave; tapas 5-22 US$; ⏱12.00-22.30 do-mi, hasta 23.30 ju-sa; ⓢF/M, N/R, 6 hasta 23rd St)

Shake Shack　HAMBURGUESERÍA $

15 　plano p. 114, B3

Este es el buque insignia de la pequeña cadena de hamburgueserías de calidad del chef Danny Meyer. Sirven hamburguesas hechas con carne fresquísima, patatas cortadas a mano y una selección cambiante de natillas congeladas. Los vegetarianos tienen la hamburguesa crujiente Portobello. Hay que hacer cola, pero vale la pena. (☎212-989-6600; www.shakeshack.com; Madison Square Park, esq. 23rd St y Madison Ave; hamburguesas desde 3,60 US$; ⏱11.00-23.00; ⓢN/R, F/M, 6 hasta 23rd St)

Artichoke Basille's Pizza   PIZZERÍA $

16 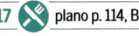 plano p. 114, D5

Pizzería regentada por dos italianos de Staten Island, que preparan *pizzas* auténticas, de gusto intenso y aderezadas con todo tipo de ingredientes. La especialidad es la de queso, alcachofas y espinacas. La siciliana es sencilla y fina, con masa crujiente y gusto fuerte. Suele haber colas. (☎212-228-2004; www.artichokepizza.com; 328 E 14th St, entre 1st Ave y 2nd Ave; porciones desde 4,50 US$; ⏱11.00-5.00; [S]L hasta 1st Ave)

Republic   ASIÁTICA $$

17 plano p. 114, B4

Platos asiáticos frescos y sabrosos, como fideos con caldo humeante, jugosos *pad thai* o ligerísimas ensaladas de mango y papaya verde. Se encuentra justo en Union Sq y es un buen lugar para comer algo rápido y barato. (www.thinknoodles.com; 37 Union Sq W; principales 12-15 US$; ⏱11.30-22.30 do-mi, hasta 23.30 ju-sa; [S]L, N/Q/R, 4/5/6 hasta 14th St-Union Sq)

Dónde beber

Flatiron Lounge   COCTELERÍA

18 plano p. 114, A4

Hasta que alguien comercialice la máquina del tiempo, la alternativa es venir a esta coctelería de época. El arco de la entrada de paso a un local fantástico con compartimentos rojos, *jazz* atrevido y adultos insolentes tomando combinados de temporada. A destacar el Beijing Mule (vodka de jazmín, zumo de lima, sirope de jengibre y melaza de granada) o el Flight of the Day (un trío de mini-cócteles). (www.flatironlounge.com; 37 W 19th St, entre 5th Ave y 6th Ave; ⏱16.00-2.00 lu-mi, hasta 3.00 ju, hasta 4.00 vi, 17.00-4.00 sa, 17.00-2.00 do; [S]F/M, N/R, 6 hasta 23rd St)

Raines Law Room   COCTELERÍA

19 plano p. 114, A4

Aquí se toman el ambiente muy en serio: cortinas de terciopelo, sillones de piel, techos de estaño, paredes con la dosis justa de ladrillo visto y cócteles de licores añejos preparados con mano experta. Pasada la entrada más bien discreta, transporta a una época mucho más suntuosa. (www.raineslawroom.com; 48 W 17th St, entre 5th Ave y 6th Ave; ⏱17.00-2.00 lu-ju, hasta 3.00 vi y sa, 20.00-1.00 do; [S]F/M hasta 14th St, L hasta 6th Ave, 1 hasta 18th St)

Beauty Bar   BAR TEMÁTICO

20 plano p. 114, D5

Un bar de aire *kitsch*, popular desde mediados de la década de 1990, que rinde tributo a los viejos salones de belleza. Atrae a una clientela moderna con su música potente, sus aires nostálgicos y sus manicuras por 10 US$ (que incluyen un Margarita Blue Rinse) de 18.00 a 23.00 entre semana, y de 15.00 a 23.00 los fines de semana. Hay eventos cada noche, desde comedia a karaoke. (☎212-539-1389; http://thebeautybar.com/home-new-york; 531 E 14th

St, entre 2nd Ave y 3rd Ave; ⏰17.00-4.00 lu-vi, desde 14.00 sa y do; Ⓢ L hasta 3rd Ave)

Birreria
CERVECERÍA

La joya de la corona del emporio gastronómico Eataly (véase 29 plano p. 114, A3) es la cervecería de la azotea, escondida entre las torres corporativas del Flatiron. La carta de cervezas es inacabable, y cuenta con las mejores marcas del planeta. Y si entra apetito, se recomienda una buena ración de codillo de cerdo. (www.eataly.com/birreria; 200 5th Ave, esq. 23rd St; principales 17-26 US$; ⏰11.30-24.00 do-mi, hasta 1.00 ju-sa; Ⓢ N/R, F/M, 6 hasta 23rd St)

Toby's Estate
CAFÉ

21 plano p. 114, A3

Este tostador de Sydney instalado en Williamsburg es una prueba más de la importancia creciente de la cultura cafetera en NY. Se lo encuentra dentro de la tienda Club Monaco, armado con una máquina de espresso Strada hecha a medida. Sirve cafés densos y sabrosos, con mezclas como la Flatiron Espresso Blend. Se pueden picar pastas y sándwiches de panaderías locales. (www.tobysestate.com; 160 5th Ave, entre 20th St y 21st St; ⏰7.00-21.00 lu-vi, 9.00-21.00 sa, 10.00-19.00 do; Ⓢ N/R, F/M, 6 hasta 23rd St)

Crocodile Lounge
LOUNGE

22 plano p. 114, D5

Si el viajero quiere empaparse de Williamsburg pero le da pereza cruzar el río, puede pasarse por esta sucursal del Alligator Lounge de Brooklyn. La *pizza* gratuita es un punto a favor de este local tan popular entre los veinteañeros de East Village. El viajero tendrá que calzarse sus tejanos más ajustados y unirse a ellos tomando cerveza artesana, participando en el

---

Comprender
'Metronome'

Dando un paseo por Union Sq se ven varias obras de arte interesantes. Además de una estatua ecuestre de George Washington, hay una estatua de Andy Warhol de 3 m de altura, obra de Rob Pruitt. En el lado sur de la plaza hay una instalación enorme que mucha gente pasa de largo. Se trata de *Metronome*, una representación simbólica del paso del tiempo. La obra cuenta con dos partes: un reloj digital bastante confuso con una pantalla llena de números y una serie de anillos concéntricos con humo que sale del centro. Que cada uno decida lo que significa esta segunda parte. En cuanto a los números parpadeantes de color naranja, se trata de 14 números divididos en dos grupos de siete. Los siete de la izquierda marcan la hora actual (hora, minuto, segundo, décima de segundo); los siete de la derecha son para leer en orden inverso y representan el tiempo que le queda al día.

Dónde beber

micro abierto o jugando a Skee-Ball. (☎212-477-7747; www.crocodileloungenyc.com; 325 E 14th St, entre 1st Ave y 2nd Ave; ⏱12.00-4.00; **S** L hasta 1st Ave)

Boxers NYC GAY
23 plano p. 114, A3

Un bar deportivo para gais en pleno Flatiron District. Hay retransmisiones de fútbol en las pantallas, alitas de pollo en la barra y camareros sin camiseta puliendo los tacos de billar. Los lunes por la noche son de temática *drag queen*. (☎212-255-5082; www.boxersnyc.com; 37 W 20th St, entre 5th Ave y 6th Ave; ⏱16.00-2.00 lu-mi, hasta 4.00 ju y vi, 13.00-4.00 sa, 13.00-2.00 do; **S** F/M, N/R, 6 hasta 23rd St)

Pete's Tavern BAR
24 plano p. 114, C4

Un bar oscuro y con una atmósfera típicamente neoyorquina, con paneles de estaño, madera tallada y aires de historia literaria. Sirven buenas hamburguesas y hay una selección de 17 cervezas de tirador. La clientela es variada: residentes irlandeses, parejas que vienen del teatro y estudiantes universitarios. (☎212-473-7676; www.petestavern.com; 129 E 18th St, esq. Irving Pl; ⏱11.00-2.00; **S** L, N/Q/R, 4/5/6 hasta 14th St-Union Sq)

Nowhere GAY
25 plano p. 114, D5

Un local encantador con mesa de billar, precios económicos y muchos chicos vestidos de franela, como tiene

Metronome, Union Square.

que ser un bar de gais de barrio. Cerca hay una pizzería, para que la fiesta siga hasta altas horas de la madrugada. (☎212-477-4744; www.nowherebarnyc.com; 322 E 14th St, entre 1st Ave y 2nd Ave; ⏱15.00-4.00; **S** L hasta First Ave)

71 Irving Place CAFÉ
26 plano p. 114, C4

En pocos lugares se toman el café tan en serio como en la cafetería del Irving Farm, a un tiro de piedra del Gramercy Park. Aquí se encuentran granos selectos tostados en una granja del valle del Hudson (a unos 145 km de NY). Los grandes cafeteros aseguran que aquí se sirve uno de los mejores cafés de Manhattan. (Irving Farm Coffee Company; www.irvingfarm.com; 71 Irving Pl, entre 18th St y 19th St; ⏱7.00-22.00 lu-vi, desde 8.00 sa y do; Ⓢ4/5/6, N/Q/R hasta 14th St-Union Sq)

principal y el salón del sótano. (PIT; ☎212-563-7488; www.thepit-nyc.com; 123 E 24th St, entre Lexington Ave y Park Ave; 🛜; Ⓢ6, N/R, F/M hasta 23rd St)

Ocio

Peoples Improv Theater COMEDIA

 plano p. 114, C3

Un club de la comedia presidido por luces rojas de neón, que ofrece risas de primera a precios irrisorios (desde entrada gratis a 20 US$). Hay tanto monologuistas como comedia musical en dos espacios distintos: el teatro

> **Vida local**
> **Union Square Greenmarket**
> No sería descabellado encontrarse a los mejores chefs de NY examinando los productos del **Union Square Greenmarket** (plano p. 114, B4; Union Square, 17th St entre Broadway y Park Ave S; ⏱8.00-18.00 lu, mi, vi y sa; Ⓢ L, N/Q/R, 4/5/6 hasta 14th St-Union Sq), uno de los mercados de alimentación más famosos de la ciudad; no hay lugar mejor para comprar productos locales. Se encuentra en el lado occidental de Union Sq. Los puestos de comida venden de todo, desde fruta y verduras de la zona a pan artesanal, sidra o miel producida en las azoteas de NY.

De compras

ABC Carpet & Home MENAJE, REGALOS

 plano p. 114, B4

Una verdadera meca de la decoración y el diseño de interiores, con una selección muy bien hecha y seis plantas repletas de productos grandes y pequeños. Aquí se pueden comprar recuerdos de última hora, joyas de diseño o regalos internacionales, además de muebles, lámparas elegantes y alfombras antiguas. En Navidad, la tienda es un espectáculo. (☎212-473-3000; www.abchome.com; 888 Broadway, esq. 19th St; ⏱10.00-19.00 lu-mi, vi y sa, hasta 20.00 ju, 12.00-18.00 do; Ⓢ L, N/Q/R/, 4/5/6 hasta 14th St-Union Sq)

Eataly COMIDA Y BEBIDA

29 plano p. 114, A3

Unos 15 000 m² dedicados a la *dolce vita*. El emporio gastronómico de Mario Batali es como la versión neoyorquina de los mercados de la Toscana que aparecen en las películas de Diane Lane. Aquí hay todo tipo de alimentos para *gourmets*, y es de visita obligatoria si el viajero quiere prepararse un *picnic*. Hay que dejar espacio para probar el codillo de cerdo en la cervecería de la azotea, la Birrería

(p. 122). (www.eatalyny.com; 200 5th Ave, esq. 23rd St; ◎8.00-23.00; ⓢF/M, N/R, 6 hasta 23rd St)

Bedford Cheese Shop COMIDA
30 🔒 plano p. 114, C4

Sucursal de la tienda de quesos más famosa de Brooklyn, donde se pueden encontrar más de 200 variedades, desde quesos locales con leche de vaca cruda con absenta a quesos australianos de leche de cabra con ajo. También venden charcutería artesanal, comida preparada y sándwiches (9 US$), además de una buena selección de alimentos hechos en Brooklyn. (www.bedfordcheeseshop.com; 67 Irving Pl, entre 18th St y 19th St; ◎8.00-21.00 lu-sa, hasta 20.00 do; ⓢL, N/Q/R, 4/5/6 hasta 14th St-Union Sq)

Idlewild Books LIBROS
31 🔒 plano p. 114, A4

Una librería de viajes independientes bautizada con el antiguo nombre del aeropuerto JFK. Los libros están divididos por regiones, e incluyen guías, ficción, diarios de viajes, historia, cocina, etc. Todo lo que sirva para que a uno le entren ganas de viajar. Hay una programación de lecturas y presentaciones de libros; más información en la web. (📞212-414-8888; www.idlewildbooks.com; 12 W 19th St, entre 5th Ave y 6th Ave; ◎12.00-19.30 lu-ju, hasta 18.00 vi y sa, hasta 17.00 do; ⓢL, N/Q/R, 4/5/6 hasta 14th St-Union Sq)

Books of Wonder LIBROS
32 🔒 plano p. 114, A4

Niños y adultos por igual se enamoran de esta librería de literatura infantil y juvenil. Es el lugar ideal al que venir con los niños en un día de lluvia, especialmente cuando hay un escritor haciendo una lectura o una sesión de cuentacuentos. Tienen una selección de libros ilustrados sobre NY, ideales para llevarse como recuerdo. (📞212-989-3270; www.booksofwonder.com; 18 W 18th St, entre 5th Ave y 6th Ave; ◎11.00-19.00 lu-sa, hasta 18.00 do; ; ⓢF/M, L hasta 6th Ave-14th St)

Whole Foods COMIDA Y BEBIDA
33 🔒 plano p. 114, B5

Una de las varias sucursales de la cadena de comida sana que está triunfando en la ciudad. Es un lugar excelente para preparar un *picnic*, con hileras infinitas de productos de primera (algunos ecológicos, otros no). Hay carnicería, panadería, comida preparada, una sección de salud y belleza y pasillos repletos de productos naturales envasados. (📞212-673-5388; www.wholefoodsmarket.com; 4 Union Sq S; ◎7.30-23.00; 📶; ⓢL, N/Q/R, 4/5/6 hasta 14th St-Union Sq)

Explorar

Midtown

Midtown es el barrio por excelencia de NY: luces de neón, vallas publicitarias, Times Square, los rutilantes teatros de Broadway, imponentes rascacielos, interminables avenidas y un hervidero constante de gente. Sus cientos de hoteles a precios competitivos lo convierten en la base ideal para una estancia en la urbe.

Explorar

Lo mejor en un día

Aunque Midtown es grande, se descubre mejor a pie. Se recomienda empezar por el final de Fifth Ave, en la esquina con 50th St, donde se hallan los emblemáticos **Tiffany & Co** (p. 153), **Saks Fifth Ave** (p. 152), y Plaza Hotel, por no hablar del **Museum of Modern Art** (p. 132), donde se puede pasar un día entero contemplando obras maestras, comiendo, bebiendo, viendo una película y comprando libros.

Devorar una de las famosas hamburguesas del chef Danny Meyer en el Shake Shack, y pasear después entre rascacielos como el **Chrysler Building** (p. 136), el **Rockefeller Center** (p. 136) y el **Empire State Building** (p. 130).

La brillante y cegadora **Times Square** (p. 128) es más espectacular de noche. Se puede ver un espectáculo de Broadway, como **'Kinky Boots'** (p. 148), comer tapas premiadas con estrella Michelin en **Danji** (p. 140) y quemar calorías bailando en Hell's Kitchen, famoso por sus bares y locales gay, como **Industry** (p. 145), **Therapy** (p. 146) o **Flaming Saddles** (p. 146).

Principales puntos de interés

Times Square (p. 128)

Empire State Building (p. 130)

Museum of Modern Art (p. 132)

Lo mejor de Nueva York

Ocio

Kinky Boots (p. 148)

Book of Mormon (p. 148)

Playwrights Horizons (p. 149)

Museos

Museum of Modern Art (p. 132)

Arquitectura

Empire State Building (p. 130)

Chrysler Building (p. 136)

Grand Central Terminal (p. 136)

Cómo llegar

S Metro Principales estaciones: Times Sq-42nd St, Grand Central-42nd St y 34th St-Herald Sq.

Autobús Útil para los extremos occidental y oriental de Midtown, en especial las rutas nº 11 (10th Ave en sentido norte y 9th Ave en sentido sur) y M15 (1st Ave en sentido norte y 2nd Ave en sentido sur).

Principales puntos de interés
Times Square

No cabe duda: el cruce de Broadway con Seventh Ave, más conocido como Times Square, es el epicentro de la ciudad: un torrente incesante e hipnótico de destellos luminosos, vallas publicitarias y energía urbana. No es que sea el sitio más de moda y a la última, pero ¿a quién le importa? Desde que Jack Kerouac llegara de Lowell y quedara prendado del lugar, Times Sq no ha dejado de impresionar, para bien o para mal, a todos los que alguna vez se han acercado hasta ella.

Plano p. 134, D4

www.timessquare.com

Broadway esq. Seventh Ave

S N/Q/R, S, 1/2/3, 7 hasta Times Sq-42nd St

Times Square

Indispensable

Nochevieja todo el año

Más de un millón de personas se congregan en Times Sq cada Nochevieja para ver como desciende la esfera de cristal iluminada de Waterford Crystal, un espectáculo de apenas 90 segundos. Por suerte, no es preciso soportar la multitud y el frío para experimentar esta breve emoción: el **Times Square Museum & Visitor Center** (plano p. 134, D3; 212-452-5283; www.timessquarenyc.org; 1560 Broadway, entre 46th St y 47th St, Midtown West; 8.00-20.00; S N/Q/R, S, 1/2/3, 7 hasta Times Sq-42nd St) ofrece una simulación cada 20 min durante todo el año, así como la posibilidad de ver de cerca la Centennial Dropping Ball, la esfera usada en el 2007.

Broadway

El barrio de los teatros de NY ocupa la zona desde 40th St hasta 54th St, entre Sixth Ave y Eighth Ave, con decenas de teatros de Broadway y "off-Broadway" donde es posible ver desde famosos musicales hasta teatro clásico y moderno. A menos que se quiera ver una obra concreta, la mejor forma de conseguir entradas, y la más económica, es la **taquilla de TKTS** (plano p. 134, D3; www.tdf.org/tkts; Broadway esq. W 47th St, Midtown West; 15.00-20.00 lu, mi-sa, 14.00-20.00 ma, 15.00-19.00 do, también 10.00-14.00 ma-sa y 11.00-15.00 do durante las matinés; S N/Q/R, S, 1/2/3, 7 hasta Times Sq-42nd St). Habrá que hacer cola, pero las entradas para el mismo día se venden a mitad de precio.

Vistas desde la taquilla de TKTS

La taquilla de TKTS es una atracción en sí misma, con una rampa-escalera que se eleva 5 m sobre 47th St hasta cubrir su techo y que está iluminada por 27 escalones de color rubí.

☑ Consejos

▶ Una gran cantidad de canciones célebres han sido creadas en el edificio Brill, en la esquina noroeste de Broadway con 49th St. En 1962, aquí había más de 160 negocios de música, entre compositores, agentes y promotores, lo que era muy práctico para los artistas. Por aquí pasaron Carol King, Bob Dylan y Joni Mitchell.

✕ Una pausa

En el **R Lounge** (plano p. 134, D3; Renaissance Hotel; www.rloungetimessquare.com; Two Times Sq, 714 7th Ave, esq. 48th St; 11.00-24.00 do-ju, 11.30-1.00 vi y sa; S N/Q/R hasta 49th St), del Renaissance Hotel, se puede tomar algo disfrutando de vistas panorámicas de la plaza. No es el sitio más económico de la ciudad, pero el espectáculo vale la pena.

Principales puntos de interés
Empire State Building

El Chrysler quizá sea más bonito y el One World Trade Center, más alto, pero el Empire State sigue siendo el rey del perfil urbano neoyorquino. Tras haber sido protagonista en un centenar de películas, desde *King Kong* a *Independence Day,* ningún otro edificio puede alardear de representar tanto a NY; subir a su mirador es una experiencia tan indispensable como comer un sándwich de *pastrami* en Katz's.

- Plano p. 134, E5
- www.esbnyc.com
- 350 Fifth Ave, esq. 34th St
- planta 86ª, adultos/niños 27/21 US$, incl. planta 102ª 44/38 US$
- 8.00-2.00, último ascensor 1.15
- B/D/F/M, N/Q/R hasta 34th St-Herald Sq

Indispensable

Miradores
El Empire State Building tiene dos miradores. El de la planta 86ª está al aire libre, con telescopios que funcionan con monedas para escudriñar la metrópoli. El de la planta 102ª es el más grande de la ciudad, al menos hasta que inauguren el del One World Trade Center a mediados del 2015. Las vistas de los cinco distritos de NY (y de los cinco estados vecinos, si el tiempo lo permite) son abrumadoras. Ambos son espectaculares durante la puesta de sol, cuando el manto rojo del crepúsculo cubre la urbe.

Espectáculos de luz
Desde 1976 las últimas 30 plantas del edificio se iluminan por la noche con una paleta de colores que representan cada estación y festividad. Las combinaciones abarcan el rojo y el rosa para el día de San Valentín, el verde para San Patricio, el rojo y el verde para Navidad, y el azul lavanda para el fin de semana del Orgullo Gay, en junio. Para más detalles sobre los colores, consúltese la web.

Estadísticas asombrosas
Las estadísticas de la torre más emblemática de la Gran Manzana son asombrosas: 10 millones de ladrillos, 60 000 toneladas de acero, 6400 ventanas y 30 500 m² de mármol. Erigida en el emplazamiento original del Waldorf-Astoria, se construyó en solo 410 días. Sus 102 plantas se elevan sobre una altura de 448,6 m.

☑ Consejos

▶ El ascenso a los cielos implica un paseo por el purgatorio: hay largas colas para subir. Llegar a primera o última hora evita las esperas; también vale la pena comprar las entradas por internet, aunque cuesten 2 US$ más.

▶ En la planta 86ª, de 22.00 a 1.00, de jueves a sábado, las vistas son amenizadas por música de saxo en directo (se admiten peticiones).

✘ Una pausa

Para escapar del hervidero de turistas se puede ir a Koreatown, un par de manzanas más arriba, y cenar algo tras haber visto la puesta de sol. Se recomienda el Hangawi (p. 142) o el Gahm Mi Oak (p. 144) para un sabroso refrigerio a medianoche.

Principales puntos de interés
Museum of Modern Art

Estrella indiscutible del arte moderno y contemporáneo, la colección del Museum of Modern Art's (MoMA) hace palidecer a las de otras grandes pinacotecas, con obras de, entre otros, Van Gogh, Matisse, Picasso, Warhol, Lichtenstein, Rothko, Pollock y Bourgeois. Desde su fundación en 1929, el museo reúne más de 150 000 piezas que ilustran las corrientes artísticas dominantes desde finales del s. XIX hasta hoy, lo que constituye un apasionante curso acelerado de los 200 últimos años de historia del arte.

MoMA

Plano p.134, E2

www.moma.org

11 W 53rd St, entre 5th Ave y 6th Ave

adult./niños 25 US$/gratis, 16.00-20.00 vi gratis

10.30-17.30 sa-ju, hasta 20.00 vi; hasta 20.00 ju jul-ago

E, M a 5th Ave-53rd St

Museum of Modern Art

Indispensable

Colección permanente
La colección permanente del MoMA se exhibe en cuatro plantas. Como casi todas las obras importantes se exponen en las dos superiores, conviene empezar la visita por ahí para no llegar muy cansado. Entre las imprescindibles están *La noche estrellada* de Van Gogh, *Las grandes bañistas* de Cézanne, *Las señoritas de Aviñón* de Picasso y *La gitana dormida* de Henri Rousseau, sin olvidar iconos del pop-art como las *Latas de sopa Campbell*, *El díptico de Marilyn Monroe* de Warhol y *La chica con pelota* de Roy Lichtenstein, o la inquietante *Casa junto a la vía del tren* de Edward Hopper.

Abby Aldrich Rockefeller Sculpure Garden
Tras la aclamada reconstrucción del museo en el 2004, obra del arquitecto Yoshio Taniguchi, el jardín de esculturas fue restaurado conforme al proyecto original de 1953 de Philip Johnson, quien describió el espacio como una "especie de sala exterior". En él se expone *El río*, de Aristide Maillol, además de otras esculturas de artistas como Auguste Rodin, Alexander Calder y Henry Moore. Se puede entrar gratis al jardín de esculturas cada día de 9.00 a 10.15, excepto cuando hace mal tiempo y durante el mantenimiento.

Proyección de películas
El MoMA también proyecta obras maestras del séptimo arte de su fondo de más de 22 000 películas, incluidas las de los hermanos Maysles. Se puede ver de todo: cortometrajes nominados a los Oscar, clásicos de Hollywood, cine experimental y retrospectivas internacionales. La entrada general al museo incluye las proyecciones.

☑ Consejos
▶ Para aprovechar al máximo el tiempo y planificar la visita, lo mejor es descargarse la aplicación gratuita para teléfonos inteligentes de la página web.

✗ Una pausa
Se puede degustar comida italiana en un ambiente informal en el **Cafe 2** (⏱11.00-17.00 sa-lu, mi y ju, hasta 19.30 vi; Ⓢ E, M hasta 5th Ave-53rd St) del MoMA. Para algo más formal, está el **Terrace Five** (principales 11-18 US$; ⏱11.00-17.00 sa-lu, mi y ju, hasta 19.30 vi; Ⓢ E, M hasta 5th Ave-53rd St). Para una comida de lujo en un restaurante con estrella Michelin, se puede ir al **Modern** (☎212-333-1220; www.themodernnyc.com; 9 W 53rd St, entre 5th Ave y 6th Ave; almuerzo de 3/4 platos 62/76 US$, cena de 4 platos 108 US$; ⏱restaurante 12.00-14.00 y 17.00-22.30 lu-vi, 17.00-22.30 sa; bar 11.30-22.30 lu-sa, hasta 21.30 do; Ⓢ E, M hasta 5th Ave-53rd St), famoso por su cocina contemporánea afrancesada.

134 Midtown

West End Ave
W 60th St
W 59th St
Amsterdam Ave
Fordham University
Columbus Ave
Time Warner Center
W 58th St
59th St–Columbus Circle
Columbus Circle
Center Dr
Central Park
Central Park South
59
32
57th St–7th Ave
57th St
W 57th St
18
37
W 56th St
47
W 55th St
W 54th St
Tenth Ave
W 53rd St
33
Ninth Ave
27
Eighth Ave
Broadway
NYC Information Center
Seventh Ave
Sixth Ave (Avenue of the Americas)
7th Ave
W 52nd St
14
13
W 51st St
17
50th St
Hudson River Park
W 50th St
Worldwide Plaza
45
Radio City Music Hall
W 49th St
40 41
49th St
W 48th St
THEATER DISTRICT
26
47th–50th Sts–Rockefeller Center
W 47th St
Times Square
Dewitt Clinton Park
46
W 46th St
TIMES SQUARE
W 45th St
44 39
24
35
21
42
W 44th St
International Cent of Photography
23
W 43rd St
Times Square
10
42nd St–Bryant Park
Twelfth Ave (West Side Hwy)
Eleventh Ave
HELL'S KITCHEN
42nd St–Port Authority
W 42nd St
36
38
W 41st St
43
42nd St–Times Sq
Muelle 83
Muelle 81
W 40th St
Port Authority Bus Terminal
56
Túnel Lincoln
W 39th St
60
W 38th St
GARMENT DISTRICT
W 37th St
Dyer St
W 36th St
W 35th St
HERALD SQUARE
34th St–Penn Station
Hera Sq
57
W 34th St
55
34th St–Herald Sq
W 33rd St
Penn Station
48
Macy's Herald Square
11
W 31st St

Reseñas en:
- ⊙ Principales puntos de interés p. 128
- ⊙ Puntos de interés p. 136
- ⊗ Dónde comer p. 140
- ⊗ Dónde beber p. 144
- ★ Ocio p. 147
- 🔒 De compras p. 151

0 ——— 500 m

Puntos de interés

Chrysler Building EDIFICIO RELEVANTE

1 plano p. 134, F4

Este edificio de 77 plantas hace sombra al resto de los rascacielos. William Van Alen lo proyectó en 1930, logrando una fusión increíble de la estética *art déco* y neogótica. El edificio, adornado con gárgolas de acero inoxidable y coronado por una aguja, se construyó como sede de Walter P. Chrysler y su imperio automovilístico. Más de 80 años después, el ambicioso proyecto, con un coste de 15 millones de US$, sigue siendo el mayor símbolo de la ciudad. (Lexington Ave esq. 42nd St, Midtown East; ⏱vestíbulo 8.00-18.00 lu-vi; Ⓢ S, 4/5/6, 7 hasta Grand Central-42nd St)

Grand Central Terminal EDIFICIO RELEVANTE

2 plano p. 134, F3

El edificio *beaux-arts* más imponente de la ciudad es más que una estación. La Grand Central Terminal es una máquina del tiempo encantada: sus lámparas de araña, restaurantes y bares históricos cubiertos de mármol son una puerta a una época en la que los viajes en tren eran algo más que un simple desplazamiento en el espacio. No hay que irse de la estación sin tomar algo en el elegantísimo bar Campbell Apartment (p. 144). (www.grandcentralterminal.com; 42nd St esq. Park Ave, Midtown East; ⏱5.30-2.00; Ⓢ S, 4/5/6, 7 hasta Grand Central-42nd St)

Rockefeller Center EDIFICIO RELEVANTE

3 plano p. 134, E2

Esta ciudad dentro de la ciudad, de 8,9 Ha, creada en plena Gran Depresión y que tardó nueve años en construirse, fue el primer complejo comercial, de ocio y oficinas del país: 19 modernos edificios (14 de los cuales conservan su estructura *art déco* original), explanadas al aire libre e importantes arrendatarios. Su promotor, John D. Rockefeller Jr., invirtió la friolera de 100 millones de US$, pero valió la pena: el centro fue declarado Monumento Nacional en 1987. (www.rockefellercenter.com; 5th Ave hasta 6th Ave y 48th St hasta 51st St; ⏱24 h, horarios variables según los negocios; Ⓢ B/D/F/M hasta 47th St-50th St-Rockefeller Center)

Radio City Music Hall EDIFICIO RELEVANTE

4 plano p. 134, D2

Esta maravilla *art déco* es un palacio del cine con aforo para 5901 personas, ideado por el productor de vodevil Samuel Lionel "Roxy" Rothafel. Como Roxy no se andaba con medias tintas, el 23 de diciembre de 1932 lo inauguró con la extravagante *Sinfonía de las Cortinas* (cuyas protagonistas fueron, sí, las cortinas) y un numerito de baile de la compañía Roxyettes (por fortuna, rebautizadas como las Rockettes). (www.radiocity.com; 1260 6th Ave, esq. 51st St; circuitos adultos/niños 20/15 US$; ⏱circuitos 11.00-15.00; Ⓢ B/D/F/M hasta 47th St-50th St-Rockefeller Center)

Puntos de interés

Comprender
Lo mejor de Midtown: los rascacielos

El horizonte urbano de Midtown es algo más que los edificios Empire State y Chrysler; cuenta con muchas otras maravillas modernas y postmodernas, como las tres que se reseñan a continuación.

Lever House

Desde su inauguración, las 21 plantas de la **Lever House** (plano p. 134, F2; 390 Park Ave, entre 53rd St y 54th St, Midtown East; Ⓢ E, M hasta 5th Ave-53rd St) han sido la cima del vanguardismo, con la misma superficie de cristal que el edificio de la Secretaría de las Naciones Unidas. Su forma también es audaz: dos rectángulos contrapuestos que forman una esbelta torre sobre una base de poca altura. En el jardín exterior hay bancos de mármol del escultor estadounidense de origen japonés Isamu Noguchi, y en el vestíbulo se expone arte contemporáneo diseñado ex profeso.

Hearst Tower

La **Hearst Tower** (plano p. 134, C1; 949 8th Ave, entre 56th St y 57th St, Midtown West; Ⓢ A/C, B/D, 1 hasta 59th St-Columbus Circle), de Foster & Partners, es una de las obras más ingeniosas de la arquitectura contemporánea. Su diseño de paneles en diagonal recuerda a un irregular panal de miel de vidrio y acero, lo que se aprecia mejor de cerca y desde un ángulo determinado. La torre se alza desde el interior hueco del Hearst Magazine Building, de piedra artificial, proyectado en origen por John Urban en 1928, que ya lo concibió como un rascacielos. En el vestíbulo puede contemplarse *Riverlines,* un mural de Richard Long.

Bank of America Tower

La atractiva **Bank of America Tower** (plano p. 134, D4; 6th Ave entre 42nd St y 43rd St; Ⓢ B/D/F/M hasta 42nd St-Bryant Park) es más conocida por sus credenciales ecológicas: una planta de combustión limpia que provee en torno al 65% de las necesidades eléctricas anuales de la torre; filtros de aire con detectores de CO_2 que canalizan el aire filtrado donde sea necesario; y hasta ascensores programados para evitar viajes vacíos. La maqueta de 58 plantas, diseñada por Cook & Fox Architects, recibió en el 2010 el premio al "Mejor Edificio Alto de América" del Consejo de Edificios Altos y Hábitat Urbano.

New York Public Library
EDIFICIO CULTURAL

5 plano p. 134, E4

Custodiado lealmente por *Patience* y *Fortitude* (los famosos leones del umbral que dominan Fifth Ave), este edificio *beaux-arts* es uno de los mayores atractivos gratuitos de la ciudad. Cuando en 1911 se propuso ser la biblioteca emblemática de NY, era el edificio de mármol más grande del país. Los fastuosos techos artesonados de la Rose Main Reading Room, su sala principal de lectura, siguen siendo impresionantes. (Stephen A Schwarzman Building; 917-275-6975; www.nypl.org; 5th Ave esq. 42nd St; gratis; 10.00-18.00 lu y ju-sa, hasta 20.00 ma y mi, 13.00-17.00 do, circuitos guiados 11.00 y 14.00 lu-sa, 14.00 do; S B/D/F/M hasta 42nd St-Bryant Park, 7 hasta 5th Ave)

Morgan Library & Museum
MUSEO

6 plano p. 134, E4

Este suntuoso museo forma parte de la mansión de 45 habitaciones que fue propiedad del magnate del acero J.P. Morgan. Aquí se puede ver una colección fenomenal de manuscritos, tapices, dibujos, cuadros y libros (hay tres biblias de Gutenberg). Todas las salas son espléndidas. Destaca la biblioteca East Room, que tiene unos extraordinarios murales en el cielo del célebre muralista Henry Siddons Mowbray. (www.morganlibrary.org; 29 E 36th St, esq. Madison Ave, Midtown East; adultos/niños 18/12 US$; 10.30-17.00 ma-ju, hasta 21.00 vi, 10.00-18.00 sa, 11.00-18.00 do; S 6 hasta 33rd St)

St Patrick's Cathedral
IGLESIA

7 plano p. 134, E2

Cuando finalice la renovación y retiren los andamios a finales del 2015, Fifth Ave volverá a ver la catedral católica más grande de EE UU. Fue construida en estilo neogótico durante la Guerra de Secesión, con un presupuesto de casi dos millones de dólares. Originalmente, no incluía los dos chapiteles delanteros, que se añadieron en 1888. A destacar el altar diseñado por Louis Tiffany y el asombroso rosetón de Charles Connick. (www.saintpatrickscathedral.org; 5th Ave entre 50th St y 51st St; 6.30-20.45; S B/D/F/M hasta 47th St-50th St-Rockefeller Center)

Bryant Park
PARQUE

8 plano p. 134, E4

Templetes, juegos de ajedrez al aire libre, proyecciones de películas en verano y patinaje sobre hielo en invierno: cuesta creer que este frondoso oasis fuese conocido como el "parque de la droga" en la década de 1980. Agazapado detrás del edificio de la New York Public Library, es un sitio ideal para descansar del ajetreo de Midtown. Los horarios cambian según la temporada; más detalles en la web. (www.bryantpark.org; 42nd St entre 5th Ave y 6th Ave; 7.00-24.00 lu-vi, hasta 23.00 sa y do jun-sep, horario reducido resto del año; S B/D/F/M hasta 42nd St-Bryant Park, 7 hasta 5th Ave)

Puntos de interés

Naciones Unidas EDIFICIO RELEVANTE
9 plano p. 134, H3

Bienvenidos a la sede de las Naciones Unidas, una organización internacional dedicada al derecho mundial, a los derechos humanos y a la seguridad internacional. No se puede visitar el edificio diseñado por Le Corbusier (renovado recientemente), pero hay visitas guiadas de 1 h por la cámara del Consejo de Seguridad, la cámara del Consejo de Administración Fiduciaria y la cámara del Consejo Económico y Social. También hay exposiciones sobre el trabajo de la ONU y obras de arte cedidas por los estados miembros. Las visitas entre semana hay que reservarlas en línea (al menos dos días antes). (212-963-4475; http://visit.un.org/wcm/content; acceso visitantes 1st Ave esq. 47th St, Midtown East; circuito guiado adultos/niños 20/11 US$, no se admiten niños menores de 5 años, acceso al recinto sa y do gratis; circuitos 9.15-16.15 lu-vi, centro de visitantes también 10.00-17.00 sa y do; S S, 4/5/6, 7 hasta Grand Central-42nd St)

International Center of Photography GALERÍA
10 plano p. 134, D3

La principal plataforma de fotografía de NY hace especial hincapié en el fotoperiodismo. Hay exposiciones temporales sobre temas diversos, p. ej. sobre fotógrafos como Henri Cartier-Bresson, Man Ray y Robert Capa. El centro también tiene una oferta pedagógica de cursos reglados y realiza conferencias públicas.

Hay una tienda excelente donde se pueden comprar cámaras instantáneas, libros de fotografía, regalos curiosos y recuerdos de NY. (ICP; www.

Comprender
Breve historia de Times Square

A comienzos del siglo pasado, Times Square (p. 128) era conocido como Longacre Square, un cruce anodino lejos del centro comercial de Lower Manhattan. Todo cambió tras un acuerdo entre el magnate de los trenes subterráneos August Belmont y el editor del *New York Times,* Adolph Ochs. Tras conseguir el encargo de construir la primera línea de metro de la ciudad (de Lower Manhattan a Upper West Side y Harlem), Belmont comprendió que un centro de negocios en 42nd St multiplicaría los beneficios y los viajeros. De inmediato propuso a Ochs (que había llevado el *New York Times* a la cima del periodismo) trasladar la redacción del diario a la esquina de Broadway con 42nd St, pues sería ventajoso para su negocio. Una estación de metro interna supondría una distribución más rápida del diario, y la afluencia de viajeros diarios a la plaza implicaría un aumento de las ventas en las inmediaciones de la sede del periódico. Belmont incluso convenció al alcalde, George B. McClellan Jr., para que rebautizase la plaza en honor al diario.

icp.org; 1133 6th Ave, esq. 43rd St; adultos/niños 14 US$/gratis, con donativo vi 17.00-20.00; ⏰10.00-18.00 ma-ju, sa y do, hasta 20.00 vi; Ⓢ B/D/F/M hasta 42nd St-Bryant Park)

Museum at FIT
MUSEO

11 ⊙ plano p. 134, D5

El Fashion Institute of Technology (FIT) dice tener una de las mayores colecciones del mundo de ropa, tejidos y accesorios. Hay unos 50 000 artículos, que van desde el s. XVIII hasta la actualidad. El museo del instituto organiza innovadoras exposiciones temporales que muestran tanto el fondo permanente como curiosidades prestadas. (www.fitnyc.edu/museo; 227 W 27th St, esq. 7th Ave, Midtown West; gratis; ⏰12.00-20.00 ma-vi, 10.00-17.00 sa; Ⓢ 1 hasta 28th St)

Japan Society
CENTRO CULTURAL

12 ⊙ plano p. 134, G3

Este centro cultural organiza elegantes exposiciones de tejidos, diseño y arte japonés, además de sesiones de cine, danza, música y teatro. Si el viajero tiene intereses académicos, puede consultar los 14 000 libros de la biblioteca o asistir a una de las muchas conferencias que organizan. (www.japansociety.org; 333 E 47th St, entre 1st Ave y 2nd Ave, Midtown East; adultos/niños 12 US$/gratis, 18.00-21.00 vi gratis; ⏰11.00-18.00 ma-ju, hasta 21.00 vi, hasta 17.00 sa y do; Ⓢ S, 4/5/6, 7 hasta Grand Central-42nd St)

Dónde comer

Le Bernardin
PESCADO $$$

La decoración está enfocada a una clientela joven (el increíble tríptico de la tormenta es del artista de Brooklyn Ran Ortner), pero este restaurante con tres estrellas Michelin es un exponente del lujo y la cocina exquisita. Su chef Eric Ripert prepara platos de marisco de sencilla apariencia que rayan en lo trascendental. (☎212-554-1515; www.le-bernardin.com; 155 W 51st St, entre 6th Ave y 7th Ave, Midtown West; precio fijo almuerzos/cenas 76/135 US$, menú degustación 155-198 US$; ⏰12.00-2.30 y 17.15-22.30 lu-vi, 17.15-23.00 sa; Ⓢ 1 hasta 50th St, B/D, E hasta 7th Ave)

Danji
COREANA $$

14 🍴 plano p. 134, C2

El joven chef Hooni Kim ha conquistado muchos paladares con sus tapas coreanas reconocidas por Michelin, servidas en un entorno acogedor y moderno. No hay que perderse el dúo de sándwiches de pan asado con ternera *bulgogi* y panceta especiada, aderezados con vinagreta de cebolleta. Se recomienda ir temprano (hay colas). (www.danjinyc.com; 346 W 52nd St, entre 8th Ave y 9th Ave, Midtown West; platos 6-20 US$; ⏰12.00-2.30 y 17.15-23.00 lu-ju, 12.00-2.30 y 17.15-24.00 vi, 17.15-24.00 sa; Ⓢ C/E hasta 50th St)

Dónde comer

Radio City Music Hall (p. 136).

Betony AMERICANA CONTEMPORÁNEA $$$
15 plano p.134, E1

La parte delantera (con grandes ventanales, paredes de ladrillo visto y una barra elevada) es ideal para tomar un cóctel al salir del trabajo. En el íntimo comedor con toques de estilo barroco se pueden saborear las creaciones sofisticadas e innovadoras del chef Bryce Shuman. Hay que reservar. (212-465-2400; www.betony-nyc.com; 41 W 57th St, entre 5th Ave y 6th Ave; principales 27-38 US$; 17.00-22.00 lu-ju, hasta 22.30 vi y sa; S F hasta 57th St)

Vida local
Diamond District

Al igual que el Callejón Diagon de Harry Potter, el **Diamond District** (plano p. 134, E3; www.diamonddistrict.org; 47th St entre 5th Ave y 6th Ave; S B/D/F/M hasta 47th St-50th St-Rockefeller Center) es un mundo en sí mismo. Aquí conviven comerciantes judíos jasídicos, vendedores ambulantes muy pesados y parejas de enamorados en busca de la joya perfecta. Hay más de 2600 negocios que ofrecen todo tipo de diamantes, oro, perlas, joyas y relojes. Aquí se venden aproximadamente el 90% de los diamantes del país.

Hangawi

COREANA $$

16 plano p. 134, E5

Hay que quitarse los zapatos en la entrada, sentarse en un relajante espacio zen con música de meditación y asientos bajos y mullidos, y degustar sublimes platos coreanos vegetarianos. Los pastelitos de puerro y la cazuela de tofu en salsa de jengibre son una delicia. (212-213-0077; www.hangawirestaurant.com; 12 E 32nd St, entre 5th Ave y Madison Ave; principales almuerzo 10-16 US$, cenas 16-26 US$; 12.00-14.45 y 17.00-22.15 lu-ju, hasta 22.30 vi, 13.00-22.30 sa, 17.00-21.30 do; S B/D/F/M, N/Q/R hasta 34th St-Herald Sq)

Totto Ramen

JAPONESA $

17 plano p. 134, C2

Hay que escribir el nombre y el número de comensales en una lista y esperar la llamada. Se recomienda saltarse el pollo y elegir el cerdo como ingrediente principal de gran variedad de platos, entre otros los *ramen* (con pasta de soja fermentada, huevo, cebollino, brotes de soja, cebolla y salsa de chile casera). (www.tottoramen.com; 366 W 52nd St, entre 8th Ave y 9th Ave, Midtown West; ramen desde 10 US$; 12.00-24.00 lu-vi, 12.00-23.00 sa, 17.00-23.00 do; S C/E hasta 50th St)

Teatros de 42nd St.

Burger Joint
HAMBURGUESERÍA $

 plano p. 134, D1

Este bar, escondido tras una cortina del vestíbulo del Hotel Le Parker Meridien (hay que buscar la pequeña hamburguesa de neón), atrae a una variopinta clientela con sus ricas hamburguesas. (www.burgerjointny.com; Le Parker Meridien, 119 W 56th St, entre 6th Ave y 7th Ave, Midtown West; hamburguesas desde 8 US$; ⏲11.00-23.30 do-ju, hasta 24.00 vi y sa; **S** F hasta 57th St)

NoMad
AMERICANA CONTEMPORÁNEA $$$

 plano p. 134, E5

Es el hermano moderno y ligeramente más relajado del Eleven Madison Park (p. 117), que tiene tres estrellas Michelin. Hay varios espacios distintos, como el atractivo Atrium, el salón Victoriana y la Library, donde solo se viene a picar algo. Los menús del chef Daniel Humm son eclécticos, céntricos y atrevidos. (☎347-472-5660; www.thenomadhotel.com/#!/dining; NoMad Hotel, 1170 Broadway, esq. 28th St; principales 20-37 US$; ⏲12.00-14.00 y 17.30-22.30 lu-ju, hasta 23.00 vi, 11.00-14.00 y 17.30-23.00 sa, 11.00-15.00 y 17.30-22.00 do; **S** N/R, 6 hasta 28th St; F/M hasta 23rd St)

Smith
AMERICANA $$

 plano p. 134, G2

Ubicado en las estribaciones orientales de Midtown, su cocina es fantástica, y el espacio estilo *brasserie* está decorado con un toque chic industrial. Casi todos los platos, a base de productos regionales y sabores clásicos estadounidenses e italianos, se preparan en el momento. (☎212-644-2700; www.thesmithnyc.com; 956 2nd Ave, esq. 51st St, Midtown East; principales 17-33 US$; ⏲7.30-24.00 lu-mi, hasta 1.00 ju y vi, 10.00-1.00 sa, 10.00-24.00 do; 🛜; **S** 6 hasta 51st St)

Marseille
FRANCESA, MEDITERRÁNEA $$$

21 plano p. 134, C3

Un clásico de Hell's Kitchen (a medio camino entre viejo vestíbulo de cine y restaurante *art déco*) donde relajarse tomando un cóctel Le Pamplemousse y saborear comida francesa y mediterránea. (www.marseillenyc.com; 630 9th Ave, esq. 44th St; principales 20-29 US$; ⏲11.30-23.00 do-ma, hasta 24.00 mi-sa; **S** A/C/E hasta 42nd St-Port Authority)

Vida local
Koreatown

Es difícil superar a **Koreatown** (plano p. 134, E5; 31st St hasta 36th St y Broadway hasta 5th Ave; **S** B/D/F/M, N/Q/R hasta 34th St-Herald Sq) en cuanto a *kimchi* y karaoke. Concentrada entre 31st St y 36th St, y algún local más en las bocacalles al sur y al norte de esta franja, es una mezcla de restaurantes, tiendas, salones y *spa* regentados por coreanos. Muchos preparan barbacoas día y noche, y algunos tienen karaoke y manicura.

Gahm Mi Oak COREANA $$
22 plano p. 134, E5

En este local de Koreatown sirven *yook hwe* (carne de res cruda con pera asiática en tiras) todo el día. La especialidad de la casa es el *sul long tang*, un caldo lechoso de huesos de buey, cocinado durante 12 h, con ternera y cebollino. (43 W 32nd St, entre Broadway y 5th Ave; platos 10-22 US$; ⊙24 h; ⓈN/Q/R, B/D/F/M hasta 34th St-Herald Sq)

Shake Shack HAMBURGUESERÍA $
23 plano p. 134, C3

Otra filial de la cadena Danny Meyer, cerca de Times Sq y los teatros de Broadway. Se hace cola para devorar panes esponjosos con un relleno de primera, patatas fritas cortadas a mano y natillas heladas. (www.shakeshack.com; 691 8th Ave, esq. 44th St; hamburguesas desde 3,60 US$; ⊙11.00-24.00; ⓈA/C/E hasta 42nd St-Port Authority, N/Q/R, S, 1/2/3, 7 hasta Times Sq-42nd St)

El Margon CUBANA $
24 plano p. 134, D3

El tiempo se ha detenido en 1973 en este atestado local cubano. Lo mejor es su legendario bocadillo, un panecillo a la plancha de cerdo asado, salami, queso, pepinillos y mojo. (136 W 46th St, entre 6th Ave y 7th Ave, Midtown West; sándwiches desde 4 US$, principales 9-15 US$; ⊙7.00-17.00; ⓈB/D/F/M hasta 47 St-50th St-Rockefeller Center)

Dónde beber

Top of the Strand COCTELERÍA
25 plano p. 134, E4

El bar de la azotea del Hotel Strand garantiza *martinis extra dirty* y relax. Hay decoración tipo cabaña, techo de cristal y vistas del Empire State. (www.topofthestrand.com; Strand Hotel, 33 W 37th St, entre 5th Ave y 6th Ave; ⊙17.00-24.00 lu y do, hasta 1.00 ma-sa; ⓈB/D/F/M hasta 34th St)

Campbell Apartment COCTELERÍA

Siempre es 1928 en este diamante de la Grand Central Terminal (véase plano p. 134, F3). Fue la oficina de un magnate del ferrocarril de la década de 1920 que adoraba las excentricidades europeas. Eso explica las alfombras de estilo florentino, las vigas de madera y el gran ventanal con vitrales. Además, queda apartado de las multitudes. Se llega con el ascensor que hay junto al Oyster Bar o las escaleras que van al balcón occidental. (www.hospitalityholdings.com; Grand Central Terminal, 15 Vanderbilt Ave, esq. 43rd St; ⊙12.00-1.00 lu-ju, hasta 2.00 vi, 14.00-2.00 sa, 12.00-24.00 do; ⓈS, 4/5/6, 7 hasta Grand Central-42nd St)

Rum House COCTELERÍA
26 plano p. 134, C3

El personal del bar Ward III de Tribeca ha reformado el viejo bar del Hotel Edison: arrancaron la alfombra mugrienta, limpiaron la barra y le devolvieron la vida a este clásico de NY. Sigue habiendo un pianista por la noche (mi-lu), pero ahora las bebidas están bien preparadas y hay una selección envidiable de *whisky* y ron. (www.edisonrumhouse.com; 228 W 47th St, entre Broadway y 8th Ave, Midtown West; 13.00-4.00; **S** N/Q/R hasta 49th St)

Industry  GAY

Lo que antaño fue un aparcamiento es hoy uno de los bares gais más tórridos de Hell's Kitchen: 372 m² repartidos en varias salas, mesas de billar y un escenario. De 16.00 a 21.00 hay *happy hour* de dos por uno; más tarde, la fiesta está asegurada. No admiten tarjetas. (www.industry-bar.com; 355 W 52nd St, entre 8th Ave y 9th Ave, Midtown West; 16.00-4.00; **S** C/E, 1 hasta 50th St)

Little Collins CAFÉ

Un tributo a los célebres cafés de Melbourne: elegancia discreta, espacios acogedores, café excelente y comida sabrosa. Es la primera cafetería de NY con Modbar: elaboradas cafeteras bajo la barra con tiradores cromados que parecen de cerveza. (http://littlecollinsnyc.com; 667 Lexington Ave, entre 55th St y 56th St, Midtown East; 7.00-18.00 lu-vi, 9.00-16.00 sa y do; **S** E, M hasta 53rd St, 4/5/6 hasta 59th St)

Lantern's Keep COCTELERÍA

Coctelería íntima y oscura al otro lado del vestíbulo del Iroquois Hotel. Un personal apasionado prepara cócteles de antes de la ley seca. (212-453-4287; www.thelanternskeep.com; Iroquois Hotel, 49 W 44th St, entre 5th Ave y 6th Ave; 17.00-24.00 lu-vi, 18.00-1.00 sa; **S** B/D/F/M hasta 42nd St-Bryant Park)

PJ Clarke's BAR

Un salón añejo de madera, activo desde 1884, donde Buddy Holly le pidió la mano a su futura esposa. Frank Sinatra prácticamente vivía en la mesa 20. Se elige una canción del *jukebox*, se pide una hamburguesa fantástica y se entabla conversación con una clientela agradable formada por oficinistas, universitarios y urbanitas nostálgicos. (www.pjclarkes.com; 915 3rd Ave, esq. 55th St, Midtown East; 11.30-4.00; **S** E, M hasta Lexington Ave-53rd St)

Stumptown Coffee Roasters CAFÉ

Es la sede en Manhattan de la tostadora de café más famosa de Portland. Hay que hacer cola, pero vale la pena si se quiere probar un *espresso* de calidad. (www.stumptowncoffee.com; 18 W 29th St, entre Broadway y 5th Ave; 6.00-20.00 lu-vi, desde 7.00 sa y do; **S** N/R hasta 28th St).

Robert COCTELERÍA

El rosa domina en este lujoso restaurante de la década de 1960, en la 9ª planta del Museum of Arts & Design. El viajero puede saltarse la comida americana moderna e ir por la noche a sentarse en un sofá, contemplar Central Park y saborear un MAD Manhattan (*bourbon,* aroma de naranja y cerezas con licor). (www.robertnyc.com; Museum of Arts y Design, 2 Columbus Circle, entre 8th Ave y Broadway; 11.30-22.00 lu, 11.30-24.00 ma-vi, 11.00-24.00 sa, 11.00-22.00 do; S A/C, B/D, 1 hasta 59th St-Columbus Circle)

Flaming Saddles
GAY

33 plano p. 134, B2

Bar gay de temática *country-western* en Hell's Kitchen, con un ambiente sencillo, camareros viriles bailando en la barra y aspirantes a *cowboys* urbanos. Es hora de ponerse los tejanos y disfrutar bailando y bebiendo en un universo a medio camino entre *El bar Coyote* y *Juana Calamidad*. (www.flamingsaddles.com; 793 9th Ave, entre 52nd St y 53rd St, Midtown West; 16.00-4.00 lu-vi, 12.00-4.00 sa y do; S C/E hasta 50th St)

Culture Espresso
CAFÉ

34 plano p. 134, D4

Aquí se sirve un *espresso* delicioso, complejo y cremoso, hecho con café de origen único. Hay opciones sofisticadas como café de Chemex y variedades frías (café con hielo al estilo de Kyoto). Sirven deliciosos *paninis* (con combinaciones como *prosciutto,* mermelada de higos y rúcula), pastas de panaderías locales y sus propias galletas de chocolate. (www.cultureespresso.com; 72 W 38th St, esq. 6th Ave; 7.00-19.00 lu-vi, desde 8.00 sa y do; ; S B/D/F/M hasta 42nd St-Bryant Park)

Rudy's
BAR

35 plano p. 134, B3

Un cerdo con chaqueta roja y sin pantalones invita a entrar en uno de los bares más amables de Hell's Kitchen. Sirven jarras baratas de cerveza, hay compartimentos semicirculares cubiertos de cinta adhesiva roja, y tienen perritos calientes gratis. Un público mixto viene a ligar o a ver partidos de los Knicks mientras de fondo suena *rock* clásico. (www.rudysbarnyc.com; 627 9th Ave, esq. 44th St, Midtown West; 8.00-4.00 lu-sa, 12.00-4.00 do; S A/C/E hasta 42nd St-Port Authority Bus Terminal)

Therapy
GAY

Este local de varias plantas cerca del Totto Ramen (véase 17 plano p. 134, C2) fue uno de los primeros clubes gais que popularizó Hell's Kitchen. Actualmente se sigue llenando con sus espectáculos nocturnos (desde música a bingo de Broadway). Sirven buena comida de domingo a viernes (pinchos de pollo, hamburguesas, ensaladas y *hummus*). Las bebidas llevan nombres apropiados para el lugar, como Oral Fixation o Size Queen. (www.therapy-nyc.com; 348 W 52nd St, entre 8th Ave y 9th Ave, Midtown West; 17.00-2.00 do-ju, hasta 4.00 vi y sa; S C/E, 1 hasta 50th St)

XL Nightclub
GAY

36 plano p. 134, B4

Megadiscoteca con dos pistas de baile, cabaret, *lounge,* gogós, camareros de calendario y muchos chicos musculosos. Además, se pueden ver espectáculos de transformistas. (www.xlnightclub.com; 512 W 42nd St, entre 10th Ave y 11th Ave, Midtown West; 22.00-4.00; A/C/E hasta 42nd St-Port Authority Bus Terminal)

Ocio

Jazz at Lincoln Center
JAZZ

En lo alto del Time Warner Center (véase 59 plano p. 134), este centro engloba tres de las salas más vanguardistas de NY: el Rose Theater, de tamaño medio, la panorámica y acristalada Allen Room, y el íntimo Dizzy's Club Coca-Cola. Es más probable acabar en este último, pues ofrece actuaciones cada noche. Los artistas son de excepción, como las vistas de Central Park. (entradas para Dizzy's Club Coca-Cola 212-258-9595, entradas para Rose Theater y Allen Room 212-721-6500; www.jazzatlincolncenter.org; Time Warner Center, Broadway esq. 60th St; A/C, B/D, 1 hasta 59th St-Columbus Circle)

Carnegie Hall
MÚSICA EN DIRECTO

37 plano p. 134, D1

Este legendario *music hall* no será el más grande ni esplendoroso del mundo, pero sin duda su acústica es sobresaliente. Se puede escuchar ópera, *jazz* y música folk en el Isaac Stern Auditorium, y *free jazz,* pop, clásica y músicas del mundo en el Zankel Hall. El íntimo Weill Recital Hall acoge conciertos de música de cámara, estrenos y mesas redondas. (212-247-7800; www.carnegiehall.org; W 57th St esq. 7th Ave, Midtown West; circuitos adultos/niños 15/5 US$; circuitos 11.30, 12.30, 14.00 y 15.00 lu-vi, 11.30 y 24.30 sa, 24.30 do oct-may; N/Q/R hasta 57th St-7th Ave)

> ### Comprender
> **Los comienzos de Broadway**
>
> El Broadway de la década de 1920 era famoso por sus musicales, solía fusionar el vodevil y el *music hall,* y producía melodías populares como *Rhapsody in Blue* de George Gershwin y *Let's Misbehave* de Cole Porter. Mientras, el barrio de Midtown progresaba como sede de jóvenes dramaturgos. Uno de ellos fue Eugene O'Neill. Nacido en 1888 en el desaparecido Barrett Hotel (1500 Broadway) de Times Sq, estrenó muchas de sus obras aquí, como las ganadoras del Premio Pulitzer *Más allá del horizonte* y *Anna Christie.* El éxito de O'Neill allanó el camino para otras figuras, como Tennessee Williams, Arthur Miller y Edward Albee. Esta ola de talentos llevó a crear los Tony Awards en 1947, el equivalente en Broadway a los Oscar de Hollywood.

Signature Theatre   TEATRO

38 plano p. 134, B4

Este edificio de Frank Gehry contiene tres teatros, una librería y una cafetería. El Signature Theatre dedica temporadas enteras a la obra de sus dramaturgos residentes, tanto actuales como del pasado. Aquí se han interpretado obras de Tony Kushner, Edward Albee o Athol Fugard. Se recomienda reservar un mes antes. (entradas 212-244-7529; www.signaturetheatre.org; 480 W 42nd St, entre 9th Ave y 10th Ave, Midtown West; SA/C/E hasta 42nd St-Port Authority Bus Terminal)

'Kinky Boots'   TEATRO

39 plano p. 134, C3

El gran éxito de Harvey Fierstein y Cyndi Lauper se basa en una película británica del 2005. Cuenta la historia de Lola, una *drag queen* con instinto comercial que salva una vieja fábrica de zapatos. Los personajes consistentes y la energía electrizante del espectáculo le han hecho ganar seis premios Tony, entre ellos el de Mejor Musical en el 2013. (Hirschfeld Theatre; entradas 212-239-6200; www.kinkybootsthemusical.com; 302 W 45th St, entre 8th Ave y 9th Ave, Midtown West; SA/C/E hasta 42nd St-Port Authority Bus Terminal)

'Book of Mormon'   TEATRO

40 plano p. 134, C3

Un musical satírico subversivo, obsceno y absolutamente hilarante, obra de los creadores de *South Park* (Trey Parker y Matt Stone) y del compositor de *Avenue Q* Robert Lopez. Cuenta la historia de dos inocentes mormones que intentan 'salvar' un pueblo de Uganda. Ha recibido nueve premios Tony. (Eugene O'Neill Theatre; entradas 212-239-6200; www.bookofmormonbroadway.com; 230 W 49th St, entre Broadway y 8th Ave, Midtown West; SN/Q/R hasta 49th St, 1 hasta 50th St, C/E hasta 50th St)

'Chicago'   TEATRO

41 plano p. 134, C3

Este clásico de Bob Fosse/Kander & Ebb, un musical sobre la corista Velma Kelly, la aspirante a actriz Roxie Hart y los tejemanejes del hampa y los abogados de Chicago, ha vuelto con más fuerza que nunca. La versión de Walter Bobbie es todo un éxito. (Ambassador Theater; entradas 212-239-6200; www.

Consejo

Broadway por poco dinero

Hay sorteos de entradas para muchos espectáculos (como *Kinky Boots* o *Book of Mormon*) en el propio teatro, 2½ h antes de la obra. Los afortunados pueden comprar una entrada por menos de 40 US$. Lo malo es que hay entradas limitadas y mucha demanda. Otros espectáculos, como *Chicago*, ofrecen un número limitado de entradas de última hora (cuando abre la taquilla). Debido a la demanda y a la oferta limitada, se hacen colas muy largas a primera hora de la mañana.

Ocio

La Allen Room, Jazz at Lincoln Center (p. 147).

chicagothemusical.com; 219 W 49th St, entre Broadway y 8th Ave, Midtown West; S N/Q/R hasta 49th St, 1, C/E hasta 50th St)

'Matilda' TEATRO

42 plano p. 134, D3

Un musical subversivo y muy galardonado, adaptación de un relato infantil clásico de Roald Dahl. Un niño precoz de 5 años utiliza su ingenio, intelecto y un poco de telequinesia para enfrentarse a la negligencia paterna, a un castigo injusto y a la mafia rusa. Cada noche, 2½ h antes de la función, se sortea un número limitado de entradas a 27 US$. (Shubert Theatre; entradas 212-239-6200; http://us.matildathemusical.com; 225 W 44th St, entre 7th Ave y 8th Ave, Midtown West; S N/Q/R, S, 1/2/3, 7 hasta Times Sq-42nd St, A/C/E hasta 42nd St-Port Authority Bus Terminal)

Playwrights Horizons TEATRO

43 plano p. 134, B4

Un teatro veterano dedicado a la promoción de dramaturgos americanos contemporáneos. En el pasado ha producido obras como *Clybourne Park* de Bruce Norris (galardonada con un Tony), *I Am My Own Wife* o *Grey Gardens*. Estas dos últimas luego pasaron a Broadway. (entradas 212-279-4200; www.playwrightshorizons.org; 416 W 42nd St, entre 9th Ave y 10th Ave, Midtown West; S A/C/E hasta 42nd St-Port Authority Bus Terminal)

Birdland
JAZZ, CABARÉ

 plano p. 134, C3

Junto a Times Sq, debe su nombre a Charlie Parker, alias "Bird", la gran figura del *bebop*, en cartel cuando el local estaba en 52nd St, junto con Miles Davis, Thelenious Monk y otros grandes del *jazz* (las paredes lucen fotografías de la época). El reparto siempre es excelente. (☏212-581-3080; www.birdlandjazz.com; 315 W 44th St, entre 8th Ave y 9th Ave, Midtown West; entradas 20-50 US$; ⏱17.00-1.00; 🛜 Ⓢ A/C/E hasta 42nd St-Port Authority Bus Terminal)

Caroline's on Broadway
COMEDIA

45 ⭐ plano p. 134, D2

A más de uno le sonará este teatro comercial clásico, ya que aquí se graban muchos programas especiales de comedia. Es un buen lugar para ver grandes cómicos y estrellas televisivas. (☏212-757-4100; www.carolines.com; 1626 Broadway, esq. 50th St; Ⓢ N/Q/R hasta 49th St, 1 hasta 50th St)

Don't Tell Mama
CABARÉ

 plano p. 134, C3

Extraordinario piano-bar y cabaré, pequeño y sin pretensiones, con más de 25 años de historia. Sus actores no

---

Comprender
Grabaciones de televisión

El viajero puede asistir como público a la grabación de un programa de televisión, solo tiene que seguir las siguientes instrucciones. Para más detalles, véanse las páginas web oficiales de las cadenas de televisión o www.tvtickets.com.

▶ **Saturday Night Live** Es difícil entrar en el estudio, pero se puede probar suerte enviando un correo electrónico a snltickets@nbcuni.com en agosto, o hacer cola a las 7.00 el día del programa en 49th St, junto al Rockefeller Plaza, para apuntarse a la lista de espera de entradas.

▶ **Late Show with David Letterman** Se pueden solicitar entradas para días concretos por internet en www.cbs.com/lateshow o se entregan en mano en el teatro (1697 Broadway, entre 53rd St y 54th St) de 9.30 a 12.00 de lunes a viernes y de 10.00 a 18.00 sábado y domingo. Para conseguir una entrada de lista de espera hay que llamar al ☏212-247-6497 a las 11.00 el mismo día de la grabación. Letterman se retirará en el 2015 y será sustituido por Stephen Colbert. En el momento de redactar esta guía, todavía no estaba decidido si Colbert iba a seguir grabando en el mismo lugar. Para información actualizada, véase la web.

son muy conocidos, pero se entregan en cuerpo y alma, y agradecen la participación del público. (☎212-757-0788; www.donttellmamanyc.com; 343 W 46th St, entre 8th Ave y 9th Ave, Midtown West; ⏱16.00-3.00 lu-ju, hasta 4.00 vi-do; ⓢN/Q/R, S, 1/2/3, 7 hasta Times Sq-42nd St)

New York City Center   DANZA

47 ⭐ plano p. 134, D2

Esta maravilla arquitectónica de cúpula rojiza acoge espectáculos de danza (como los del Alvin Ailey American Dance Theater), obras de teatro, el festival de flamenco de Nueva York (feb o mar) y el festival Fall for Dance (sep u oct). (☎212-581-1212; www.nycitycenter.org; 131 W 55th St, entre 6th Ave y 7th Ave, Midtown West; ⓢN/Q/R hasta 57th St-7th Ave)

Madison Square Garden   ESTADIO

48 ⭐ plano p. 134, C5

Aquí tienen lugar los conciertos más grandes de NY, con artistas como Kanye West o Madonna. Como estadio deportivo, se celebran partidos de los New York Knicks y los New York Rangers y combates de boxeo, además de acontecimientos como el espectáculo canino anual del Westminster Kennel Club. (www.thegarden.com; 7th Ave entre 31st St y 33rd St, Midtown West; ⓢ1/2/3 hasta 34th St-Penn Station)

De compras

Barneys   GRANDES ALMACENES

49 plano p. 134, E1

Los amantes de la moda compran en estos grandes almacenes, famosos por sus colecciones de marcas como Holmes & Yang, Kitsuné o Derek Lam. Los compradores más jóvenes acuden a la 8ª planta, donde se encuentra moda urbana por precios ligeramente inferiores. (www.barneys.com; 660 Madison Ave, esq. 61st St, Midtown East; ⏱10.00-20.00 lu-vi, hasta 19.00 sa, 11.00-18.00 do; ⓢN/Q/R hasta 5th Ave-59th St)

Músico callejero delante del Carnegie Hall (p. 147).

Bergdorf Goodman
GRANDES ALMACENES

50 🔒 plano p. 134, E1

BG no solo es famoso por tener los mejores escaparates de Navidad de la ciudad, sino también por estar a la última. La directora de moda, Linda Fargo, está considerada como una nueva Anna Wintour. Aquí se encuentran prendas exclusivas de Tom Ford, zapatos de Chanel y la mayor colección de ropa de hombre y mujer de Thom Browne. (www.bergdorfgoodman.com; 754 5th Ave, entre 57th St y 58th St; ⏱10.00-20.00 lu-vi, hasta 19.00 sa, 12.00-18.00 do; Ⓢ N/Q/R hasta 5th Ave-59th St, F hasta 57th St)

Bloomingdale's
GRANDES ALMACENES

51 🔒 plano p. 134, F1

El popular Bloomie's es algo así como el Metropolitan Museum of Art de las compras: histórico, en expansión, arrollador y a rebosar de clientes. Entre sus filas de ropa y calzado se descubre quién es quién en el mundo de la moda estadounidense e internacional; también hay un número creciente de colecciones de nuevos diseñadores. (www.bloomingdales.com; 1000 3rd Ave, esq. E 59th St, Midtown East; ⏱10.00-20.30 lu-sa, 11.00-19.00 do; 📶; Ⓢ 4/5/6 hasta 59th St, N/Q/R hasta Lexington Ave-59th St)

MoMA Design & Book Store
LIBROS, REGALOS

La tienda del Museum of Modern Art (véase 🟠 plano p. 134, E2) es el lugar ideal para comprar todos los recuerdos del viaje. Aquí se encuentran libros de arte, fotografías, pósteres y curiosidades únicas. Para muebles, lámparas, menaje, joyas, bolsos y productos MUJI, hay que cruzar la calle e ir al MoMA Design Store. (www.momastore.org; 11 W 53rd St, entre 5th Ave y 6th Ave; ⏱9.30-18.30 sa-ju, hasta 21.00 vi; Ⓢ E, M hasta 5th Ave-53rd St)

Saks Fifth Ave
GRANDES ALMACENES

52 🔒 plano p. 134, E2

Una tienda emblemática con ascensores de época y 10 plantas, que incluyen el mayor departamento de calzado femenino de NY (el Shoe Salon), con ascensor propio. A destacar también el departamento masculino y

---

🟠 Vida local
Garment District

El **Garment District** (plano p. 134, D4; Ⓢ N/Q/R, S, 1/2/3 y 7 hasta Times Sq-42nd St) es el barrio al que acudir si se busca un gran surtido de telas, lentejuelas y encajes. En la esquina de Seventh Ave con 39th St se puede echar un vistazo al Paseo de la Fama de la Moda, que homenajea a Betsey Johnson, Marc Jacobs, Halston y otros. Está en la misma esquina que la escultura del botón más grande del mundo, sujeto por una aguja de acero de 9,4 m, obra de Claes Oldenburg.

el de cosméticos. Las rebajas de enero son legendarias. (www.saksfifthavenue.com; 611 5th Ave, esq. 50th St; ⏱10.00-20.00 lu-sa, 11.00-19.00 do; Ⓢ B/D/F/M hasta 47th St-50th St-Rockefeller Center, E/M hasta 5th Ave-53rd St)

Tiffany & Co  JOYERÍA, MENAJE

53 🔒 plano p. 134, E1

Esta famosa joyería, con el emblemático Atlas sujetando un reloj en el umbral, se ha ganado cientos de corazones con sus finos anillos de diamantes, relojes, colgantes de corazones Elsa Peretti y cristalería fina. Una advertencia: a los empleados no les hace ninguna gracia la broma de preguntar dónde se sirve el desayuno. (www.tiffany.com; 727 5th Ave, esq. 57th St; ⏱10.00-19.00 lu-sa, 12.00-18.00 do; Ⓢ F hasta 57th St, N/Q/R hasta 5th Ave-59th St)

Estatua de Atlas en el Rockefeller Center (p. 136).

FAO Schwarz NIÑOS

54 🔒 plano p. 134, E1

Esta gigante tienda de juguetes, donde Tom Hanks tocaba el piano con los pies en la película *Big*, es la número uno de la ciudad, un mágico país de las maravillas con miles de muñecas, peluches de tamaño natural, descapotables para niños que funcionan con gasolina, *hockey* de mesa y mucho más. (www.fao.com; 767 5th Ave, esq. 58th St; ⏱10.00-20.00 do-ju, hasta 21.00 vi y sa; Ⓢ 4/5/6 hasta 59th St, N/Q/R hasta 5th Ave-59th St)

B&H Photo Video ELECTRÓNICA

55 🔒 plano p. 134, C5

La tienda de fotografía más famosa de NY es toda una experiencia: enorme, a rebosar de gente y de minoristas judíos vestidos de negro (y expertos en tecnología) llegados en autobús desde los barrios más apartados de Brooklyn. La compra se echa en una cesta y de ahí se traslada por el techo hasta las cajas para pagar, donde hay que hacer otra cola. (www.bhphotovideo.com; 420 9th Ave, entre 33rd St y 34th St, Midtown West; ⏱9.00-19.00 lu-ju, hasta 13.00 vi, 10.00-18.00 do; Ⓢ A/C/E hasta 34th St-Penn Station)

Drama Book Shop

LIBROS

56 plano p. 134, C4

Esta extensa librería es el paraíso de los amantes del teatro y los musicales de Broadway. Desde 1917 venden guiones, libros sobre vestuario, escenografía y otros aspectos del mundo de la escena, además de periódicos y revistas de la industria. Para información sobre los acontecimientos que organizan, véase la web. (www.dramabookshop.com; 250 W 40th St, entre 7th Ave y 8th Ave, Midtown West; 11.00-19.00 lu-mi, vi y sa, 11.00-20.00 ju, 12.00-18.00 do; S A/C/E hasta 42nd St-Port Authority Bus Terminal)

Macy's

GRANDES ALMACENES

57 plano p. 134, D5

Recién renovado, el mayor centro comercial del mundo tiene de todo: moda, muebles, utensilios de cocina, cafeterías, peluquerías e incluso una filial de la tienda de regalos del Metropolitan Museum of Art. Se ajusta más a unos precios medios que altos, con marcas populares y los mejores cosméticos. (www.macys.com; 151 W 34th St, esq. Broadway; 9.00-21.30 lu-vi, 10.00-21.30 sa, 11.00-20.30 do; S B/D/F/M, N/Q/R hasta 34th St-Herald Sq)

Escaparate de Bergdorf Goodman (p. 152).

De compras

Argosy
LIBROS, MAPAS

58 plano p. 134, F1

Desde 1925, esta librería de segunda mano ha almacenado antigüedades: libros encuadernados en piel, mapas, monográficos de arte y otras joyas procedentes de ventas de inmuebles de lujo y liquidaciones de anticuarios. Hay recuerdos de Hollywood, como cartas privadas, libros firmados, contratos y fotografías promocionales autografiadas. (www.argosybooks.com; 116 E 59th St, entre Park Ave y Lexington Ave, Midtown East; 10.00-18.00 lu-vi todo el año, hasta 17.00 sa fin sep-fin may; S 4/5/6 hasta 59th St, N/Q/R hasta Lexington Ave-59th St)

Time Warner Center
CENTRO COMERCIAL

59 plano p. 134

Después de pasear por Central Park, mucha gente acude aquí a ver sus tiendas de marcas exclusivas como Coach, Stuart Weitzman, Williams-Sonoma, True Religion, Sephora o J Crew. Para organizar *picnics* deliciosos, hay que pasar por Whole Foods (en el sótano). (www.theshopsatcolumbus circle.com; Time Warner Center, 10 Columbus Circle; S A/C, B/D, 1 hasta 59th St-Columbus Circle)

Nepenthes New York
MODA, ACCESORIOS

60 plano p. 134, C4

Este colectivo japonés de culto ocupa una antigua tienda de costura del Garment District. Venden marcas especializadas como Engineered Garments o Needles, conocidas por sus productos detallados y artesanales. Aunque hay una pequeña selección de artículos femeninos, la ropa para hombre es la protagonista. Los accesorios incluyen bolsos, carteras, guantes y calzado. (www.nepenthesny.com; 307 W 38th St, entre 8th Ave y 9th Ave, Midtown West; 12.00-19.00 lu-sa, hasta 17.00 do; S A/C/E hasta 42nd St-Port Authority Bus Terminal)

Uniqlo
MODA

61 plano p. 134, E2

Uniqlo es la versión japonesa de H&M y esta es su tienda insignia, con una superficie de 8000 m². Armados con una bolsa de malla, los clientes suben en ascensor hasta la 3ª planta para empezar una odisea de compras. Aquí el punto fuerte es la ropa básica de calidad, económica y moderna, desde camisetas y ropa interior a vaqueros japoneses, suéteres de cachemira y parkas superligeras de alta tecnología. (www.uniqlo.com; 666 5th Ave, esq. 53rd St; 10.00-21.00 lu-sa, 11.00-20.00 do; S E, M hasta 5th Ave-53rd St)

Explorar

Upper East Side

Madison Ave reúne *boutiques* exclusivas, y Fifth Ave, sofisticadas mansiones que culminan en la floritura arquitectónica de la Museum Mile, la milla de los museos, zona de enorme concentración cultural y sede del mastodóntico Metropolitan Museum of Art, el Guggenheim, el Whitney y la Frick Collection.

Lo mejor en un día

Un día en Upper East Side puede dedicarse a los museos de la Gran Manzana; es el barrio ideal para visitar cuando hace mal tiempo. Se puede empezar por el **Metropolitan Museum of Art** (p. 158). Aunque se le puede dedicar todo un día, es mejor limitar la visita a un par de horas, para poder ver también la **Frick Collection** (p. 165) y la **Neue Galerie** (p. 166).

Para almorzar, se puede ir a **Via Quadronno** (p. 170) o al **Café Sabarsky** (p. 170), y para tomar el café, a **Sant Ambroeus** (p. 170), antes de ocupar la tarde en el **Guggenheim Museum** (p. 162) y el **Whitney Museum of American Art** (p. 165).

Luego se regresa al Met para tomar una copa en el **Metropolitan Museum Roof Garden Café & Martini Bar** (p. 171) y después se sigue en el británico **Jones Wood Foundry** (p. 168). La noche puede acabar con risas en **Comic Strip Live** (p. 174) o (los lunes) con *jazz* y Woody Allen en el **Café Carlyle** (p. 173).

Principales puntos de interés

Metropolitan Museum of Art (p. 158)

Guggenheim Museum (p. 162)

Lo mejor de Nueva York

Comer
Tanoshi (p. 168)
Jones Wood Foundry (p. 168)
ABV (p. 169)

Museos
Metropolitan Museum of Art (p. 158)
Guggenheim Museum (p. 162)
Frick Collection (p. 165)
Neue Galerie (p. 166)

Arquitectura
Whitney Museum of American Art (p. 165)
Temple Emanu-El (p. 167)

Cómo llegar

Metro Las líneas 4/5/6 recorren Lexington Ave en dirección norte y sur.

Autobús Las líneas M1, M2, M3 y M4 bajan por Fifth Ave bordeando el lado este de Central Park. La M15 es útil para desplazarse por el extremo este.

Principales puntos de interés
Metropolitan Museum of Art

Este enorme y exhaustivo museo fundado en 1870 guarda una de las colecciones de arte más importantes del mundo. Su colección permanente comprende más de 2 millones de piezas y abarca desde templos egipcios a pintura norteamericana. Conocido coloquialmente como "Met", recibe cada año más de 6 millones de visitas en sus 68 800 m² de salas y es la atracción turística neoyorquina más grande en un solo edificio. Vale la pena dedicarle bastante tiempo.

- Plano p. 164, A2
- 212-535-7710
- www.metmuseum.org
- 1000 Fifth Ave, esq. 82nd St
- recomendado adultos/niños 25 US$/gratis
- 10.00-17.30 do-ju, hasta 21.00 vi y sa
- S 4/5/6 hasta 86th St

Templo de Dendur.

Metropolitan Museum of Art

Indispensable

Arte egipcio

El museo posee una incomparable colección de arte egipcio antiguo, parte del cual se remonta al Paleolítico. Situadas al norte del Great Hall, las 39 galerías egipcias se abren de modo espectacular con una de las piezas más valiosas del Met: la tumba mastaba de Perneb (2300 a.C.), una cámara funeraria del Imperio Antiguo construida en piedra caliza. De allí parte una red de salas repletas de estelas funerarias, relieves tallados y fragmentos de pirámides (sin olvidar las maquetas de Meketre de la galería 105, las figurillas de arcilla que tenían que ayudar en la otra vida), que desembocan en una soleada galería que alberga un estanque con el templo de Dendur (galería 131), hecho de arenisca y dedicado a la diosa Isis, de visita obligada para quien va al museo por primera vez.

Pintura europea

En la 2ª planta del museo, las galerías de pintura europea presentan una gran colección de obras maestras, entre las que destacan más de 1700 lienzos, de un período de 500 años a partir del s. XIII, donde están representados todos los grandes pintores, desde Duccio a Rembrandt. En la galería 621 cuelgan varios Caravaggio, como el magistral *La negación de San Pedro*. La galería 611, al oeste, está llena de tesoros españoles, como la *Vista de Toledo* de El Greco. Hacia el sur (galería 632) se pueden observar varios Vermeer, incluida la *Mujer joven con jarra de agua*. Al lado (galería 634) se exponen los Rembrandt, incluido un *Autorretrato* de 1660. Entre las maravillas más modernas está el *Campo de trigo con cipreses* de Van Gogh (galería 823), *Por la orilla del mar* de Renoir (galería 824), y el pensativo *Arlequín sentado* del joven Picasso (galería 830). Y eso no

☑ Consejos

▶ En un mostrador del Great Hall se ofrecen audioguías en varios idiomas (7 US$) y un servicio de guías especializados para galerías concretas (gratis con la entrada). Consúltese la web o el mostrador de información.

▶ La gran cantidad de visitantes puede resultar agobiante. Si se desea calma, hay que evitar los fines de semana.

▶ Lo más popular entre los niños son las galerías egipcias, africanas y de Oceanía, y la colección de armas y armaduras medievales. Existe un folleto y un plano para niños.

✗ Una pausa

En los meses cálidos (abr-oct) se recomienda subir a la terraza de la azotea para disfrutar de las vistas de Central Park y los rascacielos colindantes. Allí se encuentra el Roof Garden Café & Martini Bar (p. 171), ideal para tomar una copa, sobre todo al ponerse el sol.

es más que el principio; se pueden pasar horas explorando este mar de obras de arte.

Arte islámico

También en la 2ª planta se encuentran las galerías islámicas, con 15 salas que muestran la gran colección de arte de Oriente Medio y Asia central y del sur. Además de trajes, objetos decorativos y manuscritos, se pueden ver objetos de vidrio dorado y esmaltado (galería 452) y un *mihrab*, o nicho de rezo, del s. xiv, revestido de azulejos policromados (galería 455). También hay una colección de telas otomanas (galería 459), un patio marroquí de estilo medieval (galería 456) y una sala de Damasco del s. xviii (galería 461). Destaca la pintura india de vivos colores, *A King Offers to Make Amends to a Bereaved Mother* (galería 465), de finales del s. xi, atribuida al artista Miskin y con una interesante fusión de estéticas islámica y occidental.

Ala norteamericana

En la esquina noroeste del museo, las modernizadas galerías dedicadas a EE UU muestran una amplia variedad de piezas de artes visuales y decorativas que abarcan toda la historia del país, incluidas obras maestras de la Escuela Hudson River. Los intensos colores del vidrio emplomado de Louis Comfort Tiffany adornan varias galerías, con obras como *Window* (galería 702), *Dogwood* y *Magnolias and Irises* (galería 743). En la colección de retratos destaca *Mrs. John Winthrop* de John Singleton Copley, del s. xviii (galería 748), cuyo reflejo en la mesa atestigua la destreza del pintor. El enorme lienzo de Emanuel Leutze *Washington cruzando el Delaware* (galería 760) es imposible de pasar por alto. Los amantes de los paisajes querrán perderse entre las pinturas de Childe Hassam como *Surf, Celia Thaxter's Garden, Isles of Shoals, Maine* o *The Water Garden* (galería 769). Cerca cuelga el sensual retrato de John Singer Sargent *Madame X* (galería 771), un cuadro que destila confianza y orgullo.

Mihrab (nicho de rezo) del s. xiv.

Arte griego y romano

Las 27 galerías dedicadas a la Antigüedad clásica son también de visita obligada, algunas de ellas iluminadas con una espectacular luz natural. Entre los extraordinarios objetos expuestos hay dos cascos cretenses de bronce, de finales del s. VII a.C. (galería 152), uno adornado con un repujado de jóvenes alados y panteras, y el otro con caballos y leones. Más adelante, la galería 159 guarda piezas de cerámica griega antigua. Destacan las urnas funerarias de fondo blanco, en las que los muertos y los plañideros destacan sobre el fondo. Un pasillo que parte del Great Hall conduce a una sala con bóveda de cañón flanqueada por esculturas griegas. Desde allí se accede al atrio de escultura romana (galería 162), con dioses y personajes históricos esculpidos en mármol. La estatua de un Hércules barbudo del 68-98 d.C. es impresionante.

Armadura de Enrique II de Francia.

Terraza de la azotea

Uno de los mejores rincones del museo es la azotea ajardinada, donde se ofrecen exposiciones temporales de instalaciones escultóricas de artistas contemporáneos y del s. XX, como Jeff Koons, Andy Goldsworthy e Imran Qureshi. No obstante, su mayor atractivo reside en las vistas de la ciudad y de Central Park. También cuenta con el Roof Garden Café & Martini Bar, ideal para tomar algo, sobre todo al atardecer. Está abierta de abril a octubre.

Principales puntos de interés
Guggenheim Museum

Esta obra del arquitecto Frank Lloyd Wright es, más que un edificio, una escultura que casi eclipsa la colección de arte del s. XX que contiene. Terminada en 1959, la estructura en forma de zigurat invertido fue objeto de burla por parte de algunos críticos, pero su elegante espiral blanca pronto se convirtió en un icono arquitectónico y ha aparecido en un sinfín de postales, programas de televisión y películas.

- Plano p. 164, A1
- 212-423-3500
- www.guggenheim.org
- 1071 Fifth Ave, esq. 89th St
- adultos/niños 22 US$/ gratis, con donativo 5.45-19.45 sa
- 10.00-17.45 do-mi y vi, hasta 19.45 sa
- S 4/5/6 hasta 86th St

Guggenheim Museum

Indispensable

Galerías de la colección permanente

Aunque el Museum of Modern Art se ha ganado buena fama en NY por su sólida colección de obras, el Guggenheim también cuenta con una gran variedad de arte de los ss. xx y xxi. En sus blancas paredes se exponen obras de maestros como Kandinsky, Picasso, Chagall, Jackson Pollock, Van Gogh, Monet, Magritte y Degas. Gran parte del fondo artístico está integrado por varias colecciones personales, entre las que destacan las de Justin Thannhauser, Peggy Guggenheim y la de la Robert Mapplethorpe Foundation, que cedió generosamente 200 fotografías del artista, la mayor muestra de Mapplethorpe en un solo museo.

Fachada

Esta maravilla arquitectónica que es el Guggenheim no siempre ha recibido elogios. Cuando se inauguró, en 1959, el edificio fue objeto de las feroces críticas del *New York Times,* que arremetió contra él calificándolo de "una guerra entre la arquitectura y la pintura de la que ambas salen malparadas". Por otra parte, la construcción del edificio fue una pesadilla logística, que se demoró casi 13 años debido a los recortes presupuestarios, al estallido de la II Guerra Mundial y a los vecinos indignados a quienes no hacía ninguna gracia que aquella nave espacial aterrizara en su barrio. El edificio se terminó de construir en 1959, cuando Wright y Guggenheim ya habían fallecido.

Consejos

▶ Las colas para entrar al museo pueden ser terribles en cualquier época del año. Se ahorra tiempo y dinero comprándolas con antelación en la página web.

Una pausa

El museo cuenta con dos buenos locales para comer: **Wright** (212-427-5690; www.thewrightrestaurant.com; principales 23-28 US$; 11.30-15.30 vi y do-mi, hasta 18.00 sa; S 4/5/6 hasta 86th St), en la planta baja, un restaurante futurista que prepara un buen *risotto* y cócteles clásicos, y **Cafe 3** (www.guggenheim.org; sándwiches 9-10 US$; 10.30-17.00 vi-mi; S 4/5/6 hasta 86th St), en la 3ª planta, que ofrece un café excelente, tentempiés y vistas de Central Park.

164 Upper East Side

Puntos de interés

Templo Emanu-El (p. 167).

Puntos de interés

Whitney Museum of American Art   MUSEO

1 plano p. 164, B3

El Whitney no oculta su voluntad de provocar, empezando por su imponente edificio brutalista, que alberga obras de maestros del s. XX como Edward Hopper, Jasper Johns, Georgia O'Keeffe y Mark Rothko. Además de las exposiciones temporales, en los años pares organiza una bienal, un ambicioso repaso al arte contemporáneo pocas veces exento de controversia. El museo se trasladará en el 2015 a un nuevo edificio del Meatpacking District, diseñado por Renzo Piano. La web facilita información actualizada. (212-570-3600; www.whitney.org; 945 Madison Ave, esq. 75th St; adultos/niños 20 US$/gratis, con donativo 18.00-21.00 vi; 11.00-18.00 mi, ju, sa y do, 13.00-21.00 vi; S 6 hasta 77th St)

Frick Collection   GALERÍA

2 plano p. 164, A4

Esta espectacular colección ocupa la que fuera mansión del magnate del acero Henry Clay Frick, una de las numerosas residencias privadas que formaban la Millionaires' Row ("hilera de los millonarios"). El museo posee más de una docena de salas donde se exponen obras maestras de Ticiano, Vermeer, Gilbert Stuart, El Greco

Escultura de Ganesh, Asia Society & Museum.

y Goya. La discreta Portico Gallery expone artes decorativas y escultura. El museo no suele llenarse y resulta agradable de visitar. Se prohíbe la entrada a menores de 10 años. (📞212-288-0700; www.frick.org; 1 E 70th St, esq. 5th Ave; entrada 20 US$, con donativo 11.00-13.00 do, ⏲10.00-18.00 ma-sa, 11.00-17.00 do; 🚇6 hasta 68th St-Hunter College)

Neue Galerie · MUSEO

3 🎯 plano p. 164, A2

Esta mansión restaurada de 1914, obra de Carrère & Hastings, es un marco magnífico para el arte alemán y austríaco, con obras de Paul Klee, Ernst Ludwig Kirchner y Egon Schiele. Ocupa un lugar destacado de la 2ª planta el retrato dorado de Adele Bloch-Bauer (1907), obra de Gustav Klimt, adquirido para el museo por el magnate de la cosmética Ronald Lauder por 135 millones de US$. Se prohíbe la entrada a menores de 12 años. (📞212-628-6200; www.neuegalerie.org; 1048 5th Ave, esq. E 86th St; entrada 20 US$, gratis 18.00-20.00 1er vi de cada mes; ⏲11.00-18.00 ju-lu; 🚇4/5/6 hasta 86th St)

Jewish Museum · MUSEO

4 🎯 plano p. 164, A1

Esta joya se esconde en una mansión de estilo gótico francés de 1908. Conserva 30 000 objetos de la tradición cultural judía, así como piezas de escultura, pintura y artes decorativas. Entre sus prestigiosas exposiciones temporales destacan las retrospectivas de figuras influyentes, como Chaim Soutine, y extensos análisis de la fotografía de compromiso social en NY. (📞212-423-3200; www.jewishmuseum.org; 1109 5th Ave, esq. 92nd St; adultos/niños 15 US$/gratis, sa gratis, con donativo 17.00-20.00 ju; ⏲11.00-18.00 vi-ma, hasta 20.00 ju; 🚇6 hasta 96th St)

National Academy Museum · GALERÍA

5 🎯 plano p. 164, A1

Cofundado por el pintor e inventor Samuel Morse en 1825, este museo acoge una impresionante colección permanente integrada por destacados pintores, como Will Barnet, Thomas Hart Benton y George Bellows, en la que sobresalen algunos autorretratos interesantes. Ocupa un edificio de estilo *beaux arts* diseñado por Ogden Codman, con un vestíbulo de mármol con escalera de caracol. (☏212-369-4880; www.nationalacademy.org; 1083 5th Ave, esq. 89th St; adultos/niños 15 US$/gratis; ⊕11.00-18.00 mi-do; Ⓢ4/5/6 hasta 86th St)

Templo Emanu-El   SINAGOGA

 plano p. 164, A4

Fundado en 1845 como primera sinagoga reformista de NY y terminado de construir en 1929, este templo es hoy una de las mayores sinagogas del mundo. La imponente construcción neorrománica mide más de 53 m de largo por 30,5 m de alto, y la decoración del techo está pintada a mano con detalles en oro. (☏212-744-1400; www.emanuelnyc.org; 1 E 65th St, esq. 5th Ave; ⊕10.00-16.30 do-ju; Ⓢ6 hasta 68th St-Hunter College)

Museum of the City of New York   MUSEO

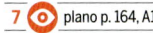 plano p. 164, A1

En el interior de esta mansión colonial de estilo georgiano se revela pasado, presente y futuro de NY. Se sugiere ver la película de 22 minutos *Timescapes* (en el 2º piso), que muestra el crecimiento de Gotham desde que era un minúsculo punto de comercio nativo hasta que se convirtió en una gran metrópolis.

Una de las principales atracciones del museo es la casa de muñecas de 12 habitaciones fabricada por Carrie Stettheimer durante 25 años a principios de s. xx, repleta de minúsculas obras de arte (como miniaturas de obras de Marcel Duchamp o Gaston Lachaise). (☏212-534-1672; www.mcny.org; 1220 5th Ave, entre 103rd St y 104th St; entrada sugerida adultos/niños 10 US$/gratis; ⊕10.00-18.00; Ⓢ6 hasta 103rd St)

Asia Society & Museum   MUSEO

8 plano p. 164, B4

Fundado en 1956 por John D. Rockefeller (ávido coleccionista de arte asiático), este centro cultural muestra fascinantes exposiciones (de arte pre-revolucionario de Irán, retrospectivas de artistas chinos o xilografías japonesas de la época Edo), así como esculturas jain o pinturas budistas nepalesas. Se organizan visitas (gratis con la entrada) a las 14.00 todos los martes del año y a las 18.30 los viernes excepto los meses de verano. (☏212-288-6400; www.asiasociety.org; 725 Park Ave, esq. E 70th St; entrada 12 US$, 18.00-21.00

> **Vida local**
> **Maratones urbanos**
> El veterano club organizador del maratón de Nueva York, el **New York Road Runners Club** (plano p. 164, A1; www.nyrr.org; 9 E 89th St, entre Madison Ave y 5th Ave; ⊕10.00-20.00 lu-vi, hasta 17.00 sa, hasta 15.00 do; Ⓢ4/5/6 hasta 86th St) organiza carreras durante todo el año, como la que se celebra la noche de San Silvestre.

vi med sep-jun gratis; ⊙11.00-18.00 ma-do, hasta 21.00 vi med sep-jun; Ⓢ6 hasta 68th St-Hunter College)

Cooper-Hewitt National Design Museum MUSEO

9 plano p. 164, A1

Este centro cultural, filial de la Smithsonian Institution de Washington D.C., es el único museo del país dedicado al diseño histórico y contemporáneo. La colección se expone en una mansión de 64 habitaciones construida en 1901 por el multimillonario Andrew Carnegie. En el momento de redactar esta guía, el museo estaba cerrado por reformas y estaba previsto que volviera a abrir sus puertas a finales del 2014. Consúltese la página web. (☏212-849-8400; www.cooperhewitt.org; 2 E 91st St, esq. 5th Ave; Ⓢ4/5/6 hasta 86th St)

Consejo

Comer barato

Upper East Side es el epicentro del lujo, sobre todo la zona delimitada por 60th St y 86th St, entre Park Ave y Fifth Ave. Si el visitante busca lugares económicos para comer y beber, es mejor que se dirija al este de Lexington Ave. En First Ave, Second Ave y Third Ave hay restaurantes de barrio no tan caros.

Dónde comer

Tanoshi SUSHI $$$

10 plano p. 164, D3

No es fácil hacerse con uno de los 10 taburetes de este restaurante de *sushi*, pero merece la pena intentarlo. Todo el producto es fresquísimo, desde las vieiras Hokkaido hasta la ventresca de salmón caramelizada o los deliciosos *uni* (erizos de mar). Solo se sirve *sushi* y únicamente de tipo *omakase*, es decir, la selección del chef. Hay que llevar la bebida (cerveza, sake, o lo que se quiera beber) y reservar con mucha antelación. (☏646-727-9056; 1372 York Ave, entre 73rd St y 74th St; 12 piezas de sushi 50 US$; ⊙18.00-22.00 ma-sa; Ⓢ6 hasta 77th St)

Jones Wood Foundry BRITÁNICA $$

11 🍴 plano p. 164, C3

Lo que antaño fuera una siderurgia se ha convertido en un *gastropub* de inspiración británica que sirve delicioso *fish-and-chips* con rebozado de cerveza, salchichas con puré de patata, pastel de cordero al romero y otros platos típicos británicos. Si hace buen tiempo se recomienda pedir una mesa en el patio. (☏212-249-2700; 401 E 76th St, entre 1st Ave y York Ave; principales almuerzo 10-24 US$, cenas 18-32 US$; ⊙11.00-2.00; 📶; Ⓢ6 hasta 77th St)

LONELY PLANET/GETTY IMAGES ©

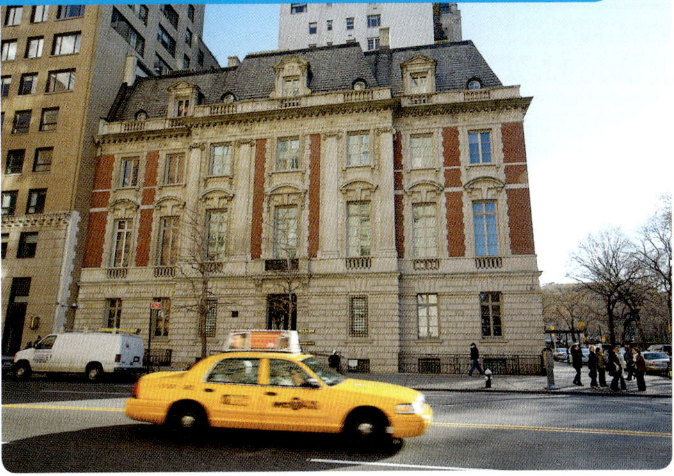

Neue Galerie (p. 166).

Earl's Beer & Cheese AMERICANA $

12 plano p. 166, B1

En el pequeño local del cocinero Corey Cova se respira un aire de caza moderna, con un enorme mural de un ciervo en un bosque y una cabeza de ciervo disecada. El sándwich de queso se sirve con panceta, huevo frito y *kimchi*. También preparan *mac 'n' cheese* (con queso de cabra y tiras de pollo) y tacos (con lomo de cerdo asado y queso fresco), y sirven cerveza artesana suave. (www.earlsny.com; 1259 Park Ave, entre 97th St y 98th St; sándwiches de queso 6-8 US$; 16.00-24.00 lu y ma, 11.00-24.00 mi-ju y do, hasta 2.00 vi y sa sa y do; S 6 hasta 96th St)

ABV AMERICANA CONTEMPORÁNEA $$

13 plano p. 166, B1

Situado en la frontera con East Harlem, atrae a una joven y despreocupada clientela que va a compartir una ecléctica selección de platos (tacos de pescado, *mousse* de *foie-gras,* vieiras, mollejas de ternera), vino (9-12 US$ por copa) y cervezas artesanas. Todos los lunes, a partir de las 21.00, hay música en directo (excepto durante la temporada de fútbol). (212-722-8959; 1504 Lexington Ave, esq. 97th St; principales 10-24 US$; 17.00-24.00 lu-ju, 16.00-1.00 vi, desde 11.00 sa y do; ; S 6 hasta 96th St.)

JG Melon PUB $

14 plano p. 164, B3

Un *pub* de los de antes, ruidoso y con una temática tradicional, que lleva sirviendo hamburguesas desde 1972. Es muy popular tanto para comer como para beber. Por las tardes, a la salida del trabajo, se llena de vecinos de la zona. Si no gustan las aglomeraciones, se puede acudir a la hora del almuerzo. (212-744-0585; 1291 3rd Ave, esq. 74th St; hamburguesas 10,50 US$; 11.30-4.00; S 6 hasta 77th St)

Café Sabarsky AUSTRÍACA $$

Este concurrido café de la Neue Galerie (véase 3  plano p. 164, A2), evoca la Viena imperial de principios del s. XX. Se forman largas colas, pero sus especialidades merecen la pena: crepes de trucha ahumada, *goulash* o *spatzle* (un tipo de pasta alemana) a la crema. La tentación continúa con una larga lista de postres, como la *sachertorte* (tarta de chocolate negro con mermelada de albaricoque). (212-288-0665; www.kg-ny.com/wallse; 1048 5th Ave, esq. E 86th St; principales 15-30 US$; 9.00-18.00 lu y mi, hasta 21.00 ju-do; S 4/5/6 hasta 86th St)

Via Quadronno CAFÉ $

15 plano p. 164, A3

Este acogedor café-bistró es como un pedazo de Italia. Ofrece un exquisito café y una cuidada selección de platos. Entre los sándwiches hay uno de jamón de jabalí y camembert; también se sirven deliciosas sopas, pasta y lasaña del día. (212-650-9880; www.viaquadronno.com; 25 E 73rd St, entre Madison Ave y 5th Ave; sándwiches 8-15 US$; principales 23-38 US$; 8.00-23.00 lu-vi, 9.00-23.00 sa, 10.00-21.00 do; S 6 hasta 77th St)

Sant Ambroeus CAFÉ, ITALIANA $$$

16 plano p. 164, A3

Para entrar a este café-bistró milanés hay que calzarse los Prada y posar. En el bar de la parte delantera se sirven pastellillos, *panini* y capuchinos, mientras que el elegante comedor de la parte de atrás ofrece especialidades del norte de Italia. Tras reservar mesa se podrán probar delicias como el *risotto* de azafrán o chuletas de ternera empanadas, sin olvidar su famoso helado. (212-570-2211; www.santambroeus.com; 1000 Madison Ave, entre 77th St y 78th St; panini 12-18 US$; principales 23-64 US$; 7.00-23.00; S 6 hasta 77th St)

Candle Cafe VEGANA $$

17 plano p. 164, B3

Los ricos aficionados al yoga abarrotan esta cafetería *vegana* que ofrece una larga carta con sándwiches, ensaladas, comida casera y de mercado. La especialidad es el *seitan* casero. También sirve zumos y platos sin gluten. Si se desea algo más lujoso, se puede ir a su otro restaurante, **Candle 79**, a dos calles, en 79th St. (212-472-0970; www.candlecafe.com; 1307 3rd Ave, entre 74th St y 75th St; principales 15-21 US$; 11.30-22.30 lu-sa, hasta 21.30 do; S 6 hasta 77th St)

William Greenberg Desserts
PANADERÍA $

18 plano p. 164, A2

Parada obligatoria para probar las mejores galletas blanquinegras de la ciudad: suaves discos de vainilla bañados en un glaseado de azúcar y chocolate. Solo para llevar. (www.wmgreenbergdesserts.com; 1100 Madison Ave, entre E 82nd St y 83rd St; bollería desde 2 US$; ◯8.00-18.30 lu-vi, hasta 18.00 sa, 10.00-16.00 do; ; Ⓢ 4/5/6 hasta 86th St)

Sandro's
ITALIANA $$

19 plano p. 164, C2

Trattoria de barrio que sirve platos romanos y pasta casera preparados por el cocinero Sandro Fioriti. Entre sus especialidades están las alcachofas fritas y los raviolis de erizo de mar. (☏212-288-7374; www.sandrosnyc.com; 306 E 81st St, cerca de 2nd Ave; principales 20-40 US$; ◯16.30-23.00 lu-sa, hasta 22.00 do; Ⓢ 6 hasta 77th St)

Café Boulud
FRANCESA $$$

20 plano p. 164, A3

Este bistró integrado en el imperio gastronómico de Daniel Boulud posee estrella Michelin y atrae a una clientela formal con su cocina francesa de fusión. En los menús de temporada destacan platos clásicos como el *coq au vin,* pero también otros más inventivos (vieira cruda con miso blanco). Los sibaritas con menos presupuesto pueden optar por el menú del almuerzo (3 platos, 43 US$). (☏212-772-2600; www.danielnyc.com/cafebouludny.html; 20 E 76th St, entre 5th Ave y Madison Ave; principales 24-48 US$; ◯desayuno, almuerzo y cena; ; Ⓢ 6 hasta 77th St)

Dónde beber

Metropolitan Museum Roof Garden Café & Martini Bar
COCTELERÍA

21 plano p. 164, A2

Es la clase de local que nunca cansa. Situado en la azotea del museo, da directamente sobre Central Park y ofrece espléndidas vistas del parque y del perfil urbano. Al atardecer se llena de tortolitos. (www.metmuseum.org; 1000 5th Ave, esq. 82nd St; ◯10.00-16.30 do-ju, hasta 20.00 vi y sa, Martini Bar 17.30-20.00 vi y sa may-oct; Ⓢ 4/5/6 hasta 86th St)

JBird
BAR

22 plano p. 164, C3

Bar único que sirve cócteles artesanos y platos de temporada en un local que más parece del centro que de la parte alta. Se puede optar por la barra o, si se llega pronto, sentarse en uno de los bancos de cuero. Si se tiene apetito, para acompañar las bebidas sirven mini hamburguesas de cerdo y patatas fritas con ajo. (☏212-288-8033; 339 E 75th St, entre 1st Ave y 2nd Ave; ◯17.30-2.00 lu-ju, hasta 4.00 vi y sa; Ⓢ 6 hasta 77th St)

Bemelmans Bar

23 plano p. 164, B3   LOUNGE

Basta con sentarse en un banco de piel de este legendario bar para respirar la elegancia de la década de 1940: los camareros llevan americana blanca, suena un piano y el techo está cubierto de pan de oro. Las paredes están decoradas con murales de Ludwig Bemelman, creador de *Madeline*. Antes de las 21.30 no se paga entrada (después, 15-30 US$/persona). (☎212-744-1600; www.thecarlyle.com/dining/bemelmans_bar; Carlyle Hotel, 35 E 76th St, esq. Madison Ave; ⏲12.00-2.00 lu-sa, hasta 00.30 do; Ⓢ6 hasta 77th St)

The Penrose

24 plano p. 164, C2   BAR

Ha dado el toque de modernidad que Upper East Side necesitaba, con cervezas artesanas, espejos antiguos, papel pintado de flores, detalles de madera recuperada y simpáticos camareros. Hay Duvel y Murphy's de barril, una buena selección de *whisky* irlandés y, además, platos de calidad. (☎212-203-2751; 1590 2nd Ave, entre 82nd St y 83rd St; ⏲15.00-4.00 lu-ju, 12.00-4.00 vi, 10.30-4.00 sa y do; Ⓢ4/5/6 hasta 86th St)

Vinus and Marc

 25 plano p. 164, C1   LOUNGE

Las rojas paredes, los muebles *vintage* y la larga barra de madera crean un ambiente decadente en el que se sirven desde cócteles creativos y elegantes, como el picante Baby Vamp (tequila, mezcal y *bitter* de fresa y habanero), hasta clásicos de la ley seca, como el Scofflaw (*whisky* de centeno, vermut seco y granadina casera). La oferta gastronómica incluye mejillones, gambas y gachas y un sándwich de solomillo de buey Angus. (☎646-692-9015; 1825 2nd Ave, entre 95th St y 94th St; ⏲15.00-1.00 do-ma, hasta 2.00 mi y ju, hasta 3.00 vi y sa; Ⓢ6 hasta 96th St)

Drunken Munkey

 26 plano p. 164, C1   LOUNGE

Recuerda a la Bombay de época colonial, con su papel de pared anticuado, sus pomos en forma de pelota de críquet y sus camareros, vestidos de manera desenfadada. Las lámparas de monos son algo estrafalarias, pero los cócteles y los curris para compartir son una maravilla. Obviamente, la bebida de cabecera es la ginebra. Se recomienda el Bramble, con ginebra Bombay, licor de mora, zumo de limón y moras frescas. (338 E 92nd St, entre 1st Ave y 2nd Ave; ⏲11.00-2.00 lu-ju, hasta 3.00 vi-do; Ⓢ6 hasta 96th St)

Oslo Coffee Roasters

 27 plano p. 164, C3   CAFÉ

Con sede central en Williamsburg (donde se realiza el tostado), preparan magníficos cafés, solos o con leche, con productos ecológicos y de comercio justo. (422 E 75th St, entre York Ave y 1st Ave; cafés desde 2 US$; ⏲7.00-18.00 lu-vi, desde 8.00 sa, 8.00-15.00 do; Ⓢ6 hasta 77th St)

Frick Collection.

Ocio

Café Carlyle   JAZZ

Este elegante local está en el Carlyle Hotel, como el Bemelman's Bar (véase 23 plano p. 164, B3). En él actúan grandes talentos como Woody Allen, que toca aquí el clarinete con la Eddy Davis New Orleans Jazz Band los lunes a las 20.45 (sep-may). La entrada no incluye consumición. (www.thecarlyle.com/dining/cafe_carlyle; Carlyle Hotel, 35 E 76th St, esq. Madison Ave; entradas 110-185 US$; S 6 hasta 77th St)

Frick Collection   MÚSICA CLÁSICA

Una vez al mes esta opulenta mansión-museo (véase 2 plano p. 164, A4) ofrece a las 17.00 conciertos dominicales de músicos de renombre, como el violonchelista Yehuda Hanani o el violinista Thomas Zehetmair. Consúltese la web para más detalles. (www.frick.org; 1 E 70th St, esq. 5th Ave; entradas 35 US$; S 6 hasta 68th St-Hunter College)

92nd St Y   CENTRO CULTURAL

28 plano p. 164, B1

Además de una gran variedad de conciertos y lecturas, este centro cultural sin ánimo de lucro organiza ciclos de conferencias y charlas a cargo de figuras como el dramaturgo Edward Albee, el violonchelista Yo-Yo Ma, el comediante Steve Martin o el novelista Gary Shteyngart. (www.92y.

org; 1395 Lexington Ave, esq. 92nd St;
S 6 hasta 96th St)

Comic Strip Live
COMEDIA

29 plano p. 164, C2

Chris Rock, Adam Sandler, Jerry Seinfeld y Eddie Murphy pisaron algún día las tablas de este club, aunque no recientemente. Eso sí, los que actúan cada noche están a la altura. Imprescindible reservar. (212-861-9386; www.comicstriplive.com; 1568 2nd Ave, entre 81st St y 82nd St; entradas 15-30 US$ más 2 bebidas mínimo; espectáculo 20.30 do-ju; 20.30, 22.30 y 24.30 vi; 20.00, 22.30 y 12.30 sa; S 4/5/6 hasta 86th St)

De compras

Housing Works Thrift Shop
VINTAGE

30 plano p. 164, B3

Al igual que en las otras Housing Works de la ciudad, comprar aquí suele ser cuestión de suerte. En un buen día se puede encontrar una chaqueta de diseño, unos tejanos ideales o un bolso de lujo. La ropa suele estar en excelentes condiciones (incluso nueva) y se vende a precios populares. También venden libros, CD y menaje. Los fines de semana se llena mucho. (202 E 77th St, entre 2nd Ave y 3rd Ave; 11.00-

Escaparates en Madison Avenue.

De compras

19.00 lu-vi, 10.00-18.00 sa, 12.00-17.00 do; S6 hasta 77th St)

Encore
ROPA

31 plano p. 164, A2

Esta exclusiva tienda viene vaciando los armarios de Upper East Side desde la década de 1950 (Jacqueline Kennedy Onassis vendía aquí sus vestidos). Se encuentran prendas de alta costura muy poco usadas de Louboutin, Fendi o Dior. Los precios son altos, pero mucho mejores que en las *boutiques*. (www.encoreresale.com; 1132 Madison Ave, entre 84th St y 85th St; 10.30-18.30 lu-sa, 12.00-18.00 do; S4/5/6 hasta 86th St)

Michael's
ROPA

32 plano p. 164, B3

Esta tienda de ropa y accesorios de segunda mano funciona desde la década de 1950. Su especialidad son las marcas de lujo (Chanel, Gucci, Prada). Casi todo lo expuesto tiene menos de dos años. Es cara, pero más barata que las tiendas de Madison Ave. (www.michaelsconsignment.com; 2º piso, 1041 Madison Ave, entre 79th St y 80th St; 9.30-18.00 lu-sa, hasta 20.00 ju; S6 hasta 77th St)

Crawford Doyle Booksellers
LIBROS

33 plano p. 164, A2

Esta selecta librería invita a hurgar entre sus volúmenes, principalmente de arte, literatura e historia de NY. Posee muchas primeras ediciones. (1082 Madison Ave, entre 81st St y 82nd St; 10.00-18.00 lu-sa, 12.00-17.00 do; S6 hasta 77th St)

Blue Tree
MODA, MENAJE

34 plano p. 164, B1

Propiedad de la actriz Phoebe Cates Kline, protagonista de *Gremlins*, vende una refinada colección de ropa femenina, chales de cachemira, objetos de metacrilato y caprichosos accesorios para el hogar. (www.bluetreenyc.com; 1283 Madison Ave, entre 91st St y 92nd St; 10.00-18.00 lu-vi, desde 11.00 sa y do; S4/5/6 hasta 86th St)

Zitomer
BELLEZA

35 plano p. 164, B3

Droguería retro de varios pisos, con un auténtico tesoro de productos faciales, naturales y de calidad, de marcas como Kiehl's, Clarins, Kneipp, Mustela o Ahava (fabricados con minerales del Mar Muerto). En la 3ª planta hay ropa para niños y juguetes. (www.zitomer.com; 969 Madison Ave, entre 75th St y 76th St; 9.00-20.00 lu-vi, hasta 19.00 sa, 10.00-18.00 do; S6 hasta 77th St)

Explorar

Upper West Side y Central Park

Central Park es como un antídoto verde contra las infinitas extensiones de cemento, las aceras grises y los cláxones inagotables de Nueva York. La zona de Upper West Side rodea el parque con sus bonitos edificios residenciales, a cuál más alto. Aquí se encuentra el conocido Lincoln Center, con la mayor concentración de espacios escénicos de la ciudad.

Lo mejor en un día

☀️ Se empieza en el **American Museum of Natural History** (p. 184), donde se puede explorar el espacio exterior en el planetario o estudiar un esqueleto reconstruido de Tyrannosaurus Rex. Después se pasa por **Zabar's** (p. 186) para preparar un *picnic* de lujo.

☀️ Si el tiempo acompaña, el viajero puede pasarse el resto del día tumbado en **Central Park** (p. 178), viendo la Bethesda Fountain, visitando el zoo del parque o admirando la extensión verde del Great Lawn. Se para a beber algo en el **Loeb Boathouse** (p. 187), y se da una vuelta por el lago en patín.

🌙 Cuando el sol empieza a esconderse por detrás de los rascacielos que rodean el parque, es hora de dirigirse al **Lincoln Center** (p. 184), donde tienen lugar muchas de las actividades escénicas de la ciudad, como las óperas de la **Metropolitan Opera House** (p. 191). Por la noche, se puede cenar en uno de los restaurantes de categoría del barrio, como el **Dovetail** (p. 187).

👁 Principales puntos de interés

Central Park (p. 178)

❤️ Lo mejor de Nueva York

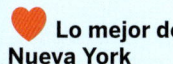

Comida local
Zabar's (p. 186)

Gray's Papaya (p. 189)

Ocio
Lincoln Center (p. 184)

Film Society of Lincoln Center (p. 191)

Escapadas
Central Park (p. 178)

Cómo llegar

🅂 **Metro** Desde Upper West Side, las líneas 1/2/3 son ideales para ir a Broadway y al oeste, mientras que las B y C son ideales para acceder a varios monumentos y a Central Park.

🚌 **Autobús** El autobús M104 va de norte a sur por Broadway. El M10 hace un recorrido muy bonito por el lado oeste del parque.

Principales puntos de interés
Central Park

El esplendoroso Central Park tiene 341 Ha llenas de prados, estanques y tesoros arquitectónicos escondidos. Sus extensiones de césped son uno de los mayores logros arquitectónicos de toda la ciudad. Se tardaron 20 años en convertir las ciénagas y campos de cultivos en la preciosidad actual.

- Plano p. 182, D5
- www.centralparknyc.org
- 59th St y 110th St, entre Central Park West y Fifth Ave
- 6.00-1.00

Central Park

Indispensable

Strawberry Fields

Este **jardín** (www.centralparknyc.org/visit/things-to-see/south-end/strawberry-fields.html; Central Park, esq. 72nd St lado oeste; 🚻; **S** A/C, B hasta 72nd St) con forma de lágrima está dedicado a John Lennon, el Beatle asesinado el 8 de diciembre de 1980 delante del edificio Dakota, en el nº 1 de West 72nd St. El jardín está formado por una arboleda de olmos y por un mosaico con la palabra "Imagine". La ubicación del jardín es muy apropiada: está a la altura de 72nd St, en el lado oeste del parque.

Bethesda Terrace y el Mall

Los paseantes de todo tipo se reúnen bajo los arcos de Bethesda Terrace y admiran la magnífica fuente que lo corona, la Bethesda Fountain (a la altura de 72nd St). La zona ha aparecido en muchas películas y series de televisión, como el musical de los setenta *Godspell*. Al sur está otro habitual del celuloide, un paseo de olmos blancos conocido como Mall. La franja sur, el Literary Walk, está flanqueada por estatuas de escritores famosos.

Zoo de Central Park

Este pequeño **zoo** (📞212-861-6030; www.centralparkzoo.com; Central Park, 64th St esq. 5th Ave; adultos/niños 12/7 US$; ⏰10.00-17.30 abr-nov, hasta 16.30 nov-abr; 🚻; **S** N/Q/R hasta 5th Ave-59th St), conocido también como Central Park Wildlife Center, es el hogar de pingüinos, leopardos de las nieves, ranas punta de flecha y pandas rojos. Ver la alimentación de los leones marinos y los pingüinos es todo un espectáculo. Al lado está el **Tisch Children's Zoo** (www.centralparkzoo.com/animals-and-exhibits/exhibits/tisch-childrens-zoo.aspx; Central Park, 65th esq. 5th Ave),

☑ Consejos

▶ La **Central Park Conservancy** (www.centralparknyc.org/walkingtours) es la organización sin ánimo de lucro que gestiona el mantenimiento del parque. Ofrece paseos a pie gratuitos y personalizados.

▶ Los autobuses de la MTA que cruzan la ciudad por 66th St, 72nd St, 79th St, 86th St y 96th St van por el parque, pero no paran dentro sino en los laterales.

✕ Una pausa

Es buena idea preparar un *picnic* con ingredientes *gourmet* de Zabar's (p. 186), en pleno Upper West Side.

El Loeb Boathouse (p. 187) es un local con clase para tomar tartas de cangrejo y un martini.

un zoo interactivo infantil donde se pueden ver alpacas y pequeñas cabras nubias.

Conservatory Water y estatua de Alicia

El Conservatory Water está al norte del zoo, a la altura de 74th St. Aquí se hacen navegar barcos de vela en miniatura y los niños juegan sobre las setas de la escultura de *Alicia en el país de las maravillas*. Al oeste del estanque está la estatua de Hans Christian Andersen, donde los sábados hay cuentacuentos (11.00 jun-sep).

Great Lawn

El Great Lawn es un enorme manto verde en pleno parque, rodeado de campos de béisbol y plátanos. Aquí fue donde Simon & Garfunkel tocaron su famoso concierto de 1981. Al sureste está el Delacorte Theater, que alberga el festival anual Shakespeare in the Park, además del mirador de observación de aves Belvedere Castle (p. 184).

Ramble

Al sur del Great Lawn (entre 72nd St y 79th St) está el frondoso Ramble, donde mucha gente va a observar pájaros. También tiene fama entre los gais como zona de *cruising*. Al sureste está el Loeb Boathouse (p. 184), con un restaurante junto al agua donde se alquilan barcas y bicicletas.

Jacqueline Kennedy Onassis Reservoir

Este embalse ocupa casi todo el ancho del parque a la altura de 90th St. El reflejo en el agua del perfil de la ciudad es precioso. El embalse está rodeado por un sendero de 2,5 km, que cuando hace buen tiempo se llena de gente haciendo ejercicio. Cerca, en Fifth Ave esq. 90th St, hay una estatua del fundador de la maratón de Nueva York (Fred Lebow) mirando el reloj.

La escultura *Alicia en el país de las maravillas*.

Central Park

Conservatory Garden

Las 2,5 Ha del Conservatory Garden son ideales si el viajero quiere un poco de calma y tranquilidad (sin ciclistas, corredores ni música portátil). Es un rincón muy bonito del parque, con manzanos silvestres, bojes y muchas flores en primavera. Se encuentra en 105th St, junto a Fifth Ave. En el resto del parque, el viajero encontrará calma y muchas aves justo después del amanecer.

North Woods y la Blockhouse

La zona de North Woods está en el lado oeste del parque, entre 106th St y 110th St. Aquí se encuentra la construcción más antigua del parque, la Blockhouse, una fortificación militar de la guerra de 1812.

Eventos veraniegos en Central Park

En verano se celebran innumerables eventos culturales en el parque (muchos de ellos gratuitos). Los dos más populares son Shakespeare in the Park (p. 221), organizado por el Public Theater, y **SummerStage** (www.summerstage.org; gratis), una serie de conciertos gratuitos. Más información en las páginas web.

Jardín dedicado a Lennon en Strawberry Fields.

Comprender
Central Park

En la década de 1850, esta zona estaba ocupada por granjas de cerdos, un vertedero, un hervidero de huesos y un pueblo afroamericano. Miles de trabajadores desplazaron 10 millones de carretadas de tierra para transformar los pantanos y las rocas en el parque que es hoy. Este pulmón verde gigantesco atrae a 38 millones de visitantes al año, con sus más de 24 000 árboles, 55 Ha de bosque, 21 parques infantiles y siete cuerpos de agua.

182 Upper West Side y Central Park

Puntos de interés

Lincoln Center
CENTRO CULTURAL

1 plano p. 182, C8

Esta concentración de edificios resplandecientes contiene algunos de los espacios escénicos más importantes de Manhattan: el Avery Fisher Hall (donde toca la Filarmónica de Nueva York), el David H Koch Theater (hogar del *ballet* de Nueva York) y la famosa Metropolitan Opera House, cuyas paredes interiores están decoradas con murales del pintor Marc Chagall. En el recinto hay varias salas más, entre ellas un teatro, dos salas de proyecciones de películas y la famosa Juilliard School. (212-875-5456; http://lc.lincolncenter.org; Columbus Ave, entre 62nd St y 66th St; plazas públicas gratis, circuitos adultos/estudiantes 18/15 US$; S 1 hasta 66th St-Lincoln Center)

American Museum of Natural History
MUSEO

2 plano p. 182, C5

Este museo clásico, fundado en 1869, contiene más de 30 millones de elementos, como unos amenazadores esqueletos de dinosaurio. Aquí se encuentra también el Rose Center for Earth & Space, con su moderno planetario. De octubre a mayo, se puede ver el Butterfly Conservatory, una estructura de cristal con más de 500 mariposas de todo el mundo. (212-769-5100; www.amnh.org; Central Park West esq. 79th St; donativo sugerido adultos/niños 22/12,50 US$; 10.00-17.45, Rose Center hasta 20.45 vi, Butterfly Conservatory oct-may; S B, C hasta 81st St-Museum of Natural History, 1 hasta 79th St)

Loeb Boathouse
KAYAK, CICLISMO

3 plano p. 182, E6

Aquí se pueden alquilar 100 botes de remos y tres kayaks de abril a noviembre. En verano, también una góndola de estilo veneciano con capacidad para seis personas (30 US$ por 30 min). Alquilan bicicletas de abril a noviembre, cuando el tiempo lo permite. Para alquilar hace falta llevar identificación y tarjeta de crédito. Casco incluido. (212-517-2233; www.thecentralparkboathouse.com; Central Park, entre 74th St y 75th St; alquiler de botes 12 US$/h, bicicletas 9-15 US$/h; 10.00-anochecer abr-nov; S B, C hasta 72nd St, 6 hasta 77th St)

Belvedere Castle
OBSERVACIÓN DE AVES

4 plano p. 182, D5

El "*kit* del descubridor" disponible en el Belvedere Castle de Central Park incluye prismáticos, un libro sobre aves, papel y lápices de colores. Una expedición de ornitología por libre es la mejor forma de que los más pequeños se entusiasmen con las aves. Se necesita identificación con foto. (212-772-0210; Central Park esq. 79th St; gratis; 10.00-15.00 ma-do; S B, C, 1/2/3 hasta 72nd St)

Ballena azul, American Museum of Natural History.

Nicholas Roerich Museum   MUSEO

5 plano p. 182, B1

Este pequeño museo en una casa de tres plantas de 1898 es uno de los secretos mejor guardados de la ciudad. Contiene más de 200 cuadros del prolífico Nicholas Konstantinovich Roerich (1874-1947), un poeta, pintor y filósofo nacido en Rusia. Sus obras más extraordinarias son sus representaciones del Himalaya, donde estuvo a menudo. (www.roerich.org; 319 W 107th St, entre Riverside Dr y Broadway; donativo sugerido 5 US$; 12.00-17.00 ma-vi, desde 14.00 sa y do; S 1 hasta Cathedral Pkwy)

Wollman Skating Rink   PATINAJE SOBRE HIELO

6 plano p. 182, D8

Pista de patinaje (más grande que la del Rockefeller Center) donde se puede patinar todo el día. Se encuentra en el margen sureste de Central Park y las vistas desde ahí son muy buenas. Abre de mediados de octubre hasta abril. Solo aceptan dinero en efectivo. (212-439-6900; www.wollmanskatingrink.com; Central Park, entre 62nd St y 63rd St; adultos lu-ju/vi-do 11/18 US$, niños 6 US$, alquiler patines 8 US$, alquiler taquilla 5 US$, tarifa de espectadorr 5 US$; nov-mar; S F hasta 57 St, N/Q/R hasta 5th Ave-59th St)

New-York Historical Society
MUSEO

 plano p. 182, C6

La Historical Society es el museo más antiguo de NY. Se fundó en 1804 para preservar los artefactos culturales e históricos de la ciudad. Contiene más de 60 000 objetos que van de lo fascinante a lo extravagante, desde la silla donde George Washington se convirtió en presidente hasta un plato de helado de Tiffany del s. XIX. (www.nyhistory.org; 2 W 77th St esq. Central Park West; adultos/niños 18/6 US$, con donativo 18.00-20.00 vi, biblioteca gratis; ⏲10.00-18.00 ma-ju y sa, hasta 20.00 vi, 11.00-17.00 do; Ⓢ B, C hasta 81st St-Museum of Natural History)

Riverside Park
AIRE LIBRE

 plano p. 182, B1

Un parque clásico diseñado por los creadores de Central Park, Frederick Law Olmsted y Calvert Vaux. Recorre el río Hudson desde 59th St hasta 158th St. Es frondoso y tiene muchos carriles-bici y parques infantiles. Es ideal para familias.

El West 79th Street Boat Basin Café es un restaurante muy animado que sirve menús ligeros de finales de marzo a octubre (en función del clima). Está a la altura de 79th St. (☏212-870-3070; www.riversideparknyc.org; Riverside Dr, entre 68th St y 155th St; ⏲6.00-1.00; 🚻; Ⓢ 1/2/3 hasta cualquier parada entre 66th St y 157th St)

American Folk Art Museum
MUSEO

9 plano p. 182, C7

Esta pequeña institución alberga obras de arte y objetos populares que abarcan dos siglos enteros. A destacar las obras de Henry Darger (conocidas por sus escenarios de batallas llenos de niñas) y Martín Ramírez (autor de figuras alucinatorias a caballo). También hay tallas de madera, pinturas, fotografías coloreadas y objetos decorativos. Hay actuaciones de guitarra los miércoles y conciertos gratuitos los viernes. (www.folkartmuseum.org; 2 Lincoln Sq, Columbus Ave esq. 66th St; gratis; ⏲12.00-19.30 ma-sa, hasta 18.00 do; Ⓢ 1 hasta 66th St-Lincoln Center)

Zabar's
MERCADO

10 plano p. 182, B5

Un extenso mercado local que desde la década de 1930 lleva vendiendo productos *gourmet* y *kosher*. Aquí se encuentran delicias en forma de queso, carne, aceitunas, caviar, pescado ahumado, encurtidos y frutos secos. No hay que perderse los blandísimos *knishes* (bola de masa al horno rellena de patata, típica de Europa del Este), una buena alternativa a las variedades industriales congeladas que se venden por las calles de toda la ciudad. (www.zabars.com; 2245 Broadway, esq. 80th St; ⏲8.00-19.30 lu-vi, hasta 20.00 sa, 9.00-18.00 do; Ⓢ 1 hasta 79th St)

Dónde comer

Café Luxembourg FRANCESA $$$
11 plano p. 182, B7

Típico bistró francés que suele estar lleno; el ambiente es elegante, el personal agradable y el menú espectacular. Sirven platos clásicos muy bien preparados, como tartar de salmón, *cassoulet* o *steak frites*. La proximidad del Lincoln Center lo hace ideal para comer algo antes de una función. Hay un menú ligero de almuerzo y un *brunch* delicioso (a destacar la langosta al estilo Benedict). (212-873-7411; www.cafeluxembourg.com; 200 W 70th St, entre Broadway y West End Ave; principales almuerzo 18-29 US$, principales cena 25-36 US$; desayuno, almuerzo y cena diario, brunch do; S 1/2/3 hasta 72nd St)

Loeb Boathouse AMERICANA $$$

El Loeb Boathouse (véase 3 plano p. 182, E6) se encuentra en la orilla noreste del lago de Central Park, con vistas de la ciudad. Es uno de los mejores emplazamientos de NY, y eso se paga. La comida es buena (a destacar la tarta de cangrejo), pero el servicio es un poco frío. Para gozar de la ubicación sin gastar tanto, al lado está el **Bar & Grill**, con un menú limitado de bar (platos 16 US$); también se puede comer tarta de cangrejo y la ubicación es perfecta. (212-517-2233; www.thecentralparkboathouse.com; lago de Central Park, Central Park esq. 74th St; principales 24-47 US$; restaurante 12.00-16.00 y 17.30-21.30 lu-vi, 9.30-16.00 y 18.00-21.30 sa y do; S A/C, B hasta 72nd St, 6 hasta 77th St)

Dovetail AMERICANA CONTEMPORÁNEA $$$
12 plano p. 182, C6

Un restaurante con estrella Michelin que sirve platos de temporada, como lubina rayada con tupinambo y trufa de Borgoña o venado con panceta, remolacha dorada y verduras frescas. Los lunes, el chef John Fraser ofrece un menú degustación vegetariano de cuatro platos (58 US$) con platos como setas *maitake* con peras Anjou y pimienta verde. (212-362-3800; www.dovetailnyc.com; 103 W 77th St, esq. Columbus Ave; menú degustación 88 US$, principales 36-58 US$; 17.30-22.00 lu-sa, 11.30-22.00 do; ; S A/C, B hasta 81st St-Museum of Natural History, 1 hasta 79th St)

Kefi GRIEGA $$
13 plano p. 182, C5

Este restaurante blanco es el dominio del chef Michael Psilakis, cuyas creaciones rústicas trasladan al viajero a Grecia. Sirve delicias como salchicha de cordero picante, ñoquis de leche de oveja, pulpo asado, una bandeja de cuatro salsas para mojar y pasta con conejo estofado. Se puede regar todo con una completa selección de añejos griegos (a partir de 24 US$ por botella). (www.kefirestaurant.com; 505 Columbus Ave, entre 84th St y 85th St; tapas para compartir 7-10 US$, principales 13-20 US$; 12.00-15.00 y 17.00-22.00 lu-vi, desde 11.00 sa y do; ; S B, C hasta 86th St)

Jacob's Pickles AMERICANA $$

14 plano p. 182, C5

Este local es un homenaje a la cultura del encurtido. Además de pepinillos y otras conservas, ofrece generosas porciones de platos americanos como tacos de bagre, pata de pavo al vino o macarrones con queso y setas. También hay que probar los bollos y las cervezas artesanas regionales. (☎212-470-5566; 509 Amsterdam Ave, entre 84th St y 85th St; principales 14-21 US$; ⊙11.00-2.00 lu-ju, hasta 4.00 vi, 9.00-4.00 sa, hasta 2.00 do)

Barney Greengrass DELI $$

15 plano p. 182, C4

Este local, conocido como "rey del esturión", sirve las mismas raciones de huevos, salmón, caviar, y *babkas* de chocolate que lo hicieron famoso cuando abrió hace un siglo. Se puede ir a desayunar o a almorzar en las pequeñas mesas que hay entre los pasillos de productos. (www.barneygreen grass.com; 541 Amsterdam Ave, esq. 86th St; principales 9-20 US$, *bagels* con crema de queso 5 US$; ⊙8.30-18.00 ma-do; ♿; Ⓢ1 hasta 86th St)

Peacefood Cafe VEGANA $$

16 plano p. 182, C5

Un local espacioso y luminoso que hace felices a los *veganos* con su *panini* de seitán frito con *focaccia* casera con anacardos, rúcula, tomates y pesto. También sirven *pizza*, verduras asadas, ensaladas de quinoa, platos crudos del día, cafés ecológicos y una buena selección de panadería. (☎212-362-2266; www.peacefoodcafe.com; 460 Amsterdam Ave, esq. 82nd St; paninis 12-13 US$, principales 10-17 US$; ⊙10.00-22.00; ♿; Ⓢ1 hasta 79th St)

Salumeria Rosi Parmacotto ITALIANA $$

17 plano p. 182, C6

Un rincón muy íntimo donde se goza de buenos quesos, embutidos, lomo asado, salchichas, jamones curados y todos los derivados del cerdo imaginables. La oferta toscana continúa con lasaña casera, tarta de puerros, ensalada de escarola y anchoas y ñoquis caseros de ricota y queso de cabra. (☎212-877-4801; www.salumeriarosi.com; 284 Amsterdam Ave, esq. 73rd St; principales 12-17 US$; ⊙11.00-23.00; Ⓢ1/2/3 hasta 72nd St)

Fairway COLMADO $

18 plano p. 182, B6

Esta magnífica tienda de comestibles es como un museo del buen comer. Los productos dispuestos en la calle invitan a descubrir el interior, donde se encuentra una buena gama de quesos, embutidos, panes, *bagels,* fruta, verdura y comida preparada. Las escaleras cerca de la caja suben a la cafetería y a la tienda ecológica. (www. fairwaymarket.com/store-upper-west-side; 2127 Broadway, esq. 75th St; ⊙6.00-1.00; Ⓢ1/2/3 hasta 72nd St)

Dónde comer 189

Belvedere Castle (p. 184) y remeros en Central Park.

Gray's Papaya — PERRITOS CALIENTES $

19 plano p. 182, C7

Comer un perrito caliente en este puesto es una experiencia típicamente neoyorquina, con luces brillantes, colores setenteros y perritos calientes sencillos y buenos. La bebida de papaya es más 'bebida' que papaya, pero lo que no falla es el famoso Recession Special: dos perritos calientes y una bebida por 4,95 US$. (212-799-0243; 2090 Broadway, esq. 72nd St, acceso por Amsterdam Ave; perritos calientes 2 US$; 24 h; S A/B/C, 1/2/3 hasta 72nd St)

Hummus Place — DE ORIENTE MEDIO $

20 plano p. 182, C6

El ambiente no es nada del otro mundo (unas ocho mesas delante de una cocina abierta), pero los platos de *hummus* son increíbles. Se sirven calientes y con varios acompañamientos, desde garbanzos enteros a habas estofadas con huevo picado. Buena relación calidad-precio. (www.hummusplace.com; 305 Amsterdam Ave, entre 74th St y 75th St; *hummus* desde 8 US$; almuerzo y cena; S 1/2/3 hasta 72nd St)

Burke & Wills
AUSTRALIANA CONTEMPORÁNEA $$

 plano p. 182, C5

Inaugurado en 2013, su menú se inclina por la comida de *pub* australiana moderna, con hamburguesas de canguro con patatas de triple cocción, gambas asadas, ensalada Cobb de col rizada, mini-bocadillos de *merguez* y bacalao asado con coliflor, dátiles y granada. (📞646-823-9251; 226 W 79th St, entre Broadway y Amsterdam Ave; principales 17-28 US$; ⏱16.00-2.00 lu-vi, desde 12.00 sa y do; Ⓢ1 hasta 79th St)

Dónde beber

Barcibo Enoteca
BAR DE VINOS

 plano p. 182, C7

Vinería elegante e informal al norte de Lincoln Center, ideal para catar gran variedad de añejos italianos (unos 40 se sirven por copa). También ofrecen platos para picar. El personal sabe lo que se hace; se le puede pedir consejo. (www.barciboenoteca.com; 2020 Broadway, esq. 69th St; ⏱16.30-24.30 lu-vi, desde 15.30 sa y do; Ⓢ1/2/3 hasta 72nd St)

Dead Poet
BAR

 plano p. 182, C5

Hace una década que este pequeño bar atrae a estudiantes, vecinos y bebedores de Guinness. Los cócteles llevan nombre de escritores, como la margarita Jack Kerouac (12 US$) o la sangría de ron especiado Pablo Neruda (9 US$). (www.thedeadpoet.com; 450 Amsterdam Ave, entre 81st St y 82nd St; ⏱12.00-4.00; Ⓢ1 hasta 79th St)

bad-ass
BAR

 plano p. 182, C1

Es el bar con más personalidad de todo Upper West. Se trata de un antiguo fumadero de *crack* convertido en bar *punk,* con paredes de ladrillo visto y baños cubiertos de grafitis. También hay una colección de relojes de cuco. Vienen muchos universitarios y gente que se aloja en los albergues cercanos, atraídos por la oferta de lata de cerveza y chupito por 7 US$. (929 Columbus Ave, entre 105th St y 106th St; ⏱16.00-4.00; ⓈB, C, 1 hasta 103rd St)

Prohibition
BAR

 plano p. 182, C5

Bar muy animado con conciertos casi cada noche. El nivel de decibelios es bajo para no dañar los oídos, y en la parte de atrás se está más tranquilo. Las paredes rojas van a juego de bebidas refrescantes como mojitos de fruta de la pasión o margaritas de néctar de agave. Se pueden tomar pequeñas hamburguesas. (📞212-579-3100; www.prohibition.net; 503 Columbus Ave, cerca de W 84th St; ⏱17.00-4.00; ⓈB, C, 1 hasta 86th St)

Manhattan Cricket Club
COCTELERÍA

Coctelería ubicada encima del restaurante australiano Burke & Wills (véase 21 plano p. 182, C5), que evoca la elegancia de los clubes de críquet angloaustralianos de principios del s. xx. Aquí se saborean cócteles elegantes que hacen juego con las paredes con detalles dorados, estanterías de caoba llenas de libros, fotografías de críquet en tonos sepia, sofás de piel y un techo de estaño. (226 W 79th St, entre Amsterdam Ave y Broadway; ⏲19.00-2.00 ma-sa; Ⓢ1 hasta 79th St)

Ocio

Metropolitan Opera House ÓPERA

26 ⭐ plano p. 182, C8

La Metropolitan Opera es la principal compañía de ópera de NY. Aquí se pueden ver clásicos como *Carmen*, *Madame Butterfly* o *Macbeth*, además del ciclo del *Anillo* de Wagner. También se escenifican obras más contemporáneas, como *Nixon in China* de Peter Sellars, que se produjo aquí en el 2011. La temporada va de septiembre a abril. (www.metopera.org; Lincoln Center, 64th St esq. Columbus Ave; Ⓢ1 hasta 66th St-Lincoln Center)

Film Society of Lincoln Center CINE

27 ⭐ plano p. 182, C7

Esta es una de la perlas cinematográficas de NY. Se puede ver una amplia variedad de documentales, largometrajes y cine independiente, extranjero y vanguardista. Las películas se ven en dos salas del Lincoln Center: el nuevo Elinor Bunin Munroe Film Center, un espacio íntimo y experimental, o el Walter Reade Theater, una sala con asientos anchos y cómodos. (📞212-875-5456; www.filmlinc.com; Ⓢ1 hasta 66th St-Lincoln Center)

New York Philharmonic MÚSICA CLÁSICA

28 plano p. 182, C8

La orquesta profesional más antigua de EE UU (1842) actúa cada año en el Avery Fisher Hall. El director es Alan Gilbert. La orquesta toca clásicos (Tchaikovsky, Mahler, Haydn) y obras contemporáneas, además de conciertos para niños. (www.nyphil.org; Avery Fisher Hall, Lincoln Center, Columbus Ave esq. 65th St; ♿; Ⓢ1 hasta 66 St-Lincoln Center)

New York City Ballet DANZA

29 plano p. 182, C8

El primer director de esta compañía fue el célebre coreógrafo ruso George Balanchine, en la década de 1940. Actualmente la compañía tiene 90 bailarines y es la más grande de EE UU. Actúa 23 semanas al año en el David H Koch Theater del Lincoln Center. Cada año, en vacaciones, produce *Cascanueces*. (📞212-496-0600; www.nycballet.com; David H Koch Theater, Lincoln Center, Columbus Ave esq. 62nd St; ♿; Ⓢ1 hasta 66th St-Lincoln Center)

American Ballet Theatre DANZA

Esta compañía itinerante con siete décadas de experiencia presenta una selección clásica de *ballets* en la

Metropolitan Opera House del Lincoln Center (véase 1 plano p. 182, C8) cada primavera (normalmente en mayo; entradas solo por suscripción). Las mejores localidades son las de Orchestra, Parterre y Grand Tier. Hay que evitar la sección superior, donde solo se ven las cabezas de los bailarines. Los palcos de la parte trasera ofrecen visión limitada. (212-477-3030; www.abt.org; Lincoln Center, 64th St esq. Columbus Ave; S1 hasta 66th St-Lincoln Center)

Beacon Theatre   MÚSICA EN DIRECTO
 plano p. 182, C6

Teatro activo desde 1929, con capacidad para 2600 personas. Aquí han tocado bandas como Nick Cave o los Allman Brothers. Las obras de restauración, con un presupuesto de 15 millones de US$, terminaron en el 2009. El interior dorado, con elementos griegos, romanos, renacentistas y rococó, ha quedado deslumbrante. (www.beacontheatre.com; 2124 Broadway, entre 74th St y 75th St; S1/2/3 hasta 72nd St)

Cleopatra's Needle   CLUB
 plano p. 182, B3

Una sala pequeña y estrecha como el obelisco egipcio de Central Park que le da nombre. No cobran entrada, pero hay una consumición mínima de 10 US$. Hay que llegar temprano para tomar cócteles a mitad de precio en la *happy hour* (15.30-18.00 o 19.00), e ir preparado para quedarse hasta tarde: el local es famoso por sus *jam sessions* de toda la noche, que alcanzan el apogeo sobre las 4.00. (www.cleopatrasneedleny.com; 2485 Broadway, entre 92nd St y 93rd St; 16.00-hasta tarde; S1/2/3 hasta 96th St)

Merkin Concert Hall   MÚSICA CLÁSICA
 plano p. 182, C7

Sala con 450 asientos que forma parte del Kaufman Center, al norte del Lincoln Center. Es una de las salas más íntimas de la ciudad para ver música clásica, *jazz*, músicas del mundo y pop. Los martes hay matinés (una ganga, por 18 US$) donde se ven solistas clásicos emergentes. En enero, se celebra el New York Guitar Festival. (www.kaufman-center.org/mch; 129 W 67th St,

---

> **Vida local**
> ### Lincoln Center
> Este extenso complejo cultural concentra buena parte de las artes escénicas de Manhattan. Además de las salas y compañías mencionadas, se pueden ver las producciones teatrales y musicales del **Vivian Beaumont Theater** (plano p. 182, C8; 212-721-6500; www.lincolncenter.org; Lincoln Center, 65th St, entre Broadway y Amsterdam Ave; S1 hasta 66th St-Lincoln Center) y el **Mitzi E Newhouse Theater** (plano p. 182, C8; Lincoln Center, 65th St entre Broadway y Amsterdam Ave). Se puede consultar la programación de ambos teatros en la web principal del Lincoln Center: www.new.lincolncenter.org.

Wollman Skating Rink (p. 185), Central Park.

entre Amsterdam Ave y Broadway; S 1 hasta 66th St-Lincoln Center)

Smoke
JAZZ

33 ⭐ plano p. 182, B1

Sala elegante con buenas vistas del escenario desde cómodos sofás. Hay conciertos de músicos clásicos y artistas locales como George Coleman o Wynton Marsalis. Muchas noches cobran una entrada de 10 US$, más una consumición mínima de comida y bebida de 20-30 US$. Para los conciertos de fin de semana, es mejor comprar las entradas por internet. (www.smokejazz.com; 2751 Broadway, entre 105th St y 106th St; ⏱17.30-3.00 lu-vi, 11.00-3.00 sa y do; S 1 hasta 103rd St)

De compras

Greenflea
MERCADO

34 🔒 plano p. 182, C6

Un mercado agradable y bien surtido, ideal para ir de compras un domingo por la mañana en Upper West Side. Hay un poco de todo: muebles de época y modernos, mapas antiguos, gafas personalizadas, bufandas hechas a mano y joyería artesanal. En verano, también abre algunos sábados. Es mejor llamar antes para comprobarlo. (☎212-239-3025; www.greenfleamarkets.com; Columbus Ave, entre 76th St y 77th St; ⏱10.00-17.30 do; S B, C hasta 81st St-Museum of Natural History, 1 hasta 79th St)

Comprender
Nueva York en el cine y la literatura

NY ha aparecido en incontables obras literarias, películas y series de televisión ofreciendo un variado mosaico de historias, desde reflexiones sobre razas y clases hasta las flaquezas del amor. A continuación, una lista de películas y libros que tienen lugar en esta urbe.

Libros

Las asombrosas aventuras de Kavalier y Clay (Michael Chabon, 2000) Novela galardonada con el Premio Pulitzer que trata sobre Brooklyn, el escapismo y la familia nuclear.

Un árbol crece en Brooklyn (Betty Smith, 1943) Una familia irlandesa-americana que vive en Williamsburg a principios del s. xx.

Por estas calles bravas (Piri Thomas, 1967) Memorias de unos tiempos difíciles: una infancia en el Spanish Harlem.

El hombre invisible (Ralph Ellison, 1952) Una novela conmovedora que explora la situación de los afroamericanos a principios del s. xx.

La edad de la inocencia (Edith Wharton, 1920) Historias y críticas sobre la élite social de NY a finales del s. xix.

Películas

Annie Hall (1977) Galardonada con dos Oscars. Una comedia romántica del rey de las neurosis de NY, Woody Allen.

Manhattan (1979) Retorcidas historias de amor de Woody Allen en el paisaje de la ciudad.

Taxi Driver (1976) Martin Scorsese cuenta la historia de un taxista veterano de Vietnam con problemas psicológicos.

West Side Story (1961) Una versión moderna de *Romeo y Julieta* entre bandas urbanas de NY.

Precious (2009) La historia de una adolescente obesa de Harlem resuelta a sobreponerse a todas las adversidades.

De compras

Time for Children JUGUETES
35 plano p. 182, C5

A más de uno se le caerá la baba con esta ropa para niños y bebés. Además, venden libros de colores, juguetes peludos, juegos de construcción, cartas hechas a mano y otros tesoros para los más pequeños. La tienda da el 100% de sus beneficios a una asociación de ayuda infantil. (☏212-580-8202; www.atimeforchildren.org; 506 Amsterdam Ave, entre 84th St y 85th St; ⏱10.00-19.00 lu-sa, 11.00-18.00 do; 👶; ⓢ1 hasta 86th St)

Harry's Shoes CALZADO
36 plano p. 182, B5

Un clásico indiscutible, abierto desde la década de 1930. El personal está formado por caballeros que miden el pie con un artilugio metálico de antaño y esperan pacientemente para ver si el zapato encaja bien. Venden marcas cómodas para caminar como Merrel, Dansko o Birkenstock. (www.harrys-shoes.com; 2299 Broadway, esq. 83rd St; ⏱10.00-18.45 ma, mi, vi y sa, hasta 19.45 lu y ju, 11.00-18.00 do; ⓢ1 hasta 86th St)

Westsider Books LIBROS
37 plano p. 182, B5

Una pequeña librería repleta de libros usados o difíciles de encontrar, con una buena selección de ficción y libros ilustrados. Hay primeras ediciones y unos cuantos vinilos de época. (www.westsiderbooks.com; 2246 Broadway, entre 80th St y 81st St; ⏱10.00-22.00; ⓢ1 hasta 79th St)

Westsider Records MÚSICA
38 plano p. 182, B6

Un catálogo de más de 30 000 discos de todos los estilos, desde *funk*, *jazz* y música clásica hasta bandas sonoras, *spoken word* y rarezas varias. Es un buen lugar para perder la noción del tiempo. (☏212-874-1588; www.westsiderbooks.com/recordstore.html; 233 W 72nd St, entre Broadway y West End Ave; ⏱11.00-19.00 lu-ju, hasta 21.00 vi y sa, 12.00-18.00 do; ⓢ1/2/3 hasta 72nd St)

Century 21 CENTRO COMERCIAL
39 plano p. 182, C7

La cadena Century 21 es muy concurrida por viajeros extranjeros y neoyorquinos modernos, que van en busca de artículos de marca de la temporada pasada a precios muy rebajados. Hay desde Missoni a Marc Jacobs. Los precios pueden parecer caros, pero comparados con los de venta originales, son un chollo. (www.c21stores.com; 1972 Broadway, entre 66th St y 67th St; ⏱10.00-22.00 lu-sa, 11.00-20.00 do; ⓢ1 hasta 66th St-Lincoln Center)

Vida local
Harlem

Este es el barrio donde cantaba Cab Calloway, donde Ralph Ellison escribió su novela *El hombre invisible* y donde Romare Bearden montó sus primeros *collages*. Empapado de historia y creatividad, sigue siendo uno de los lugares más legendarios de la cultura afroamericana.

Cómo llegar

Harlem está 8 km al norte de Midtown.

S A una parada de Columbus Circle en las líneas A/D. Desde Times Sq se tardan 15 min en las líneas 2/3.

🚌 El M10 llega hasta Harlem por el oeste de Central Park.

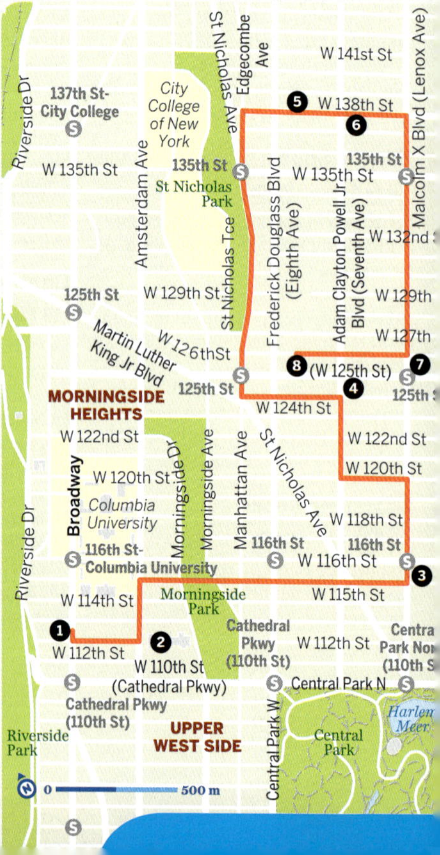

Harlem

❶ Cafeína universitaria
Para ponerse las pilas, no hay como tomar un café con los estudiantes de Columbia University en **Community Food & Juice** (www.communityrestaurant.com; 2893 Broadway, entre 112th St y 113th St; sándwiches 11-15 US$, principales 14-29 US$; ⊙8.00-15.30 y 17.00-21.30 lu-vi, desde 9.00 sa y do; 🖉👣 **S**1 hasta 110th St).

❷ Venid a Jesús
La **Cathedral Church of St John the Divine** (🖉circuitos 212-932-7347; www.stjohndivine.org; 1047 Amsterdam Ave, esq. W 112th St; donativo sugerido 10 US$, circuito destacados 6 US$, circuito vertical 15 US$; ⊙7.30-18.00; **S**B, C, 1 hasta 110th St-Cathedral Pkwy), con su fachada de estilo bizantino, es la mayor iglesia de EE UU.

❸ Compras
En el semicubierto **Malcolm Shabazz Harlem Market** (🖉212-987-8131; 52 W 116th, entre Malcolm X Blvd y Fifth Ave; ⊙10.00-19.00; **S**2/3 hasta 116th St) se vende de todo: telas, aceites esenciales, prendas de piel, etc.

❹ Arte y comunidad
El pequeño **Studio Museum in Harlem** (🖉212-864-4500; www.studiomuseum.org; 144 W 125th St, esq. Adam Clayton Powell Jr Blvd, Harlem; donativo sugerido 7 US$, gratis do; ⊙12.00-21.00 ju y vi, 10.00-18.00 sa, 12.00-18.00 do; **S**2/3 hasta 125th St) expone obras de artistas afroamericanos desde hace más de 40 años. Es un lugar de referencia en la cultura de Harlem.

❺ Strivers' Row
Las manzanas entre 138th St y 139th St, conocidas como **Strivers' Row** (W 138th St y W 139th St, entre Frederick Douglass Blvd y Adam Clayton Powell Jr Blvd; **S**B, C hasta 135th St) están llenas de edificios de 1890. La zona se bautizó así en la década de 1920, cuando se mudaron a ella los primeros afroamericanos con aspiraciones.

❻ 'Gospel' dominical
Los mejores servicios dominicales con música *gospel* se ofrecen en la **Abyssinian Baptist Church** (www.abyssinian.org; 132 W 138th St, entre Adam Clayton Powell Jr Blvd y Malcolm X Blvd; **S**2/3 hasta 135th St), que cuenta con una zona para los turistas.

❼ Quiquiriquí
Se recomienda cenar en el **Red Rooster** (www.redroosterharlem.com; 310 Malcolm X Blvd, entre 125th St y 126th St, Harlem; principales 17-36 US$; ⊙11.30-22.30 lu-vi, 10.00-23.00 sa y do; **S**2/3 hasta 125th St), donde sirven refinada comida casera con influencias internacionales.

❽ Aplausos y abucheos
El **Apollo Theater** (🖉212-531-5300, tours 212-531-5337; www.apollotheater.org; 253 W 125th St, esq. Frederick Douglass Blvd; circuitos entre semana/fin de semana 16/18 US$; **S**A/C, B/D hasta 125th St) es el principal escenario de Harlem. La "noche *amateur*" de los miércoles es muy popular.

Vida local
Sur de Brooklyn

Cómo llegar

Prospect Park y South Brooklyn están aprox. 9,5 km al sureste de Times Sq.

S Las líneas 2/3, 4/5, B/D y N/Q/R paran en Atlantic Av-Barclays Ctr. Las 2/3, también en Grand Army Plaza.

Para conocer bien NY, hay que explorar todos sus distritos y Brooklyn es un excelente sitio donde empezar. Tres veces mayor que Manhattan, es una ciudad en sí misma, un enorme damero de barrios diversos. Los fines de semana se sacará el máximo provecho al paseo que aquí se describe.

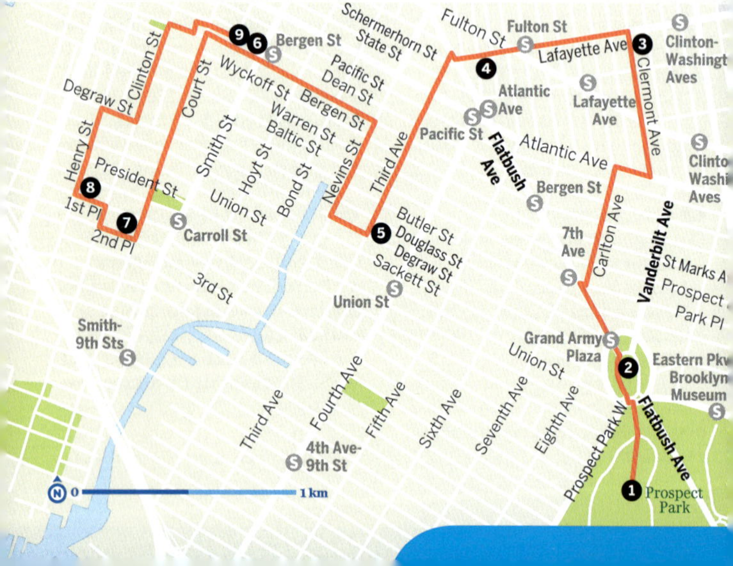

Sur de Brooklyn

❶ El otro Central Park
El **Prospect Park** (☎718-965-8951; www.prospectpark.org; Grand Army Plaza; ⊕5.00-1.00; Ⓢ2/3 hasta Grand Army Plaza, F hasta 15th St-Prospect Park) es la versión en Brooklyn de Central Park. Fueron diseñados por los mismos arquitectos, pero aquí hay menos gente.

❷ Grand Army Plaza
Coronando la **Grand Army Plaza** (Prospect Park; ⊕6.00-24.00; 👶 Ⓢ2/3 hasta Grand Army Plaza, B, Q hasta 7th Ave) hay un bonito arco de triunfo del s. XIX. Si se pasa por allí en sábado, se recomienda visitar el mercado.

❸ Hallazgos únicos
El mercadillo de los sábados **Brooklyn Flea** (www.brooklynflea.com; 176 Lafayette Ave, entre Clermont Ave y Vanderbilt Ave, Fort Greene; ⊕10.00-17.00 sa abr-nov; 👶; ⓈG hasta Clinton Ave-Washington Ave) congrega a unos 150 comerciantes que ofrecen todo tipo de artículos, desde antigüedades y ropa *vintage* a deliciosos tentempiés.

❹ BAM!
La **Brooklyn Academy of Music** (BAM; ☎718-636-4100; www.bam.org; 30 Lafayette Ave, esq. Ashland Pl, Fort Greene; Ⓢ2/3, 4/5, B, Q hasta Atlantic Ave), el centro de artes escénicas más antiguo de EE UU, propone obras de danza moderna, música y teatro. Los espectáculos gratis siempre se llenan en fin de semana.

❺ Escalada en roca
Brooklyn Boulders (www.brooklynboulders.com; 575 Degraw St, esq. 3rd Ave, Boerum Hill; pase de un día 25 US$; ⊕8.00-24.00; ⓈR hasta Union St) es el rocódromo cubierto más grande de Brooklyn.

❻ Arte autóctono
En una fábrica transformada en centro de arte interdisciplinar, el **Invisible Dog** (www.theinvisibledog.org; 51 Bergen St; ⓈF, G hasta Bergen St) encarna la creatividad de Brooklyn. Las exposiciones se montan en la planta baja.

❼ Cena de lujo
Dover (☎347-987-3545; www.doverbrooklyn.com; 412 Court St, entre 1st Pl y 2nd Pl; principales 28-40 US$; ⊕17.30-22.30; ⓈF, G hasta Carroll St) es uno de los nuevos locales de moda de Brooklyn. El menú degustación de siete platos es para sibaritas.

❽ Cena económica
En **Lucali** (☎718-858-4086; 575 Henry St, esq. Carroll St, Carroll Gardens; *pizzas* 24 US$, *calzones* 10 US$, ingredientes 3 US$; ⊕18.00-22.00, cerrado ma; 👶; ⓈF, G hasta Carroll St) preparan unas *pizzas* impresionantes. Es muy popular, así que lo mejor es ir a las 18.00, dar el número de teléfono y esperar unas horas para cenar. No aceptan tarjetas.

❾ Espuma artesana
Para rematar la noche está el **61 Local** (www.61local.com; 61 Bergen St, entre Smith St y Boerum Pl, Cobble Hill; tentempiés 2-5 US$, sándwiches 5-10 US$; ⊕7.00-hasta tarde lu-vi, desde 9.00 sa y do; 📶; ⓈF, G hasta Bergen), un salón de ladrillo y madera con grandes mesas y buenas cervezas artesanas.

Vida local
Williamsburg

Williamsburg es el barrio bohemio de NY, con músicos, escritores, diseñadores gráficos y artistas desgarbados. Tras ser un bastión del proletariado latino, pasó a convertirse en sinónimo de restaurantes y vida nocturna. Aunque hay pocos atractivos tradicionales, tiene bastante que ofrecer.

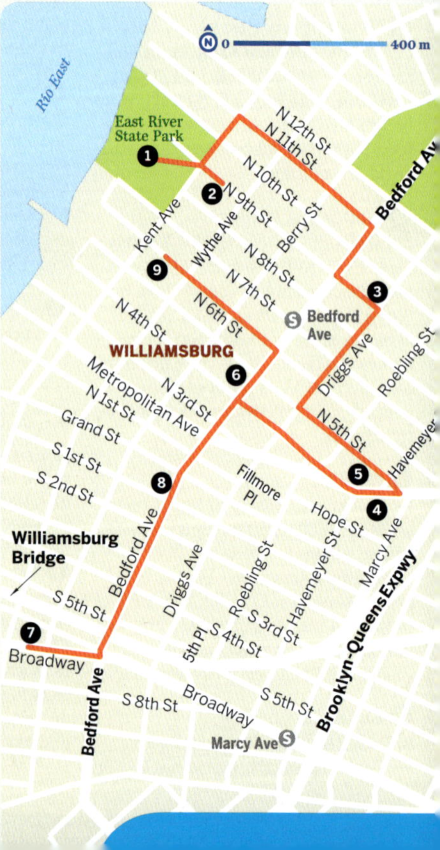

Cómo llegar

Williamsburg está a menos de 8 km de Times Sq.

[S] Queda a una parada de Manhattan en la línea L.

Williamsburg

❶ Diversión al aire libre
Las 3 Ha del **East River State Park** (www.nysparks.com/parks/155; Kent Ave, entre 8th St y 9th St; ⊙9.00-anochecer; ⓢL hasta Bedford Ave) acogen fiestas al aire libre y conciertos, además del mercadillo Brooklyn Flea en verano.

❷ Meca musical
En la tienda de música **Rough Trade** (📞718-388-4111; www.roughtradenyc.com; 64 N 9th St, entre Kent Ave y Wythe Ave; ⊙9.00-23.00 lu-sa, 10.00-21.00 do; ⓢL hasta Bedford Ave) hay DJ en directo, exposiciones de arte, café y té de Five Leaves, de Brooklyn, y grupos tocando en directo entre semana.

❸ Ropa a buen precio
El enorme **Buffalo Exchange** (504 Driggs Ave, esq. 9th St, Williamsburg; ⊙11.00-20.00 lu-sa, 12.00-19.00 do; ⓢL hasta Bedford Ave) es el destino de los ahorradores. Se pueden pasar horas buscando entre montañas de ropa.

❹ Bodega de recuerdos
El curioso **City Reliquary** (📞718-782-4842; www.cityreliquary.org; 370 Metropolitan Ave, cerca de Havemeyer St; con donativo; ⊙12.00-18.00 ju-do; ⓢL hasta Lorimer Ave), en una antigua tienda de ultramarinos, expone objetos de la ciudad, como letreros de tiendas, billetes del metro y trozos de pintura del metro de la línea L.

❺ Beber con el diablo
Pasadas las 17.00 entre semana o después de las 12.00 en fin de semana hay que ir a probar cervezas a **Spuyten Duyvil** (www.spuytenduyvilnyc.com; 359 Metropolitan Ave, entre Havemayer y Roebling, Williamsburg; ⊙desde 17.00 lu-vi, desde 12.00 sa y do; ⓢL hasta Lorimer St, G hasta Metropolitan Ave).

❻ Recorrer estanterías
La mejor librería de Williamsburg, **Spoonbill & Sugartown** (www.spoonbillbooks.com; 218 Bedford Ave, esq. 5th St, Williamsburg; ⊙10.00-22.00; ⓢL hasta Bedford Ave), es un tesoro de libros, revistas culturales y títulos raros.

❼ Cena local
En **Marlow & Sons** (📞718-384-1441; www.marlowandsons.com; 81 Broadway, entre Berry St y Wythe Ave; principales almuerzo 13-16 US$, cenas 17-27 US$; ⊙8.00-24.00; ⓢJ/M/Z hasta Marcy Ave, L hasta Bedford Ave), tenuemente iluminado, sirven buenos cócteles y platos con productos locales.

❽ De copas por Brooklyn
El nostálgico **Maison Premiere** (www.maisonpremiere.com; 298 Bedford Ave, entre 1st St y Grand St, Williamsburg; ⊙16.00-2.00 do-mi, hasta 4.00 ju-sa; ⓢL hasta Bedford Ave) es famoso por su gran oferta de brebajes.

❾ 'Indies' de categoría
El sitio para ver grupos *indies* es el **Music Hall of Williamsburg** (www.musichallofwilliamsburg.com; 66 N 6th St, entre Wythe Ave y Kent Ave, Williamsburg; espectáculo 15-35 US$; ⓢL hasta Bedford Ave); nunca pasa de moda.

Lo mejor de
Nueva York

Los mejores paseos

El ambiente del Village 204
Hitos arquitectónicos 206
Nostalgia en East Village 208

Lo mejor

Museos 210
Cocina 'gourmet' 212
Comida local 214
Dónde beber 216
Ocio 218
Vida nocturna 220
Festivales 221
Con niños 222
De compras 224
Gratis 226
La NY de ambiente 227
Arquitectura 228
Deportes y actividades 230
Parques 231
Circuitos 232

New York Public Library (p. 138).
SIEGFRIED LAYDA/GETTY IMAGES ©

Los mejores paseos
El ambiente del Village

🏃 El paseo

De todos los barrios de NY, West Village es el mejor para pasear, pues sus calles adoquinadas no siguen el típico trazado en cuadrícula del resto de la isla. No hay que perderse la experiencia de caminar por la tarde, entre monumentos ocultos y cafés pintorescos.

Inicio Commerce St; [S] 1 hasta Christopher St-Sheridan Sq, 1 hasta Houston St

Final Washington Sq Park; [S] A/C/E, B/D/F/M hasta W 4th St

Distancia 1,6 km; 1 h

🍴 Una pausa

Puede que en West Village haya más cafés por metro cuadrado que en ningún otro sitio en el mundo. El paseo puede interrumpirse en cualquier momento para tomar un café mientras se observa a los transeúntes.

Washington Square (p. 92).

❶ Cherry Lane Theater

Un buen sitio para empezar la ruta es el pequeño **Cherry Lane Theater** (p. 106), fundado en 1924. En la década de 1940 fue el epicentro del creativo arte del *performance* y hoy se ha convertido en el escenario "off-Broadway" más longevo.

❷ El piso de 'Friends'

A la izquierda está **90 Bedford St,** en la esquina con Grove St. Muchos recordarán como el bloque de apartamentos donde vivía el elenco de *Friends* (que en la ficción estuviera al lado de Central Park fue una licencia de los guionistas).

❸ Las escaleras de Carrie Bradshaw

Para ver otro icono televisivo, basta con subir por Bleecker y girar a la derecha hasta **66 Perry St,** donde estaba el apartamento de Carrie Bradshaw en *Sexo en Nueva York* (en la serie se suponía que estaba en Upper East Side).

El ambiente del Village

❹ Christopher Park

Por West 4th St se llega al **Christopher Park,** custodiado por dos esculturas blancas de tamaño natural de dos parejas del mismo sexo (*Gay Liberation*, 1992). Al norte está el legendario Stonewall Inn, donde unas *drag queens* indignadas y sus simpatizantes lucharon por sus derechos civiles en 1969. Esto marcó el inicio de lo que sería la revolución gay.

❺ Jefferson Market Library

Si se sigue hasta Sixth Ave se llega a la **Jefferson Market Library,** situada en la intersección de varias calles. La torre en forma de aguja y estilo neogótico es de visita obligada. En la década de 1870 sirvió de juzgado y ahora alberga una biblioteca pública.

❻ Café Wha?

Entre el frenesí de viandantes de Sixth Ave aparece el **Café Wha?,** notable institución que vio nacer a muchos músicos y cómicos, como Bob Dylan o Richard Pryor.

❼ Washington Square Park

Más abajo, por MacDougal St, está el **Washington Square Park** (p. 92), la plaza principal oficiosa del Village, hogar de estudiantes holgazanes, músicos callejeros y una frecuente multitud de manifestantes que claman contra diversas injusticias globales y municipales.

Los mejores paseos
Hitos arquitectónicos

🚶 El paseo

Los rascacielos son como un homenaje al progreso humano. Contemplar al abismo de luces titilantes de la ciudad desde lo alto de un rascacielos es maravilloso, pero quizá lo sea más caminar por las calles al terminar el día bajo la mirada atenta de estas torres de acero.

Inicio St Patrick's Cathedral; [S] B/D/F/M hasta Rockefeller Center

Final Empire State Building; [S] N/Q/R hasta Herald Sq

Distancia 3,2 km; 2-3 h

🍴 Una pausa

Koreatown es un barrio que sorprende, escondido como está entre los rascacielos de Midtown. Si se busca la mejor comida de fusión coreana, en 52nd St está **Danji** (p. 140), una de las estrellas más brillantes de la galaxia Michelin de la ciudad.

Vista del Empire State (p. 130) desde el Rockefeller Center (p. 136).

❶ St Patrick's Cathedral

Esta **catedral** neogótica (p. 138) se construyó durante la Guerra de Secesión con un presupuesto de 2 millones de US$. Es la mayor catedral católica de EE UU.

❷ Rockefeller Center

El **Rockefeller Center** (p. 136) es un complejo de esculturas y rascacielos *art déco*. El acceso a la plaza principal está entre 49th St y 50th St; allí se ubica la estatua dorada de Prometeo y, detrás, el GE Building, que ofrece unas vistas inolvidables desde el mirador Top of the Rock, en la 70ª planta.

❸ Bank of America Tower

Esta **torre** (p. 137) de 366 m de alto es el tercer edificio más alto de NY. También es uno de los más ecológicos.

❹ New York Public Library

En la esquina entre 42nd St y Fifth Ave se levanta la **New York Public Library**

Hitos arquitectónicos 207

(p. 138), custodiada por un par dos regios leones: *Paciencia* y *Fortaleza*. Dentro esperan la espectacular Rose Main Reading Room.

❺ Grand Central Terminal

La mejor muestra de estilo *beaux arts* en NY es la **Grand Central Terminal** (p. 136). Se recomienda observar el fresco de las constelaciones de la Main Concourse y compartir susurros en la Whispering Gallery.

❻ Chrysler Building

Aunque se aprecia mejor desde lejos, la obra maestra de William Van Alen, el **Chrysler Building** (p. 136), de 1930, tiene un suntuoso vestíbulo *art déco* con incrustaciones en madera exótica, mármoles y, quizá, el mural más grande del mundo.

❼ Empire State Building

Para terminar el recorrido por Midtown, nada mejor que el **Empire State Building** (p. 130) y sus vistas de Manhattan y el horizonte. El atardecer desde el mirador de la 86ª planta es especialmente mágico.

Los mejores paseos
Nostalgia en East Village

🏃 El paseo

Todo cambia con la gentrificación, pero pocos barrios conservan ese viejo encanto de NY como East Village. Fue durante décadas un epicentro de contracultura, y en sus calles se vivían historias de drogas, *drag queens* y *punks*. Aquí debutaron iconos culturales como Patti Smith, los Ramones o Blondie. Los tiempos han cambiado, pero todavía quedan vestigios de sus tiempos de gloria.

Inicio CBGB; S 6 hasta Bleecker St o F hasta 2nd Ave

Final Tompkins Sq Park; S 6 hasta Astor Pl

Distancia 2,4 km; 1½ h

🍴 Una pausa

En las calles por debajo de 4th St y al este de First Ave hay excelentes lugares de comida rápida, con estilos y sabores de todo el mundo. Este barrio tan variopinto es uno de los más emblemáticos de la ciudad.

❶ CBGB

Se empieza en el antiguo **CBGB** (315 Bowery), una famosa sala de conciertos que abrió en 1973 y lanzó el *punk rock* a través de los Ramones. Ahora es una tienda John Varvatos, pero se han conservado los viejos pósteres y los grafitis.

❷ Joey Ramone Place

En la esquina norte empieza **Joey Ramone Place,** una calle de una manzana de largo dedicada al cantante de los Ramones, que murió de cáncer en el 2001.

❸ Cooper Union

Se sigue al norte por Bowery hasta Astor Pl. Se gira a la derecha y se va al este hasta **Cooper Union,** donde en 1860 el candidato presidencial Abraham Lincoln sacudió a un público escéptico con un emotivo discurso antiesclavista que le aseguró la candidatura.

❹ St Marks Place

Se va al este hasta **St Marks Place** (p. 68), una zona de tatuadores

CBGB.

Nostalgia en East Village

y restaurantes baratos que no han cambiado mucho desde la década de 1980. En el nº 4 está **Trash & Vaudeville**, una mítica tienda de ropa gótica y *punk*.

❺ Fillmore East

Se va al sur por Second Ave hasta el antiguo emplazamiento del **Fillmore East** (105 Second Ave), una sala de conciertos de 2000 plazas regentada por el promotor Bill Graham de 1968 a 1971. En la década de 1980 el lugar se transformó en el legendario Saint, un club de música disco de 1500 m², donde corrían las drogas y que fue el pilar de la comunidad gay.

❻ Portada del 'Physical Graffiti'

Se va una manzana al este hasta First Ave, se gira a la izquierda, se vuelve a tomar St Marks Place y se gira a la derecha. Aquí están las casas que aparecen en la portada del disco **'Physical Graffiti'** de Led Zeppelin (96-98 St Marks Pl), en las que Mick y Keith de los Rolling Stones se sentaron en 1981 en el divertido vídeo *Waiting on a Friend*.

❼ Tompkins Square Park

Se termina el paseo en el famoso **Tompkins Square Park** (p. 70), donde las *drag queens* empezaron el festival veraniego Wigstock en la glorieta donde Jimi Hendrix tocó en la década de 1960.

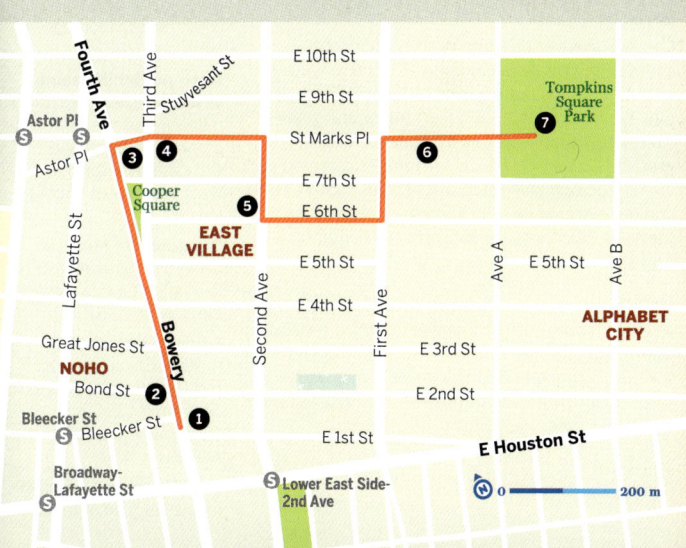

Lo mejor
Museos

Nueva York es la capital cultural de EE UU. En sus innumerables museos y galerías se puede ver un espectro amplísimo de exposiciones, desde grandes muestras comerciales que exhiben tesoros de un valor incalculable hasta salas muy especializadas que exploran un único tema, a veces poco convencional. Cultura en estado puro.

Planificación de la visita

La mayoría de los museos cierra al menos un día, en general los lunes (a veces, do y/o ma). Muchos abren hasta tarde una o varias noches a la semana (casi siempre ju o vi). Si se compran las entradas en línea se ahorrará tiempo en los más concurridos.

Galerías

Chelsea acoge la más alta concentración de galerías de arte de la ciudad, y el número crece cada temporada. La mayoría está entre Tenth Ave y Eleventh Ave (nº 20-29). Si se busca una guía completa y un plano, muchas galerías distribuyen gratis la *Gallery Guide* de Art Info; otra opción es visitar chelseagallerymap.com. Las inauguraciones, con degustación de vino y queso, suelen ser los jueves por la noche. La mayoría cierra domingo y lunes.

Gratis

Muchos museos ofrecen entrada gratis o reducida una vez al mes. En los sitios web se hallará información. Aunque la mayoría de las inauguraciones tiene lugar los jueves, durante toda la semana hay actos gratuitos.

Mejores museos de arte

MoMA El museo más encantador de NY ofrece un espacio expositivo con un comisariado excelente, donde no faltan obras modernas famosas. (p. 132)

Metropolitan Museum of Art Este peso pesado museístico tiene su propio templo egipcio y el cuadro de George Washington más famoso del país. (p. 158)

Guggenheim Museum La verdadera estrella es la arquitectura de Frank Lloyd Wright. (p. 162)

Frick Collection Una mansión de la Edad Dorada donde se ven obras de Vermeer, El Greco, Goya y un patio con una fuente. (p. 165)

New Museum Un museo innovador y de primera

Museos

Capilla de Fuentidueña, Cloisters Museum & Gardens.

clase, dedicado al arte contemporáneo en todas sus expresiones. (p. 68)

Mejores museos

Lower East Side Tenement Museum Permite ver cómo era la vida de los inmigrantes en el s. XIX y principios del s. XX. (p. 69)

Merchant's House Museum Los visitantes de esta casa federal viajan más de un siglo en el tiempo, hacia una NY desaparecida. (p. 52)

Museum of the City of New York Con abundantes objetos del variopinto pasado de la ciudad; está en una mansión georgiana restaurada. (p. 167)

New York City Fire Museum Ocupa un antiguo parque de bomberos y recorre la historia de la lucha contra los incendios en NY. Incluye un tributo a los bomberos que perdieron la vida el 11-S. (p. 53)

Mejores tesoros escondidos

Morgan Library & Museum Manuscritos excepcionales, libros, dibujos y pinturas en la espléndida mansión de un magnate del acero. (p. 138)

Neue Galerie Los amantes de Klimt y Schiele no deberían perderse este tesoro íntimo, en una antigua mansión de Rockefeller. (p. 166)

Merece la pena

El **Cloisters Museum & Gardens** (www.metmuseum.org/cloisters; Fort Tryon Park; donativo sugerido adultos/niños 25 US$/gratis; 10.00-17.00; S A hasta 190th St) es una curiosa mezcla de monasterios europeos delante del río Hudson. Se construyó en la década de 1930 para acoger los tesoros medievales del Metropolitan Museum of Art. Incluye el cautivador tapiz del s. XVI *The Hunt of the Unicorn*.

Lo mejor
Cocina 'gourmet'

Aunque en Nueva York las tendencias van y vienen, el gusto por la cocina *gourmet* nunca pasa de moda. La cultura gastronómica cambia, pero lo que es inmutable son las ganas de la gente de vestirse para salir a cenar. Lo que se lleva ahora es la nueva cocina americana y las fusiones más creativas, desde comida mexicana-coreana a israelita-escocesa.

Reservas

Los restaurantes más populares siguen estas reglas: o bien hacen reservas y hay que planificar con antelación (incluso semanas o meses para los más solicitados) o no aceptan reservas y hay que ir directamente. En ese caso hay que llegar a la hora de abrir y comer temprano. A veces hay cancelaciones de última hora; en el caso de restaurantes muy solicitados, se puede llamar sobre las 16.00. Otra opción es optar por el menú de mediodía a precio fijo.

Chefs famosos

En NY, a veces los chefs son tan famosos como la comida que preparan. Y es que se trata de verdaderos maestros culinarios. Mario Batali ha teñido la ciudad de rojo con sus salsas para espaguetis, y el imperio de la albóndiga de Michael Chernow sigue creciendo.

Nueva cocina americana

El movimiento New American ha subido de categoría la cocina tradicional, apostando por combinar platos clásicos con productos frescos del mercado e ingredientes de temporada. Muchos de los fogones de la ciudad más aclamados por la crítica se nutren de esta moda de recetas familiares.

☑ Consejos

▶ Los neoyorquinos son famosos por su tendencia a opinar sobre cualquier cosa, así que hay que sacar partido de sus experiencias culinarias y consultar los sitios web especializados. Destacan *blogs* como **Eater** (www.ny.eater.com), **New York Magazine** (www.nymag.com) y **Serious Eats** (www.newyork.seriouseats.com).

Cocina 'gourmet'

Mejores restaurantes de chefs famosos

Le Bernardin Este restaurante con tres estrellas Michelin, hogar del chef francés Eric Ripert, es el santo grial de la restauración de NY. (p. 140)

Red Rooster Marcus Samuelsson da un toque creativo a la comida sureña en este restaurante de moda de Harlem. (p. 197)

Dutch Andrew Carmellini prepara comida de mar y montaña con un toque tradicional, desde ostras jugosas a delicadas tartas caseras. (p. 55)

Mejor comida de calidad

Eataly Tienda de comida *gourmet* con lo mejor de Italia. (p. 124)

Zabar's La contribución *kosher* de Upper West Side a los productos frescos de alta categoría. (p. 186)

Dean & DeLuca Una tienda de alimentación de lujo del SoHo llena de comida envasada y productos de panadería. (p. 49)

Productos frescos en Eataly (p. 124)

Mejores restaurantes del momento

Betony Menú hecho con amor en un restaurante de Midtown. (p. 141)

Saxon + Parole Platos clásicos modernizados en el NoHo. (p. 55)

Danji Tapas coreanas muy creativas de un joven talento. (p. 140)

Merece la pena

Numerosos restaurantes de Brooklyn atraen a fieles de Manhattan. Se recomienda el **Battersby** (718-852-8321; 255 Smith St, entre Douglass St y Degraw St; principales 16-34 US$, menú degustación 75-95 US$; 17.30-23.00; F, G hasta Bergen St) o comer una *pizza* entre *hipsters* en el **Roberta's** (www.robertaspizza.com; 261 Moore St, cerca de Bogart St, Bushwick; pizzas 9-17 US$, 13-28 US$; 11.00-24.00; L hasta Morgan Ave).

Lo mejor
Comida local

Desde especialidades exóticas a típicos platos locales, la oferta gastronómica neoyorquina es infinita y absorbente, reflejo del disímil calidoscopio de personas que consideran esta ciudad su hogar.

Vamos al mercado

No hay que dejarse engañar por las calles de asfalto y los rascacielos, en NY se venden muchas verduras frescas. El primer lugar de la lista debería ser el Chelsea Market (p. 92), repleto de delicias de todo tipo, con tiendas ideales para preparar *picnics* y puestos de comida para comer ahí mismo. También se recomienda el Union Square Greenmarket (p. 124), abierto cuatro días a la semana durante todo el año. En la web Grow NYC (www.grownyc.org/greenmarket) se puede ver una lista de los más de 50 mercados de la ciudad.

Camiones y carros de comida

Los carros de *bagels* y perritos calientes son cosa del pasado. Hoy hay una nueva oferta móvil, que sirve comida de calidad y singulares platos de fusión. Los camiones recorren varias rutas distintas y se detienen en unas zonas determinadas de la ciudad, especialmente por Union Square, Midtown y el Financial District. Una buena idea es seguirlos por Twitter. Se recomiendan **Cinnamon Snail Vegan Lunch Truck** (www.twitter.com/VeganLunchTruck), **Kimchi Taco** (www.twitter.com/kimchitruck), **Red Hook Lobster Pound** (twitter.com/lobstertruckny), **Calexico Cart** (www.twitter.com/calexiconyc) y el famoso **Big Gay Ice Cream** (www.twitter.com/biggayicecream).

☑ Consejos

▶ Se puede reservar mesa en varios restaurantes a través de **Open Table** (www.opentable.com).

Mejor vieja escuela

Katz's Delicatessen Con una fiel parroquia de neoyorquinos y turistas, la clave es su clásico *pastrami* en pan de centeno. (p. 73)

Zabar's Impregna de encanto judío la atmósfera *knish* de Upper West Side. (p. 186)

William Greenberg Desserts Dulces bocados de la tradición hebrea neoyorquina, como los *hamantaschen* y las mejores galletas de la zona. (p. 171)

Comida local

Especias en el Chelsea Market (p. 92).

Mejores vegetarianos

Hangawi Delicados aromas coreanos en un rincón muy zen en pleno Midtown. (p. 142)

Candle Cafe Los *veganos* con presupuesto comen o toman algo en Upper East Side. (p. 170)

Angelica Kitchen Productos frescos con un toque creativo en este clásico de East Village. (p. 74)

Peacefood Cafe Un oasis *vegano* en Upper West Side, famoso por sus *paninis* de seitán. (p. 188)

Mejor comida rápida

Chelsea Market Desde tacos a pasteles, pasando por helados *gourmet*, el mejor mercado de Manhattan es la tierra prometida de cualquier gastrónomo. (p. 92)

Ess-a-Bagel La mejor tienda de *bagels* de la vieja escuela, con actitud totalmente neoyorquina. (p. 118)

Shake Shack Clásicos americanos hechos con productos de calidad. El imperio de la hamburguesa de Danny Meyer se extiende por toda la ciudad. (p. 120)

Gray's Papaya Bocadillos de salchicha ideales para comer rápido entre visitas. (p. 189)

Joe's Pizza Toda una institución de la *pizza* de Greenwich Village, con muchos seguidores fieles. (p. 100)

Merece la pena

En Queens se encuentra cocina de todo el mundo, desde locales de fideos chinos de Flushing como **Hunan Kitchen of Grand Sichuan** (www.thegrandsichuan.com; 42-47 Main St, Flushing; principales 9,50-23 US$; 11.00-00.30; S 7 hasta Flushing-Main St) hasta comida griega en Astoria, como **Taverna Kyclades** (718-545-8666; www.tavernakyclades.com; 33-07 Ditmars Blvd, esq. 33rd St, Astoria; principales 11,50-35 US$; 12.00-23.00 lu-sa, hasta 22.00 do; S N/Q hasta Astoria-Ditmars Blvd).

Lo mejor
Dónde beber

Al parecer, Manhattan procede del término munsee *manahactanienk* ("lugar de embriaguez general"), por lo que no sorprende que Nueva York haga honor a su sobrenombre de "la ciudad que nunca duerme". De hecho, 20 años después de su fundación, casi una cuarta parte de los edificios de Nueva Ámsterdam eran tabernas.

El encanto de la ley seca
En el lugar de origen del cóctel, los combinados se preparan con profesionalidad. Muchas coctelerías recuperan recetas antiguas y recrean el ambiente de la época de la ley seca.

Cerveza artesana
En NY hay una gran cultura de cerveza artesana, con una oferta creciente de fábricas, bares y tiendas que venden cervezas locales. A destacar fabricantes como Brooklyn Brewery, Sixpoint o SingleCut Beersmiths.

Cultura cafetera
La cultura cafetera de NY era prácticamente inexistente, pero actualmente se vive un *boom* de tostaderos especializados. Cada vez más gente se interesa por los granos de origen único y por ciertas técnicas de producción. Muchos tostaderos ofrecen sesiones de degustación. Algunos provienen de ciudades con reputación cafetera, como Stumptown de Portland, Blue Bottle de San Francisco o Toby's Estate de Sídney.

Mejores cócteles
Dead Rabbit Cócteles fruto de mucha investigación, ponches y cervezas ligeramente lupulosas en un acogedor local en Financial District (p. 40).
Weather Up Aquí vienen los camareros a tomar una bebida bien preparada, en Tribeca. (p. 41)
Little Branch Regresa a los años de la ley seca con bármanes en tirantes que agitan cócteles cuidadosamente mezclados en un sótano. (p. 101)
Maison Premiere Tiene estética de laboratorio, lleno de siropes y esencias mezclados y agitados por bármanes de traje. (p. 201)

Mejores vinos
Gramercy Tavern Una selección extraordinaria

Dónde beber

Spuyten Duyvil (p. 201).

a precios razonables, en un agradable híbrido entre bar y restaurante de calidad. (p. 119)

Barcibo Enoteca La meca del vino italiano a un tiro de piedra del Lincoln Center. (p. 190)

Mejores cervezas

Keg No 229 Una selección inmejorable de las mejores cervezas americanas. (p. 42)

Birreria Cervezas de Manhattan sin filtrar y sin pasteurizar en la azotea del Flatiron. (p. 122)

Proletariat Diminuto bar de East Village que sirve cervezas muy poco conocidas. (p. 77)

Spuyten Duyvil Cervezas únicas de alta calidad entre *hipsters* de Williamsburg. (p. 201)

Mejores licores

Brandy Library Coñacs de noble linaje, *brandies* y otros licores para sibaritas de Tribeca. (p. 41)

Rum House Los tipos de ron más preciados y un pianista, en Midtown. (p. 144)

Mayahuel Un templo del mezcal y el tequila, en East Village. (p. 78)

Dead Rabbit La mejor colección de exclusivos *whiskies* irlandeses, en el Financial District. (p. 40)

Mejor café

Stumptown Coffee Roasters Camareros *hipster* que sirven el mejor café de Portland. (p. 101)

Little Collins La cultura cafetera de Australia llega a Midtown East. (p. 145)

Toby's Estate Otra estrella de las antípodas, que sirve cafés fuertes y complejos en el Flatiron District. (p. 122)

Abraço Cafés confeccionados por manos expertas en un local diminuto de East Village. (p. 75)

Kaffe 1668 Una ecléctica clientela acude a tomar los suaves cafés de la casa en Tribeca. (p. 40)

Via Quadronno Las damas de Upper East Side se reúnen aquí para comer sándwiches y tomar un café encomiable. (p. 170)

Lo mejor
Ocio

Quizá Hollywood sea la sede del séptimo arte, pero Nueva York es el epicentro de todas las demás. Músicos, bailarines, pintores... acuden a las brillantes luces de la Gran Manzana como las moscas a la miel. Como se suele decir: "Si triunfas aquí, triunfas en todo el mundo".

Comedia
En NY hay muchos locales para echarse unas risas. Aquí, los cómicos afilan la lengua en monólogos con la esperanza de deslumbrar a algún productor o cazatalentos. Los mejores sitios están en el centro, en Chelsea y Greenwich Village.

Danza
Los amantes de la danza tienen mucho por elegir en esta ciudad, desde el New York Ballet (p. 191) al American Ballet Theatre (p. 191), pasando por danza más moderna en el Joyce Theater (p. 108). Hay dos temporadas principales: primavera (mar-may) y otoño (oct-dic).

Música en directo
NY es la capital de la música en directo, con opciones para casi todos los gustos. Para saber qué hay en cada momento, se pueden consultar **'New York Magazine'** (www.nymag.com) y **'Village Voice'** (www.villagevoice.com).

Teatro
Desde las legendarias luces de Broadway hasta los innumerables teatros informales del centro, NY cubre todo el espectro de experiencias teatrales. El término "off-Broadway" se refiere a teatros de dimensiones más reducidas con producciones de presupuesto menos ostentoso.

☑ Consejos

▶ Hay conciertos clásicos baratos en algunas iglesias, con buena acústica, y en clubes pequeños.

Mejores espectáculos de Broadway

'Book of Mormon' Musical de Broadway para reírse a carcajadas, brillante y con actuaciones perfectas. (p. 148)

'Kinky Boots' Historia divertida de una fábrica de zapatos inglesa salvada por una *drag queen*. Buen vestuario. (p. 148)

'Chicago' Reinvención del clásico de Bob Fosse. Los tejemanejes del hampa y los abogados del Chicago de los años

Lincoln Center (p. 184).

treinta en estilo cabaré. (p. 148)

Mejor 'of-Broadway'

Playwrights Horizons Sus estrenos suelen convertirse en el próximo gran éxito de los escenarios neoyorquinos. (p. 149)

Signature Theatre Un teatro que pone énfasis en la obra de sus dramaturgos residentes. (p. 148)

Flea Theater Una de las principales compañías independientes. (p. 43)

Lincoln Center En Upper West Side, es la nave nodriza de las artes escénicas (p. 184)

Brooklyn Academy of Music Teatro con muy buena reputación y obras innovadoras. (p. 199)

Mejor comedia

Upright Citizens' Brigade Theatre Improvisaciones de alto nivel a cargo de futuras estrellas del *Saturday Night Live*. (p. 105)

Comedy Cellar Un club subterráneo que suele recibir a cómicos célebres. (p. 106)

Mejor cine

Angelika Film Center Películas extranjeras e independientes en una sala peculiar que retumba al paso del metro y donde a veces falla el sonido. (p. 107)

Film Society of Lincoln Center Una de las joyas cinematográficas de NY, plataforma para una amplia gama de películas. (p. 191)

Museum of Modern Art Se proyectan clásicos de Hollywood y películas experimentales. (p. 132)

Mejor 'jazz'

Village Vanguard Refugio *jazzístico* desde hace 50 años: corazón y alma del Village. (p. 105)

Jazz at Lincoln Center Talentos de primera en tres salas de conciertos de última generación, como la panorámica Dizzy's Club Coca-Cola. (p. 147)

Blue Note Mítico club que programa actuaciones de grandes figuras. (p. 106)

Birdland Clásico de Midtown donde siguen tocando grandes del *jazz*. (p. 150)

Lo mejor
Vida nocturna

Bares *lounge* abiertos toda la noche detrás de la fachada de un restaurante chino, discotecas gigantescas que vibran al ritmo de un DJ, interminables fiestas *after* en una azotea viendo salir el sol… Un universo alternativo se esconde entre las grietas de la ciudad y acoge por igual a turistas y a neoyorquinos.

De discotecas

Los neoyorquinos siempre van en busca de lo nuevo, así que el panorama nocturno cambia sin parar. Los promotores arrastran a la gente por toda la ciudad, y en las mejores discotecas hay eventos semanales. Cuando no hay nada programado, toca ir a las pistas de baile clásicas. No está de más planificar un poco: tener el nombre en la lista de invitados puede evitar frustraciones y decepciones. Los no iniciados en fiestas tienen que vestirse para la ocasión. Si el portero dice que es una "fiesta privada", el viajero puede farolear, aunque lo más probable es que no le dejen entrar. Hay que llevar dinero en efectivo; en muchos locales nocturnos (incluso los más lujosos) no aceptan tarjeta, y los locales que tienen su propio cajero cobran unas comisiones exageradas.

Mejores discotecas

Cielo Un icono del Meatpacking District, con DJ europeos y un público relajado. (p. 104)

Le Bain Fiesteros elegantes, vistas de la ciudad y una piscina en lo alto del Standard Hotel. (p. 102)

Top of the Standard Si el viajero logra entrar en Le Bain, puede probar suerte también en la puerta de al lado. Es un local exclusivo al que acuden fotógrafos de *Vogue* y donde los amantes de la moda bailan al ritmo del DJ. (p. 102)

☑ Consejos

En la escena de NY no faltan webs que hablan de lo que está de moda en cada momento.

▶ **New York Magazine** (www.nymag.com/nightlife) Opiniones sobre vida nocturna escritas por gente que sabe.

▶ **Urbandaddy** (www.urbandaddy.com) Información actualizada y una lista de lo más candente.

▶ **Time Out** (www.timeout.com/newyork/clubs-nightlife) Artículos, reseñas y listados actualizados de dónde beber y bailar.

Lo mejor
Festivales

Parece como si en Nueva York siempre hubiese alguna celebración: fiestas nacionales, religiosas, festivales de arte o simples desfiles y ferias de fin de semana.

Mercedes Benz Fashion Week (www.mbfashionweek.com) La semana de la moda de febrero no está abierta al público, pero se puede notar la emoción en el ambiente.

St Patrick's Day Parade (718-793-1600; www.nycstpatricksparade.org) El 17 de marzo, el gentío se reúne en Fifth Ave para desfilar entre músicos tocando gaitas, carrozas y políticos amantes de lo irlandés.

Tribeca Film Festival (212-941-2400; www.tribecafilm.com; fin abr y ppios may) El festival de cine de Robert De Niro es una estrella del circuito de cine independiente.

NYC Pride (212-807-7433; www.nycpride.org; jun) Las celebraciones culminan con una gran marcha por Fifth Ave el último domingo de junio.

HBO Bryant Park Summer Film Festival (www.bryantpark.org) De junio a agosto, en el Bryant Park de Midtown hay proyecciones semanales de clásicos de Hollywood.

Independence Day El Día de la Independencia de EE UU (el 4 de julio) se celebra con fuegos artificiales y fanfarria.

Shakespeare in the Park (www.shakespeareinthepark.org) Festival dedicado a Shakespeare, con actuaciones gratis en Central Park. Para conseguir entrada, hay que hacer cola durante horas o participar en sorteos por internet.

Open House New York (www.ohny.org) El mayor evento del país dedicado al diseño y la arquitectura se realiza a principios de octubre. Hay visitas guiadas con arquitectos y otros actos.

Thanksgiving Day Parade (www.macys.com) Enormes personajes de cómic rellenos de helio pasean entre bandas de música.

Maratón de Nueva York (www.nycmarathon.org) La primera semana de noviembre, miles de atletas y espectadores entusiasmados acuden a esta carrera de 42 km.

Encendido del árbol de Navidad del Rockefeller Center (www.rockefeller-center.com) Un simple interruptor ilumina las más de 25 000 luces del árbol de Navidad del Rockefeller Center.

Nochevieja (www.timessquarenyc.com/nye/) Times Sq es el sitio definitivo para recibir el nuevo año.

Lo mejor
Con niños

En NY los más pequeños encontrarán zonas de juegos imaginativas, parques frondosos para correr a sus anchas y muchos museos y monumentos aptos para niños. Se puede empezar por el zoo de Central Park, el American Museum of Natural History o el New York City Fire Museum. Además, hay carruseles, espectáculos de marionetas, mercados donde curiosear y tranvías que cruzan el río East.

Comer con niños

Los restaurantes más turísticos están preparados para los pequeños, con tronas y menús infantiles. No obstante, los comedores suelen ser pequeños y cenar en sitios populares sin reserva se hace más incómodo cuando se va con pequeños, por las previsibles esperas. Acudir pronto o tarde aliviará el estrés; muchos neoyorquinos reservan entre 19.30 y 21.30. Cuando hace buen tiempo se aconseja tomar una manta, comprar comida en un colmado y acudir a Central Park o a cualquier zona verde para hacer un *picnic*.

La Gran Manzana con niños

Se recomienda buscar la programación de eventos en las webs **Time Out New York Kids** (www.timeoutnewyorkkids.com) y **Mommy Poppins** (www.mommypoppins.com). La publicación de Lonely Planet *Not for Parents: New York* está pensada específicamente para niños de 8 años en adelante. Desvela un mundo de anécdotas y datos fascinantes sobre la gente, los lugares, la historia y la cultura de NY.

Mejores museos

American Museum of Natural History Dinosaurios, mariposas, un planetario y películas IMAX. (p. 184)

Metropolitan Museum of Art Un viaje en el tiempo muy divertido para los más pequeños. No hay que perderse el ala egipcia. (p. 158)

New York City Fire Museum Antiguos camiones de bomberos, uniformes de época y personal agradable. (p. 53)

Mejores compras

FAO Schwartz El taller de Santa Klaus en el corazón de Midtown. (p. 153)

Yoyamart Regalos memorables para niños y una experiencia in-

Con niños

Brooklyn Bridge Park (p. 29).

teresante para padres. (p. 111)

Dinosaur Hill Juguetería a la antigua usanza con regalos divertidos, como sombras chinescas, juegos de caligrafía y ropa de fibra natural. (p. 81)

Books of Wonder Cuentos, novelas para adolescentes, regalos típicos de NY y sesiones de cuentacuentos. (p. 125)

Mejores parques

Central Park Barcas de remos, un zoo y una estatua enorme de *Alicia en el País de las Maravillas*. El parque infantil de Heckscher es el mejor de los 21 de Central Park. (p. 178)

High Line Este espacio verde tiene puestos de comida, elementos acuáticos (para jugar y salpicarse) y vistas, además de eventos familiares, cuentacuentos, proyectos de ciencia y artesanía. (p. 86)

Hudson River Park Hay un mini golf cerca de Moore St (Tribeca), un parque infantil cerca de West St (West Village), un carrusel cerca de W 22nd St, diversión acuática en W 23rd esq. 11th Ave y un espacio de juegos científicos cerca de W 44th St. (p. 36)

Prospect Park Este parque de Brooklyn de 2,4 km^2 ofrece mucha diversión, con colinas, un zoo, juegos prácticos en la Lefferts Historic House y una pista de patinaje sobre hielo, que en verano se convierte en parque acuático. (p. 199)

Brooklyn Bridge Park En verano, los niños disfrutan en el parque acuático del muelle 6 (se recomienda ir con bañador). Después se puede ir al norte, a ver las colinas del muelle 1 y el Jane's Carousel. (p. 29)

Mejores tiovivos

Bryant Park El carrusel del Bryant Park está muy cerca de Times Sq y la New York Public Library. Es un tiovivo clásico que gira al ritmo de música francesa de cabaré. (p. 138)

Central Park En pleno parque, a la altura de 64th St, hay un tiovivo de 1908 con caballos pintados. (p. 178)

Lo mejor
De compras

La culpa de que sea imposible no asociar NY con diamantes en el desayuno o cenas entre marcas de diseño la tienen Holly Golightly y Carrie Bradshaw, entre otras, aunque los neoyorquinos disfrutan con esa imagen. La ciudad no es la capital mundial de la moda o de la tecnología, pero el capital privado reina por encima de todo: no hay lugar mejor para ir de compras.

Rebajas de muestras

Aunque hay rebajas todo el año (en los cambios de temporada y cuando hay liquidaciones), también abundan las tiendas de muestrario. Suelen ocupar viejas naves industriales del Fashion District de Midtown o el SoHo. En sus orígenes servían para que los diseñadores comercializaran modelos desechados; ahora, las marcas de alta gama las usan para deshacerse de restos de *stock* con magníficos descuentos.

Mercadillos y aventuras retro

En NY adoran todo lo que es nuevo y flamante, pero también se disfruta curioseando entre trastos y antigüedades. El mercadillo más popular es el Brooklyn Flea (p. 199), que se monta en diversos espacios a lo largo del año. El mejor barrio para comprar artículos de segunda mano entre *hipsters* es East Village. Si gustan las antiguallas de todo tipo (discos, obras de arte, libros, muebles o juguetes), hay que ir al Antiques Garage Flea Market (p. 110), que se celebra los fines de semana en Chelsea.

Mejores grandes almacenes

Barneys Marcas de moda bien seleccionadas atraen a esclavos de la moda de toda NY. (p. 151)

Bergdorf Goodman Marcas exclusivas, damas elegantes y escaparates fantásticos en Navidad. (p. 152)

Bloomingdale's Un auténtico museo para el mundo de las compras. (p. 152)

Saks Fifth Ave El departamento de calzado es tan grande que tiene su propio código postal. (p. 152)

Century 21 El paraíso de la moda y el calzado a precios de ocasión. (p. 43)

De compras 225

Barneys (p. 151).

Mejores tiendas de moda

Rag & Bone Sastrería elegante y clásica de producción local. (p. 60)

Steven Alan Colecciones únicas de accesorios y ropa de hombre y mujer. (p. 44)

John Varvatos Marca masculina que crea ropa chic para estrellas del *rock*. (p. 82)

Personnel of New York Una pequeña *boutique* que vende marcas selectas para hombre y mujer. (p. 109)

Mejores recuerdos

MoMA Design & Book Store Esta tienda, con una labor de conservación tan preciosa como la del museo, permite llevarse a casa un trocito del MoMA. (p. 152)

Philip Williams Posters Más de medio millón de pósteres originales de todas formas y tamaños esperan a que alguien los cuelgue. (p. 44)

Obscura Antiques Una tienda muy curiosa dedicada a lo histórico y lo macabro, desde viejas botellas de veneno a animales disecados. (p. 80)

MiN New York Perfumes difíciles de encontrar y productos de aseo en una tienda que parece un boticario. (p. 49)

Shinola Vende artículos de diseño nacionales, desde relojes a bolsos personalizados. (p. 43)

Kiosk Una colección estrafalaria de chismes de todo el mundo. (p. 61)

Mejores librerías

McNally Jackson La librería independiente favorita de la ciudad, con miles de volúmenes y frecuentes charlas. (p. 49)

Strand Book Store La librería más adorada de NY cuenta con 29 km de libros. (p. 108)

Printed Matter Revistas y monografías de edición limitada; una auténtica galería de arte. (p. 110)

Drama Book Shop Obras de teatro, musicales y eventos regulares al lado de las luces y el *glamour* de Broadway. (p. 154)

Lo mejor
Gratis

Obras de teatro, películas y conciertos gratis, visitas a museos legendarios pagando la voluntad... hay muchas formas de descubrir los tesoros de la ciudad sin gastar ni un céntimo.

Staten Island Ferry Este servicio gratuito de trasbordador que une la ciudad con Staten Island ofrece vistas de postal del extremo sur de Manhattan. (p. 32)

Galerías de Chelsea En la parte oeste de Manhattan (nº 20-29) hay más de 300 galerías abiertas al público. (p. 88)

New Museum Unas etéreas cajas blancas albergan una gran muestra de arte contemporáneo, gratis los jueves después de las 19.00. (p. 68)

Central Park Es el patio gigante de NY, de acceso libre, con hectáreas de felicidad arbórea para correr, relajarse o echar migas a los patos del estanque. (p. 178)

High Line De las reformas urbanas de la última década, es la que más enorgullece a la ciudad: una antigua vía férrea elevada para pasear entre rascacielos. (p. 86)

New York Public Library Esta joya histórica (también conocida como edificio Stephen A. Schwarzman) se merece una visita: una arquitectura suntuosa, unas colecciones superlativas y exposiciones gratuitas. (p. 138)

MoMA Es gratis los viernes de 16.00 a 20.00; eso sí, habrá que prepararse para salas abarrotadas y largas colas. (p. 132)

National September 11 Memorial Las cataratas artificiales más grandes de Norteamérica son un homenaje a las víctimas del terrorismo. (p. 26)

Neue Galerie Es un sitio elegante, un tesoro poco conocido digno de ver en Upper East Side; gratis el primer viernes de cada mes de 16.00 a 20.00. (p. 166)

Studio Museum in Harlem El corazón de la cultura afroamericana de la ciudad es gratis todos los domingos. (p. 197)

National Museum of the American Indian Una joya de Lower Manhattan que alberga tejidos, obras de arte y objetos preciosos que permiten conocer el legado de los nativos americanos. (p. 32)

Lo mejor
La NY de ambiente

La comunidad gay tiene una presencia e influencia muy fuertes en Nueva York, desde las pasarelas de moda hasta las grandes discográficas, pasando por Wall Street. La ciudad ha salido del armario, y con mucha honra.

Entre semana

En NY, cualquier noche de la semana puede ser una noche de fiesta, especialmente para la comunidad homosexual. Los miércoles y jueves hay un flujo constante de fiestas y lo último es salir los domingos, en especial en verano.

Actualidad viva

Hay muchas webs dedicadas a la comunidad LGTBQ de la ciudad. Se recomienda consultar **Next Magazine** (www.nextmagazine.com) o **Get Out!** (getoutmag.com).

Cuidado con el odio

En el 2013 se produjo un aumento significativo de crímenes homófobos en NY, desde asaltos verbales al asesinato de un joven en Greenwich Village. Aunque esta es una de las ciudades más tolerantes del mundo con los homosexuales, se recomienda precaución, especialmente al salir de bares y discotecas por la noche.

Mejores bares gais

Marie's Crisis Un antiguo refugio de prostitutas de West Village convertido en bar musical con piano. (p. 108)

Julius Bar El *gay bar* más antiguo del Village. Aparece en la película *Los chicos de la banda*. (p. 104)

Mejores discotecas gais

XL Nightclub Una extensa sala de baile llena de músculos sudorosos en pleno corazón de Hell's Kitchen. (p. 147)

Industry A medida que avanza la noche, este bar de Hell's Kitchen se convierte en una vibrante discoteca. (p. 145)

Mejores noches entre semana

Therapy Un clásico de Hell's Kitchen donde las noches de entre semana se animan con *drag queens* y música hasta tarde. (p. 146)

Boxers NYC Un bar de deportes que se llena de tipos fornidos desde la tarde a la noche. (p. 123)

Eastern Block Encanto soviético y un mar sudoroso de chicos intercambiando miradas y tomando copas. (p. 78)

Lo mejor
Arquitectura

La arquitectura de NY es un *collage* de ideas y estilos. Viejas granjas coloniales y elegantes edificios de estilo federal comparten espacio con ornamentados palacios *beaux arts* de principios del s. xx. Y estructuras historicistas se mezclan con las formas puras del Estilo Internacional. Un paraíso para los amantes de la arquitectura.

La ciudad de los rascacielos

A comienzos del s. xx los ascensores y la ingeniería de estructuras de acero permitieron a NY crecer en todos los sentidos, sobre todo a lo alto. Fue la época del *boom* de los rascacielos, que comenzó con el Woolworth Building (1913), un edificio neogótico de 57 pisos de Cass Gilbert. Aún es uno de los 50 edificios más altos de EE UU.

En 1930, el Chrysler Building, la obra maestra *art déco* de 77 pisos diseñada por William Van Alen, se convirtió en la estructura más alta del mundo. El año siguiente, el Empire State Building, un monolito *art déco* de líneas puras y piedra caliza de Indiana, pulverizó el récord. Su aguja debía servir como mástil para el amarre de dirigibles, una idea publicitaria brillante, pero imposible de llevar a cabo.

Un arquitecto estrella

El paisaje heterogéneo de NY se presta a los proyectos experimentales de algunas de las grandes estrellas de la arquitectura moderna. Entre las torres de cristal y las bestias de ladrillo y baja altura, destacan los ondulados edificios de Frank O Gehry, las estructuras de cajas superpuestas de SANAA y las típicas fachadas de Renzo Piano.

Mejores rascacielos

Empire State Building Igual que el martini, un buen filete y el *jazz*, este rascacielos de la época de la Gran Depresión nunca envejece. (p. 130)

Chrysler Building El rascacielos más elegante de Manhattan presenta una decoración en acero inspirada por los automóviles, que incluye unas gárgolas con forma de antiguos adornos de capó. (p. 136)

Flatiron Building Un rascacielos clásico con 20 plantas de forma triangular detrás de una ornamentada fachada de ladrillo. (p. 115)

One World Trade Center Este monolito azul es el edificio más alto de América y del hemisferio occidental. (p. 27)

Arquitectura

Puente de Brooklyn (p. 28).

Mejores templos

St Patrick's Cathedral Una maravilla neogótica y la catedral católica más grande de EE UU. (p. 138)

Grace Church Tras su remodelación, es una de las estructuras más exquisitas de la urbe, con agujas y recargados grabados. (p. 94)

Trinity Church Una vidriera alucinante acentúa lo que una vez fue la estructura más alta de NY. El cementerio es de visita obligada. (p. 35)

Templo Emanu-el Imponente sinagoga neorrománica en Upper East Side con el techo chapado en oro. (p. 167)

Mejores edificios de estilo academicista

Grand Central Terminal La entrada de este templo de los viajes en tren está presidida por el mayor grupo escultórico de EE UU, *The Glory of Commerce*. El vestíbulo parece un salón de baile coronado por un techo abovedado. (p. 136)

New York Public Library Confeccionada en mármol de Vermont, eleva la arquitectura civil a la categoría de arte. (p. 138)

Mejor del resto

Whitney Museum of American Art No hay modernismo más crudo: una estructura en forma de pirámide invertida, obra de Marcel Breuer, que podría ser la guarida perfecta del malo de una peli de acción. (p. 165)

New Museum El edificio a base de cubos creado por SANAA tiene un exterior de aluminio translúcido muy elegante. (p. 68)

Guggenheim Museum El zigurat invertido de Frank Lloyd Wright es tan característico de NY como la Estatua de la Libertad o los taxis amarillos. (p. 162)

Puente de Brooklyn Protagonista de incontables películas, series de televisión y vídeos musicales, esta estructura neogótica es uno de los puentes más bellos del mundo. (p. 28)

Lo mejor
Deportes y actividades

Aunque parar un taxi en Nueva York puede ser un deporte de riesgo y en los andenes del metro en verano se suda más que en una sauna, a los neoyorquinos les gusta seguir activos en su tiempo libre. Y, a veces, sorprendentemente activos, dado lo limitado de los espacios verdes.

☑ Consejo

▶ Compra de entradas en **Ticketmaster** (☎800-448-7849, 800-745-3000; www.ticketmaster.com) o en **StubHub** (☎866-788-2482; www.stubhub.com).

'Footing' y bicis

La ruta de 2,6 km que rodea el Jacqueline Kennedy Onassis Reservoir es frecuentada por corredores. También los carriles-bici junto al río Hudson (Lower Manhattan) o en FDR Dr y junto al río East (Upper East Side). Hay más de 400 km de carriles-bici.

Deportes y actividades de interior

Hay muchos locales de yoga y pilates. Para actividades más gimnásticas, intentar conseguir una invitación para una franquicia.

Mejores deportes espectáculo

New York Yankees (☎718-293-6000, entradas 877-469-9849; www.yankees.com; estadio de los Yankees, E 161st St esq. River Ave, Bronx; entradas 20-300 US$; [S] B/D, 4 hasta 161st St-Yankee Stadium) Incluso los menos aficionados al béisbol deberían vivir la experiencia.

New York Mets (☎718-507-8499; www.mets.com; Citi Field, 123-01 Roosevelt Ave, Flushing; entradas 19-130 US$; [S] 7 hasta Mets-Willets Pt) El otro gran equipo de béisbol.

New York Knicks (www.nyknicks.com; Madison Sq Garden, 7th Ave entre 31st St y 33rd St, Midtown West; entradas desde 109 US$; [S] A/C/E, 1/2/3 hasta 34th St-Penn Station) El equipo de baloncesto del Madison Sq Garden.

New Jersey Devils (☎973-757-6200, entradas 800-745-3000; www.newjerseydevils.com; Prudential Center, 165 Mulberry St, Newark, New Jersey; [R] NJ Transit o PATH hasta Newark Penn Station) *Hockey* en New Jersey.

New York Giants (☎201-935-8222; www.giants.com; estadio Meadowlands, Meadowlands Sports Complex, East Rutherford, New Jersey; 351 desde Port Authority, [R] NJ Transit desde Penn Station hasta Meadowlands) Uno de los equipos más antiguos de la NFL; ahora juega en New Jersey.

Lo mejor
Parques

Los parques, jardines y plazas son como los patios traseros compartidos de Nueva York. Los más grandes son ideales para pasear o tomar el sol, con un montón de zonas para descansar, quioscos y cafés. Las plazas más pequeñas propician encuentros y sorpresas.

Actividades al aire libre

Los neoyorquinos han perfeccionado el arte de convertir las zonas verdes en lugares de recreo y encuentro. En verano se organizan proyecciones al aire libre, hay obras de Shakespeare en Central Park y conciertos en el Battery Park del Hudson River Park, por no mencionar las Lincoln Center Dance Nights.

Más allá de Manhattan

Si se buscan hectáreas de zonas verdes fuera de Central Park, lo mejor es ir a Brooklyn. El parque más nuevo del barrio es el Brooklyn Bridge Park (p. 29), de 34 Ha, que ha dado mucha vida a una zona de muelles abandonados. Cuando se termine de construir, será el parque nuevo más grande de Brooklyn desde que Calvert Vaux y Frederick Olmsted diseñaron el Prospect Park, en el s. XIX.

Mejores parques

Central Park El más famoso de la ciudad, con más de 324 Ha de prados ondulantes y montículos. (p. 178)

High Line Una antigua vía férrea elevada reconvertida en zona verde al oeste del centro. (p. 86)

Gramercy Park La exclusividad de NY en todo su esplendor: está cercado por vallas metálicas que impiden el acceso, pero es precioso desde fuera. (p. 116)

Madison Square Park Un oasis verde renovado que incluye esculturas enormes, buenas hamburguesas en el Shake Shack y baños públicos que son de agradecer. (p. 116)

Riverside Park Ocupa 100 manzanas en la ribera del río Hudson, en el lado oeste de Manhattan, ideal para un paseo en bici. (p. 186)

Bryant Park Un remanso de paz en plena actividad de Midtown. Hay proyecciones de películas en verano y patinaje sobre hielo en invierno. (p. 138)

Lo mejor
Circuitos

Aunque Nueva York se presta a ser explorada por libre, a veces vale la pena hacer una visita guiada para empaparse de la historia de la ciudad y de las anécdotas menos conocidas.

Sidetour (www.sidetour.com; circuitos 50-60 US$) Ofrece visitas lejos de las rutas turísticas para sumergirse en NY, con *jams* de *jazz*, recorridos de comida étnica y circuitos artísticos por el Met o las galerías de Chelsea.

Big Apple Greeter Program (212-669-8159; www.bigapplegreeter.org; gratis) Permite hacer un paseo íntimo por el barrio que se elija, guiado por un voluntario local ansioso por presumir de su ciudad. Hay que reservar con cuatro semanas de antelación.

Bike the Big Apple (877-865-0078; www.bikethebigapple.com; circuitos incl. bicicleta y casco aprox. 95 US$) Sus opciones a pedales incluyen un circuito étnico de 6 h que abarca Queens, el norte de Brooklyn y el Lower East Side de Manhattan.

Foods of New York (212-913-9964; www.foodsofny.com; circuitos 52-65 US$) Es el circuito oficial *gourmet* de NYC & Company. Ofrece visitas de 3 h para comerse la ciudad: un banquete móvil de pasta italiana, *sushi*, quesos del mundo y auténtica *pizza* neoyorquina.

On Location Tours (212-683-2027; www.screentours.com; circuitos aprox. 45 US$) Ofrece varios circuitos por localizaciones de series de televisión y del cine, para que el viajero viva momentos de película.

Gray Line (212-397-2620; www.newyorksightseeing.com; circuitos 44-60 US$) Llena las calles de la ciudad con esos autobuses rojos de dos plantas que los neoyorquinos tanto critican. Pero es ideal para hacer un recorrido completo por los principales monumentos.

Strayboots (877-787-2929; www.strayboots.com; circuitos desde 12 US$) Ofrece visitas autoguiadas e híbridas, con interesantes datos sobre la ciudad que ayudan a los recién llegados a conocer un barrio a su elección. Cada cual va a su ritmo y envía mensajes de texto al comando central para recibir la siguiente etapa.

Municipal Art Society (212-935-3960; www.mas.org; 111 W 57th St; circuitos adultos/niños 20/15 US$; S F hasta 57th St) Circuitos especializados en arquitectura e historia; p. ej., ofrecen visitas a la Grand Central Terminal.

Guía práctica

Antes de partir — 234
Cuándo ir 234
Reservas 234

Llegar a Nueva York — 236
Aeropuerto John F. Kennedy 236
Aeropuerto LaGuardia 237
Aeropuerto Newark Liberty 237

Cómo desplazarse — 238
Metro 238
Taxi 238
A pie 240
Autobús 240
Barco 240

Información esencial — 241
Dinero 241
Electricidad 241
Fiestas oficiales 242
Horario comercial 242
Información turística 243
Lavabos públicos 243
Precauciones 244
Tarjetas de descuento 244
Teléfono 244
Urgencias 245
Viajeros con discapacidades 245
Visados 245

Guía práctica

Antes de partir

Cuándo ir

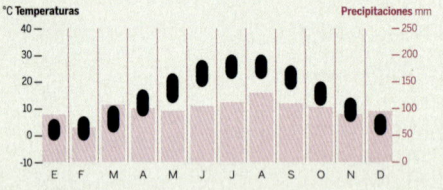

➡ **Invierno (dic-feb)** Nieve y temperaturas bajo cero. Las vacaciones alegran la estación, a pesar del frío.

➡ **Primavera (mar-may)** Algunas cafeterías sacan sus mesas al aire libre cuando empieza el buen tiempo.

➡ **Verano (jun-ago)** Bochorno en pleno verano. Los neoyorquinos huyen a los Hamptons los fines de semana.

➡ **Otoño (sep-nov)** Una explosión de rojos y dorados ilumina los parques de la ciudad.

Reservas

➡ El precio medio de una habitación supera los 300 US$. Pero no hay que asustarse porque es posible hallar ofertas (tras una concienzuda búsqueda en línea). A diferencia de otros lugares, NY no tiene una temporada alta aunque algunas épocas del año son más animadas que otras. Aún así, con casi 54 millones de visitantes anuales, a la Gran Manzana no le preocupa mucho quedarse sin camas. Los precios de las habitaciones fluctúan en función de la disponibilidad; muchos hoteles tienen un algoritmo de reservas que ofrece un precio según el número de habitaciones ya reservadas para la misma noche. Cuantas más reservas, más caro.

Antes de partir

➡ Para encontrar los mejores precios, la clave está en la flexibilidad: entre semana es más barato y en invierno muchos alojamientos bajan los precios. Si se viaja en fin de semana, se puede reservar en un hotel de negocios del Financial District, que suelen vaciarse al acabar la semana laboral.

➡ Quienes no tengan preferencias, pueden optar por grandes buscadores como **Expedia** (www.expedia.com), **Orbitz** (www.orbitz.com) o **Priceline** (www.priceline.com).

➡ Quienes sí tengan preferencias, lo mejor que pueden hacer es empezar por la web del hotel deseado, ya que a menudo se ofrecen descuentos o paquetes.

➡ También merece la pena consultar webs exclusivas para socios, como **Jetsetter** (www.jetsetter.com), que ofrece descuentos y ventas "flash" para sus socios.

➡ Hoy, los sitios para dormir no están limitados a los alojamientos tradicionales. Webs como **Airbnb** (www.airbnb.com) proporcionan una alternativa única, además de económica, al caro brillo y *glamour* de la ciudad, ofreciendo a los neoyorquinos la oportunidad de alquilar sus apartamentos mientras están fuera de la ciudad, o bien ceder un espacio (una habitación o un sofá-cama) en su casa.

Webs útiles

➡ **Lonely Planet** (www.lonelyplanet.com) Críticas de alojamientos y reservas en línea.

➡ **Playbill** (www.playbill.com) Aunque no parezca lógico, los miembros del Playbill Club tienen precios especiales en diversos hoteles de Manhattan.

➡ **Kayak** (www.kayak.com) Motor de búsqueda sencillo.

Los mejores económicos

➡ **Cosmopolitan Hotel** (www.cosmohotel.com) Es el mejor si se quiere ahorrar para ir a restaurantes y tiendas de lujo. Está limpio y es cómodo, nada más.

➡ **Pod Hotel** (www.thepodhotel.com) Con dos hoteles en Midtown, ofrece varios tipos de habitaciones, la mayoría con espacio justo para la cama, pero con todas las comodidades.

➡ **East Village Bed & Coffee** (www.bedandcoffee.com) Anne, la propietaria, ha convertido su casa familiar en un B&B poco convencional y artístico, con habitaciones decoradas individualmente (con un baño compartido por piso) y fantásticos extras.

➡ **Sugar Hill Harlem** (www.sugarhillharleminn.com) Amplio edificio al que se le ha devuelto su antiguo esplendor, cuyas suites llevan los nombres de artistas de *jazz* afroamericanos.

Los mejores de precio medio

➡ **Ace Hotel New York City** (www.acehotel.com/newyork) Todo un éxito entre adictos a las redes sociales y creativos con posibles; sus habitaciones estándar y *deluxe* solo pueden describirse como niditos de soltero de lujo.

➡ **Nu Hotel** (www.nuhotelbrooklyn.com) Las 93 habitaciones de este hotel de Brooklyn son sobrias, con mucho blanco y muebles de teca.

➡ **Yotel** (www.yotelnewyork.com) En parte puerto espacial futurista y en parte decorado de Austin Powers, las elegantes y compactas habitaciones (llamadas "cabinas") se dividen en clases de avión. En el Club Lounge pinchan DJ, así como en la terraza, la mayor al aire libre de todos los hoteles de NY.

➡ **Country Inn the City** (www.countryinnthecity.com) Es como ir a casa de un amigo que vive en NY (siempre que el amigo tenga un emblemático edificio de 1891 en una bonita manzana rodeada de árboles).

➡ **Hôtel Americano** (www.hotel-americano.com) Da la sensación de dormir en una caja *bento,* pero con la comida sustituida por una cuidadosa selección de muebles minimalistas.

➡ **B&B On the Park** (www.bbnyc.com) Precioso B&B victoriano con cinco habitaciones decoradas con alfombras persas, plantas y camas con dosel cubiertas de almohadas.

Los mejores de precio alto

➡ **Gramercy Park Hotel** (www.gramercyparkhotel.com) Las habitaciones, que dan al Gramercy Park, cuentan con muebles de roble a medida, sábanas italianas de 400 hilos y amplias camas.

➡ **Andaz Fifth Avenue** (http://andaz.hyatt.com) Elegantísimo pero relajado y juvenil, ha sustituido los mostradores de recepción por *tablets* con las que el personal, moderno y móvil, registra a los clientes en el vestíbulo.

➡ **Crosby Street Hotel** (www.firmdalehotels.com) En el SoHo, este hotel siempre de moda cuenta con un bar en el que dejarse ver, y habitaciones únicas, en sobrios tonos de blanco y negro o decoradas caprichosamente con detalles florales.

➡ **Greenwich Hotel** (www.greenwichhotelny.com) Desde la lujosa salita de dibujo, con chimenea, hasta la piscina iluminada por farolillos en el interior de una granja japonesa, todo el hotel de Robert de Niro es único.

➡ **Langham Place** (http://newyork.langhamplacehotels.com) Las habitaciones de este lujoso y altísimo hotel son tipo suite. Elegantes pero sencillas, todas están decoradas con tonos neutros, revestimientos de madera, colchones Duxiana y máquinas Nespresso.

➡ **Chatwal New York** (www.thechatwalny.com) Joya *art déco* restaurada en pleno corazón del Theater District, con tanto ambiente como historia.

Llegar a Nueva York

☑ **Consejos** Para descubrir la mejor manera de llegar al hotel, véase p. 17.

Aeropuerto internacional John F. Kennedy

El aeropuerto internacional John F. Kennedy (JFK), a 24 km de Midtown en el sureste de Queens, dispone de ocho terminales. Casi 50 millones de pasajeros pasan por él cada año, con vuelos que van y vienen de todos los rincones del planeta.

➡ **Taxi** Un taxi amarillo de Manhattan al aeropuerto usará el taxímetro. El precio depende del tráfico (unos 60 US$) y tarda 45-60 min. Desde el JFK, los taxis cobran una tarifa plana de 52 US$ para cualquier destino de Manhattan (sin incluir peajes ni propina).

Llegar a Nueva York

➺ **Servicios de coche o furgoneta** Las furgonetas compartidas cuestan 20-25 US$ por persona, en función del destino. Si se va al aeropuerto desde NY, los servicios en coche tienen tarifas desde 45 US$.

➺ **Vehículo privado** Si se va en coche desde el aeropuerto, habrá que rodear el extremo sur de Brooklyn, pasando por Belt Parkway hasta la US 278 (Brooklyn-Queens Expressway o BQE), o bien pasando por la US678 (Van Wyck Expressway) hasta la US 495 (Long Island Expressway o LIE), que entra en Manhattan por el túnel Queens-Midtown.

➺ **Autobús directo** El NYC Airporter va a la Grand Central Station, la Penn Station o la Port Authority Bus Terminal desde el JFK. El billete de ida cuesta 16 US$.

➺ **Metro** El AirTrain (5 US$, a pagar antes de salir) conecta el JFK con el metro. Habrá que tomar el AirTrain hasta Howard Beach-JFK para ir a buscar la línea A que recorre Brooklyn y llega a Manhattan, o bien ir hasta Sutphin Blvd-Archer Ave (Jamaica Station) para tomar las líneas E, J o Z a Queens y Manhattan.

➺ **Long Island Rail Road (LIRR)** Se toma el AirTrain hasta la Jamaica Station, desde donde salen frecuentes trenes LIRR que van a la Penn Station, en Manhattan, o a la Atlantic Terminal en Brooklyn. El billete de ida, tanto para la Penn Station como para la Atlantic Terminal cuesta 7,5 US$ (9 US$ en hora punta).

Aeropuerto LaGuardia

Utilizado principalmente para vuelos nacionales, es más pequeño que el JFK pero solo queda a 12 km de Midtown; por él pasan 26 millones de pasajeros al año.

➺ **Taxi** Un taxi a/desde Manhattan cuesta unos 42 US$ y se tardan 30 min.

➺ **Servicio de coche** Desde el aeropuerto, el servicio cuesta 35 US$.

➺ **Autobús directo** El NYC Airporter cuesta 13 US$.

➺ **Vehículo privado** La ruta en coche más usada desde el aeropuerto es la de Grand Central Expressway hasta la BQE (US 278) y luego cruzar el túnel Queens-Midtown por la LIE (US 495). Los conductores que vayan hacia el centro pueden seguir por la BQE y cruzar (gratis) por el Williamsburg Bridge.

➺ **Metro/autobús** El transporte público desde LaGuardia a la ciudad es menos práctico. El mejor enlace en metro es la estación 74th St-Broadway (línea 7, o líneas E, F, M y R haciendo trasbordo en la estación Jackson Hts-Roosevelt Ave) de Queens, donde se puede tomar el nuevo autobús directo Q70 al aeropuerto (llega en unos 10 min).

Aeropuerto internacional Newark Liberty

Cuando se buscan billetes de avión a NY no hay que olvidar New Jersey. Queda casi a la misma distancia de Midtown que el JFK (25 km) y por él pasan unos 36 millones de pasajeros al año.

➺ **Servicio de coche/taxi** Un servicio de coche cuesta 45-60 US$ hasta Midtown y se tarda 45 min, más o menos como un taxi. Al ir desde Jersey solo hay que pagar el peaje de 13 US$ del túnel Lincoln (en 42nd St) o del túnel Holland (en Canal St) para entrar en Manhattan; para volver a New Jersey no se paga nada.

➡ **Metro/tren** NJ Transit cuenta con servicios de tren (y una conexión con AirTrain) entre el aeropuerto de Newark (EWR) y la Penn Station por 12,50 US$ por trayecto. Tarda 25 min y sale cada 20-30 min de 4.20 a 1.40. Hay que conservar el billete porque debe enseñarse al llegar al aeropuerto.

➡ **Autobús directo** El Newark Airport Express cuenta con un servicio de autobús entre el aeropuerto y la Port Authority Bus Terminal, el Bryant Park y la Grand Central Terminal en Midtown (16 US$ ida). Tarda 45 min y sale cada 15 min de 6.45 a 23.15 (y cada 30 min de 4.45 a 6.45 y de 23.15 a 1.15).

Cómo desplazarse

Metro

☑ **Ideal para...** atravesar la ciudad, de arriba a abajo, sin importar el tráfico en superficie.

➡ La red de metro de NY, con más de 1000 km de vías y gestionada por la **Metropolitan Transportation Authority** (MTA; ☎718-330-1234; www.mta.info), es emblemática y barata (2,5 US$ por trayecto), abre las 24 h y es la manera más rápida y fiable de moverse por la ciudad. También es más segura y está algo más limpia de lo que estaba (algunas líneas incluso tienen anuncios automatizados de lo más alegres).

➡ Las típicas fichas del metro de NY son cosa del pasado. Hoy todos los metros y autobuses usan la MetroCard amarilla y azul, que puede comprarse o recargarse en las máquinas automáticas de las estaciones. Se puede pagar en metálico o con tarjeta de crédito o débito. Se selecciona "get new card" y se siguen las indicaciones. Consejo: los viajeros de fuera de EE UU deberán poner 99999 cuando la máquina pida el código postal (zip code).

➡ La tarjeta cuesta 1 US$. Luego se selecciona uno de los dos tipos: la "pay-per-ride" cuesta 2,50 US$ por trayecto, pero la MTA añade un 5% extra para recargas superiores a 5 US$ (con una tarjeta de 20 US$ se recibirá un crédito de 21 US$). Si se va a usar mucho el metro, se puede optar por la tarjeta "unlimited ride" (30 US$ por un abono de siete días).

➡ Conviene pedir al personal un plano gratuito. En caso de duda, lo mejor es preguntar a alguien que tenga pinta de saber cómo funciona. Tal vez no lo sepa, pero los problemas con el metro (y el agobio que conllevan) son uno de los grandes elementos de unión de esta ciudad. Si no se conoce el metro, no se deben llevar auriculares porque es posible perderse algún aviso importante sobre cambios de vías o estaciones sin parada.

Taxi

☑ **Ideal para...** ir y volver de los aeropuertos con

Guía de navegación para el metro

➡ **Números, letras, colores** Las líneas de metro tienen un color y una letra o un número. Los trenes del mismo color recorren las mismas vías y, a menudo, siguen la misma ruta por Manhattan antes de adentrarse en el resto de barrios.

➡ **Líneas Express y locales** Los trenes Express y locales comparten línea y color; los primeros paran solo en algunos puntos de Manhattan (indicados por un círculo blanco en los planos). Si se tiene que ir muy lejos, conviene subir a un tren rápido, que suelen pasar por el andén de enfrente de los trenes locales.

➡ **Entrar en la estación correcta** Algunas estaciones cuentan con entradas distintas según si van hacia el centro o a la parte alta (hay que prestar atención a los carteles). Si se accede por la entrada equivocada, se deberá subir al metro hasta llegar a una estación que permita hacer el trasbordo gratis, o volver a pagar 2,50 US$ y entrar por el acceso correcto (normalmente al otro lado de la calle). También hay que fijarse en las lámparas verdes y rojas en las puertas de las estaciones: las verdes indican que está siempre abierta y las rojas señalan que puede cerrar a ciertas horas del día, normalmente por la noche.

➡ **Fin de semana** Todo cambia. Algunas líneas se combinan con otras y algunas no circulan; incluso los trenes no paran en algunas estaciones. Tanto neoyorquinos como turistas se quedan plantados en los andenes, confundidos y algo enfadados. Consúltense los horarios de fin de semana en www.mta.info. A veces, los carteles de información no se ven hasta que se llega al andén.

equipaje, o para recorrer Manhattan en zigzag.

➡ La Taxi & Limousine Commision establece unas tarifas, que pueden pagarse con tarjeta de crédito o débito. La bajada de bandera son 2,50 US$ (hasta los primeros 300 m) y de ahí en adelante cuesta 0,50 US$ por cada 300 m, así como por cada 60 segundos de parada debido al tráfico. Se añade un recargo de 1 US$ en hora punta (entre semana de 16.00 a 20.00), de 0,50 US$ por la noche (de 20.00 a 6.00), y otro del estado de NY, de 0,50 US$ por trayecto.

➡ Los taxistas esperan propinas del 10-15%, pero se puede dar menos si se siente que el trato no ha sido bueno. Hay que pedir un recibo y usarlo para apuntar el número de licencia del conductor.

➡ La TLC regula los derechos del pasajero, por los que se puede pedir al taxista que siga una ruta concreta, que no fume o que apague la radio si molesta. Además, el conductor no puede rechazar una carrera por causa del destino. Consejo: primero subir y luego indicar dónde se quiere ir.

→ En el 2014 se aprobó una nueva normativa sobre disponibilidad. Si la luz del techo está encendida, está libre. Con lluvia, en hora punta o hacia las 16.00, hora de cambio de turno de muchos taxistas, es difícil encontrar taxi.

→ Los coches privados son una alternativa al taxi en los barrios periféricos. Los precios varían según el barrio y el trayecto, y deben pactarse antes de salir pues no tienen taxímetro.

A pie

☑ **Ideal para...** explorar barrios pintorescos como West Village, East Village, Chinatown y el SoHo.

→ Nada de metro, taxi o autobús: en el fondo, NY no se conocerá hasta que se pisen sus aceras. Todo está hecho para ir a pie.

→ Broadway, de 21 km, atraviesa Manhattan de arriba abajo. Cruzar el río East por la pasarela peatonal del puente de Brooklyn es típico de NY. Los senderos de Central Park pueden llevar al visitante a rincones arbolados en los que la ciudad ni se ve, ni se oye.

Citi Bike

El Ayuntamiento del alcalde Bloomberg, muy partidario del uso de la bicicleta, añadió cientos de kilómetros de carriles-bici y para rematarlo, en el 2013 puso en marcha **Citi Bike** (www.citibikenyc.com; 24 h/7 días 11/27 US$), su muy esperado sistema de bicicletas compartidas (el mayor del país).

Cientos de paradas en Manhattan y algunas zonas de Brooklyn guardan sus sólidas bicicletas, de color azul, disponibles para usos de un máximo de 30 min. Sin embargo, a menos que se tenga experiencia en ir en bici por ciudad, pedalear por las calles puede ser peligroso, ya que los carriles-bici suelen acabar bloqueados por camiones, taxis y coches en doble fila. El uso de casco está, obviamente, recomendado, pero no es obligatorio.

Autobús

☑ **Ideal para...** empaparse del ambiente de la ciudad mientras se viaja.

→ La gestión de autobuses la realiza MTA, al igual que el metro. Su sistema de billetes es idéntico.

→ La tarifa estándar es de 2,5 US$ (6 US$ los directos), a pagar mediante la MetroCard o con importe exacto (no se aceptan billetes de 1 US$ ni peniques).

→ Los autobuses tienen el mismo número que la calle que recorren.

Barco

☑ **Ideal para...** visitar la Estatua de la Libertad y hacer fotos del perfil de la ciudad.

→ **East River Ferry** (www.eastriverferry.com) ofrece durante todo el año un servicio de conexión entre varios sitios de Manhattan, Queens y Brooklyn.

→ **New York Water Taxi** (☎ 212-742-1969; www.nywatertaxi.com; subidas y bajadas libres 1 día 26 US$) dispone de una flota de rápidos barcos amarillos que ofrecen un servicio con subidas y bajadas ilimitadas por Manhattan y Brooklyn.

Información esencial

➡ **Staten Island Ferry**
Ferri (p. 32) más grande y de color naranja, usado principalmente por trabajadores que van de Staten Island a Manhattan y de vuelta. Cruza la bahía de NY sin parar.

Información esencial

Dinero

☑ **Consejo** en NY solo se aceptan dólares estadounidenses. Aunque las tarjetas de crédito y débito se aceptan en muchos sitios, es conveniente llevar también efectivo.

Cajeros automáticos

➡ Hay cajeros en casi cada esquina. Se puede usar la tarjeta en los bancos, que suelen tener zonas abiertas las 24 h con hasta 12 cajeros, o bien ir a cajeros en *delis,* restaurantes, bares o tiendas de comestibles, que cobran unas comisiones brutales (pueden llegar a los 5 US$).

➡ Casi todos los bancos de NY están conectados mediante el sistema New York Cash Exchange (NYCE), por lo que en los cajeros se puede usar todo tipo de tarjetas, pagando una comisión si se opera fuera del sistema de la tarjeta.

Cambiar moneda

➡ Bancos y oficinas de cambio de toda la ciudad (incluidos los tres aeropuertos) cambian moneda extranjera a dólares según la tasa de cambio oficial.

Tarjetas de crédito

➡ En la mayoría de hoteles, restaurantes y tiendas se aceptan las principales tarjetas de crédito. De hecho, a veces es complicado realizar transacciones sin ellas, como comprar entradas o alquilar un coche.

➡ Las tarjetas de uso más común son Visa, MasterCard y American Express. Los sitios que aceptan Visa y MasterCard también admiten tarjetas de débito, pero antes hay que preguntar al banco si la tarjeta de débito podrá usarse en otros estados o países.

➡ En caso de robo o pérdida de las tarjetas hay que llamar a la compañía inmediatamente.

Electricidad

La corriente de EE UU es de 110-115 V y 60 Hz CA. Las tomas de corriente están hechas para enchufes de dos clavijas planas (que, a veces, tienen una tercera clavija para la toma de tierra).

Si se lleva un dispositivo diseñado para otro sistema eléctrico (p. ej.

Consejos de ahorro

➡ Consultar los lugares gratis en esta guía (p. 226).

➡ Consultar las webs de museos para ver cuándo ofrecen entrada gratis.

➡ Ahorrar en entradas para teatro comprándolas en el TKTS de Times Sq (p. 129) o Lower Manhattan (p. 42).

➡ Comprar comida para hacer un *picnic* en los mercados.

220 V), se necesitará un adaptador, que puede comprarse en ferreterías y droguerías por 25-60 US$.

120V/60Hz

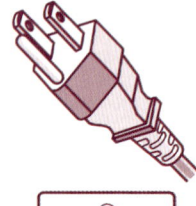

120V/60Hz

Casi todos los aparatos electrónicos están fabricados para funcionar con doble voltaje, por lo que solo necesitarán un adaptador.

Fiestas oficiales

Listado de las principales fiestas y acontecimientos de NY. Estos días, muchas empresas cierran y la ciudad puede llenarse, lo que dificulta reservar alojamientos y restaurantes.

➡ **Año Nuevo** 1 de enero

➡ **Día de Martin Luther King** Tercer lunes de enero

➡ **Día del Presidente** Tercer lunes de febrero

➡ **Pascua** Marzo/abril

➡ **Día de los Caídos** Finales de mayo

➡ **Día del Orgullo** Último domingo de junio

➡ **Día de la Independencia** 4 de julio

➡ **Día del Trabajo** Principios de septiembre

➡ **Rosh Hashaná y Yom Kipur** Mediados de septiembre a mediados de octubre

➡ **Halloween** 31 de octubre

➡ **Acción de Gracias** Cuarto jueves de noviembre

➡ **Navidad** 25 de diciembre

➡ **Nochevieja** 31 de diciembre

Horario comercial

Los horarios especiales se indican en los capítulos de cada barrio y en el sección *Explorar* de esta guía. Los horarios habituales son los siguientes:

➡ **Bancos** De 9.00 a 18.00 de lunes a viernes, algunos también de 9.00 a 12.00 los sábados.

➡ **Empresas** De 9.00 a 17.00 de lunes a viernes.

➡ **Restaurantes** Desayuno de 6.00 a 11.00; almuerzo de 11.00 a 15.00; cena de 17.00 a 23.00. El popular *brunch* dominical (que, a veces, también se sirve los sábados) dura de 10.00 a 14.00, a veces hasta más tarde.

➡ **Bares** 17.00 a 4.00.

➡ **Clubes y discotecas** 22.00 a 4.00.

➡ **Tiendas** 10.00 a 19.00 de lunes a viernes; 11.00 a 20.00 aprox. los sábados. Los domingos varía: algunas tiendas cierran pero otras mantienen el

Información esencial

horario normal. En los barrios del centro las tiendas suelen cerrar más tarde.

Información turística

➜ En un mundo tan conectado, hay infinitas fuentes de información en línea.

➜ En persona, se recomienda ir a una de las cinco agencias oficiales (la de Midtown es la mejor) de **NYC & Company** (📞212-484-1222; www.nycgo.com).

➜ **Midtown** (plano p. 134, D2; 📞212-484-1222; www.nycgo.com; 810 7th Ave, entre 52nd St y 53rd St; ⏰8.30-18.00 lu-vi, 9.00-17.00 sa y do; **S** B/D, E hasta 7th Ave)

➜ **Times Square** (plano p. 134, D3; 📞212-484-1222; 7th Ave entre 46th St y 47th St, Times Sq; ⏰9.00-19.00; **S**1/2/3, 7, N/Q/R hasta Times Sq)

➜ **Macy's Herald Square** (plano p. 134, D5; 151 W 34th St; ⏰9.00-21.30 lu-vi, 10.00-21.30 sa, 11.00-20.30 do)

➜ **Lower Manhattan** (plano p. 30, C4; 📞212-484-1222; City Hall Park esq. Broadway; ⏰9.00-18.00 lu-vi, 10.00-17.00 sa y do; **S**R/W hasta hasta City Hall)

➜ **Chinatown** (plano p. 50, D7; 📞212-484-1222; esq. Canal St Walker St y Baxter St; ⏰10.00-18.00; **S** J/M/Z, N/Q/R/W, 6 hasta Canal St)

➜ El **Brooklyn Tourism & Visitors Center** (📞718-802-3846; www.visitbrooklyn.org; 209 Joralemon St, entre Court St y Brooklyn Bridge Blvd; ⏰10.00-18.00 lu-vi; **S**2/3, 4/5 hasta Borough Hall) ofrece todo tipo de información sobre el barrio rival de Manhattan.

Lavabos públicos

☑ **Consejo** La web NY Restroom (www.nyrestroom.com) es muy útil para encontrar un baño.

Teniendo en cuenta el número de peatones que recorren la ciudad, hay una notable escasez de lavabos públicos. Los hay en la Grand Central Terminal, la Penn Station o la Port Authority Bus Terminal, en parques, como el Madison Sq Park, el Battery Park, el Tompkins Sq Park, el Washington Sq Park o el Columbus Park en Chinatown, más otros repartidos por Central Park. Sin embargo, lo mejor es ir a un Starbucks, a unos

Qué hacer y qué no

➜ Solo se puede parar un taxi si tiene la luz del techo encendida.

➜ No es necesario obedecer la señal de "walk"; si no viene nadie se puede cruzar directamente.

➜ Al caminar por las aceras hay que actuar como un vehículo: no parar de golpe, mantener la misma velocidad que el resto de la gente y apartarse si se tiene que sacar el plano o el paraguas. La mayoría de neoyorquinos respetan el espacio personal ajeno, pero si alguien se para en mitad de la calle, no se disculparán por chocar.

➜ En el metro hay que dejar bajar antes de subir y luego entrar rápidamente antes de que las puertas se cierren.

grandes almacenes (Macy's, Century 21, Bloomingdale's) o a un parque de barrio.

Precauciones

El índice de criminalidad de NY es de los más bajos de los últimos años. Aún quedan zonas donde el visitante se sentirá inseguro a cualquier hora de la noche (especialmente en barrios periféricos). Las estaciones de metro suelen ser seguras, aunque en zonas pobres de barrios periféricos podrían ser peligrosas. No hay que caer en la paranoia, pero siempre es mejor prevenir que curar, por lo que se impone el uso del sentido común. No hay que pasear solo de noche en zonas desconocidas o poco pobladas. El dinero debería llevarse escondido entre la ropa o en un bolsillo delantero y siempre hay que ir con cuidado con los carteristas, sobre todo en zonas con mucha gente.

Tarjetas de descuento

Las siguientes tarjetas ofrecen pases y beneficios adicionales en algunos de los sitios de visita obligada de la ciudad. Para más detalles, consúltense las webs.

➡ **Downtown Culture Pass** (www.downtownculturepass.org)

➡ **New York CityPASS** (www.citypass.com/new-york)

➡ **Explorer Pass** (www.nyexplorerpass.com)

➡ **The New York Pass** (www.newyorkpass.com)

Teléfono

Llamadas internacionales y nacionales

Los números de teléfono de EE UU están formados por un prefijo de zona de tres dígitos más un número local de siete dígitos. Para llamadas de larga distancia hay que marcar 1 + prefijo de tres dígitos + número de siete dígitos. Para realizar llamadas internacionales desde NY, se marca ☎011+ prefijo del país + prefijo de zona + número. Para llamar a Canadá no es necesario marcar ☎011.

Móviles

La mayoría de los móviles de EE UU, además de los iPhone, operan en la red CDMA, no en la europea GSM, por lo que hay llevar un teléfono compatible con la red; consultar los costes de itinerancia con la propia compañía.

Si se necesita un teléfono móvil, existen muchas tiendas (Verizon, T-Mobile o AT&T) donde comprar uno barato y recargarlo con minutos prepagados, evitando así la necesidad de un contrato.

Números útiles

➡ **Directorio local** ☎411

➡ **Oficinas municipales e información** ☎311

➡ **Información del directorio nacional** ☎1-212-555-1212

➡ **Operadora** ☎0

➡ **Número gratuito de información** ☎800-555-1212

Prefijos

En NY hay que marcar siempre 1 + el prefijo de zona, incluso si se llama a la calle de enfrente.

➡ **Manhattan** ☎212, 646

➡ **Barrios periféricos** ☎347, 718, 929

➡ **Todos los barrios** (normalmente móviles) ☎917

Información esencial

Urgencias

➡ **Policía, bomberos y ambulancias** (☎911)

➡ **Intoxicaciones** (☎800-222-1222)

Viajeros con discapacidades

Las leyes federales garantizan que toda oficina e instalación gubernamental sea accesible para discapacitados. Para más información, llamar a la **oficina para las personas con discapacidades** (☎212-639-9675; ⏲9.00-17.00 lu-vi) del Ayuntamiento y solicitar el envío de un ejemplar de su guía *Access New York*.

Otra fuente de información es la **Society for Accessible Travel & Hospitality** (SATH; ☎212-447-7284; www.sath.org; 347 5th Ave, esq. 34th St, suite 605; ⏲9.00-17.00; 🚌M34 hasta 5th Ave, M1 hasta 34th St, 🚇6 hasta 33rd St), que ofrece consejos sobre cómo viajar en silla de ruedas o con una enfermedad de riñón, problemas de visión o de audición.

La **Accessibility Line** (☎511; http://web.mta.info/accessibility) ofrece información detallada sobre el acceso con sillas de ruedas a la red de metro y autobús, con un listado de estaciones con ascensores o escaleras mecánicas. Visítese www.nycgo.com/accessibility.

Visados

El Programa de Exención de Visado de EE UU (VWP) permite la entrada de ciudadanos de 37 países a EE UU sin visado, siempre que lleven un pasaporte de lectura electrónica. El listado actualizado de países incluidos en el programa y los requisitos se pueden consultar en la web del **Departamento de Estado de EE UU** (http://travel.state.gov/visa).

Los ciudadanos de países incluidos en el VWP deben registrarse en el **Departamento de Seguridad Nacional de EE UU** (http://esta.cbp.dhs.gov) tres días antes de su visita. El formulario de registro cuesta 14 US$ y, una vez aprobado, el registro tiene una validez de dos años o hasta que el pasaporte expire, lo que suceda antes.

Es obligatorio obtener un visado en una embajada o consulado de EE UU del país de origen si:

➡ No se tiene pasaporte de un país incluido en el VWP.

➡ Se es ciudadano de un país incluido en el VWP, pero no se tiene pasaporte de lectura electrónica.

➡ Se es ciudadano de un país incluido en el VWP, pero el pasaporte fue emitido entre el 26 de octubre del 2005 y el 26 de octubre del 2006 y no cuenta con fotografía digital en la página de información o con chip integrado en la página de datos (desde el 25 de octubre del 2006 todos los pasaportes de lectura electrónica incorporan el chip).

➡ Se va a permanecer en el país más de 90 días.

➡ Se quiere estudiar o trabajar en EE UU.

Entre bastidores

La opinión del lector
Agradecemos a los lectores cualquier comentario que ayude a que la próxima edición pueda ser más exacta. Toda la correspondencia recibida se envía al equipo editorial para su verificación. Es posible que algún fragmento de esta correspondencia se use en las guías o en la web de Lonely Planet. Aquellos que no quieran ver publicados sus textos ni su nombre, deben hacerlo constar. La correspondencia debe enviarse, indicando en el sobre Lonely Planet/ Actualizaciones, a la dirección de geoPlaneta en España: Av. Diagonal 662-664. 08034 Barcelona. También puede remitirse un correo electrónico a: viajeros@lonelyplanet.es. Para información, sugerencias y actualizaciones, se puede visitar www.lonelyplanet.es.

Agradecimientos de Cristian
Como siempre, inmensas gracias a la generosa y siempre alerta Kathy Stromsland y a su maravillosa familia. También a Regis St. Louis, Julian Yeo, Lane Wilson, Anthony Leung, Michael Chernow, Lucinda East, Massimiliano Gioni, Gabriel Einsohn, Rick Herron, Mark McCray, Sarah Shirley, Matt Wood, Mary Ann Gardner, Lambros Hajisava, Les Hayden, Brock Waldron, Jose Francisco Chavez y Sean Muldoon por sus consejos, información y ayuda.

Reconocimientos
Fotografía de cubierta: puente de Brooklyn, Walter Chen

Este libro
Este libro es la traducción de la 5ª edición de la guía *Pocket New York* de Lonely Planet, escrita y documentada por Cristian Bonetto.

Gracias a Richard Carden, Claire Naylor, Karyn Noble, Katie O'Connell, Roger Thomas, Eric Waters, Amanda Williamson

Índice

Véanse también los subíndices:

- **⊗ Dónde comer p. 250**
- **🍷 Dónde beber p. 251**
- **✪ Ocio p. 252**
- **🔒 De compras p. 253**

A

9/11 Memorial 11, 26-27

Abyssinian Baptist Church 197
acontecimientos 221
actividades 230, *véanse también las actividades individualmente*
aeropuertos 17, 236-238
aeropuerto internacional de Newark 17, 237
aeropuerto internacional John F. Kennedy 17, 236
aeropuerto LaGuardia 17, 237
African Burial Ground 38
Alexander & Bonin 89
alojamiento 234-236
ambulancias 241
American Folk Art Museum 186
American Museum of Natural History 184
Andrea Rosen Gallery 89

Puntos de interés 000
Planos **000**

arquitectura 137, 206-207, 228-289, **207**
arte, galerías de 88-89, 210-211, **88**, *véanse también las galerías individualmente*
Asia Society & Museum 167
Astor Place 92
autobús, transporte en 17, 237, 238, 240
automóvil, transporte en 236-237

B

baloncesto 230
Bank of America Tower 137
baños públicos 243
Barbara Gladstone Gallery 89
barco, transporte en 17, 240
béisbol 230
Belvedere Castle 184
Bowling Green 36
Broadway 129
  entradas 42, 129, 148
  espectáculos 218
  historia 147
Brooklyn 198-199, 200-201, **198, 200**
Brooklyn Boulders 199
Bryant Park 139
Bunya Citispa 63

C

café 216, 217
cajeros automáticos 241-242
caminar 240
Canal Street 52
Cathedral Church of St John the Divine 197
Central Park 8, 178-181
Central Park 176-195, **182-183**
  de compras 193-195
  dónde beber 190
  donde comer 186-189
  itinerarios 177
  ocio 191-193
  puntos de interés 178-181, 184-186
  transporte 177
Central Park Wildlife Center 179
cerveza 216, 217
Cheim & Read 89
Chelsea 84-111, **90-91**
  de compras 109-111
  dónde beber 101-105
  dónde comer 96-101
  itinerarios 85, 88-89, **88**
  ocio 105-108
  puntos de interés 86-87, 92-96
  transporte 85

Chelsea Hotel 94
Chelsea Market 92, 98
Chelsea Piers Complex 95
Chinatown 46-63, **50-51**
  dónde beber 59-60
  dónde comer 55-59
  historia 56
  itinerarios 47
  de compras 60-63
  puntos de interés 52-54
  transporte 47
Chrysler Building 136
ciclismo 230, 240
cines, *véase* películas
circuitos 232
City Reliquary 201
clima 234
Cloisters Museum & Gardens 211
clubes 220, *véase también subíndice* Ocio
códigos postales 243
Columbus Park 54
comedia 218, 219
compras 224-225, *véanse también los barrios individualmente y el subíndice* De compras
Cooper-Hewitt National Design Museum 168
correr 230

248 Índice

D

danza 218
deporte 230, *véanse también los deportes individuales*
destacado, lo más 8-11, 12-13
Diamond District 141
dinero 16, 241
dónde beber 216-217, *véanse también los barrios individualmente y subíndice Dónde beber*
dónde comer 212-215, *véanse también los barrios individualmente y subíndice Dónde comer*
Downtown Boathouse 95

E

East River State Park 201
East Village 64-83, 208-209, **66-67, 209**
de compras 80-83
dónde beber 76-79
dónde comer 71-76
itinerarios 65, 208-209
ocio 78-80
puntos de interés 68-71
transporte 65
electricidad 16, 241-242
Ellis Island 9, 25
Empire State Building 9, 130-131
Essex Street Market 71
Estatua de la Libertad 9, 25, 34
etiqueta 244

F

Federal Hall 34
ferri, transporte en 17, 240
festivales 221
fiestas oficiales 242
Financial District 22-45, **30-31**
de compras 43-45
dónde beber 40-43
dónde comer 38-40
historia 33
itinerarios 23
ocio 43
puntos de interés 24-29, 32-38
transporte 23
Flatiron Building 115, 116
Flatiron District 112-125, **114**
de compras 124-125
dónde beber 121-123
dónde comer 117-121
itinerarios 113
ocio 124
puntos de interés 115-117
transporte 113
Forbes Collection 95
Fraunces Tavern Museum 32
Frick Collection 165
fútbol americano 230

G

Gagosian 89
gais 93, 101, 227
galerías 88-89, 210-211, **88**, *véanse también las galerías individualmente*
Garment District 152
Grace Church 94
Gramercy 112-125, **114**
de compras 124-125
dónde beber 121-123
dónde comer 117-121
itinerarios 113
ocio 124
puntos de interés 115-117
transporte 113
Gramercy Park 116
Grand Army Plaza 199
Grand Central Terminal 136
gratis 226
Greene Naftali 88
Greenwich Village 84-111, **90-91**
de compras 108-111
dónde beber 101-105
dónde comer 96-101
ocio 105-108
historia 93, 95
itinerarios 85
puntos de interés 86-87, 92-96
transporte 85
Guggenheim Museum 11, 162-163

H

Harlem 196-197, 196
Hearst Tower 137
High Line 10, 86-87, 94
historia
Chinatown 56
Financial District 33
Greenwich Village 93, 95
Little Italy 56
Lower Manhattan 36, 39
Midtown 138
nativos americanos 39
hockey 230
hora local 16
horario comercial 242-243
Hudson River Park 36

I

idioma 16
Immigration Museum 25
incendios 241
información turística 243
Institute of Culinary Education 117
International Center of Photography 139
Invisible Dog 199
Irish Hunger Memorial 38
itinerarios 14-15, 196-201, 204-209, **196, 198, 200, 205, 207, 209**, *véanse también los barrios individualmente*

J

Japan Society 140
jazz 219
Jewish Museum 166
JP Morgan Bank 33

K

Koreatown 143

L

Late Show with David Letterman 150
lavabos públicos

Puntos de interés 000
Planos 000

243-244
Lennon, John 179
lesbianas 93, 227
Leslie-Lohman Museum of Gay & Lesbian Art 54
Lever House 137
libros 194
Lincoln Center 184, 192
literatura 194
Little Italy 56
Loeb Boathouse 184
Lower East Side 64-83, **66-67**
 de compras 81-83
 dónde beber 76-79
 dónde comer 71-76
 itinerarios 65
 ocio 79-80
 puntos de interés 68-71
 transporte 65
Lower East Side Tenement Museum 69
Lower Manhattan 22-45, **30-31**
 de compras 43-45
 dónde beber 40-43
 dónde comer 38-40
 historia 36, 39
 itinerarios 23
 ocio 43
 puntos de interés 24-29, 32-38
 transporte 23

M

Madison Square Park 116
Mahayana, templo 54
Mary Boone Gallery 89
Matthew Marks 89

Meatpacking District 84-111, **90-91**
 de compras 109-111
 dónde beber 101-105
 dónde comer 96-101
 itinerarios 85
 ocio 105-108
 puntos de interés 86-87, 92-96
 transporte 85
mercados 214, 224
Merchant's House Museum 52
metro, transporte en 17, 237, 238, 239
Metronome 122
Metropolitan Museum of Art 10, 158-161
Midtown 126-155, **134-135**
 de compras 151-155
 dónde beber 144-147
 dónde comer 140-144
 historia 138
 itinerarios 127
 ocio 147-151
 puntos de interés 128-133, 136-140
 transporte 127
moda 60, 224-225
moneda 16
Morgan Library & Museum 138
muelle 45 94
museos 210-211
Museum at Eldridge Street Synagogue 70
Museum at FIT 140
Museum of American Finance 37
Museum of Chinese in America 52
Museum of Jewish Heritage 32

Museum of Modern Art (MoMA) 11, 132-133
Museum of the City of New York 167
música en directo 218

N

Naciones Unidas 139
National Academy Museum 166
National Museum of the American Indian 32
National September 11 Memorial & Museum 11, 26-27
nativos americanos 39
Neue Galerie 166
New Museum 68
New York City Fire Museum 53
New York City Police Museum 36
New York Earth Room 54
New York Harbor 9, 24-25
New-York Historical Society 186
New York Public Library 138
New York Road Runners Club 167
New York Stock Exchange 34
New York Trapeze School 95
niños, viajar con 222-223
Nicholas Roerich Museum 185

O

ocio 218-219, *véanse también los barrios individualmente y subíndice* Ocio

P

parques 231, *véanse también los parques individualmente*
paseos 196-201, 204-209, **196**, **198**, **200**, **205**, **207**, **209**
películas 194, 219
peligros, *véase* seguridad
policía 241
precauciones 244
precios 16, 241
propinas 16
Prospect Park 199
público en platós de TV 150
Puente de Brooklyn 28-29
puntos de interés, mejores 8-11

R

Radio City Music Hall 136
Riverside Park 186
Rockefeller Center 136
Rubin Museum of Art 94

S

SANAA 68
Saturday Night Live 150
servicios telefónicos 16, 243
Skyscraper Museum 37
SoHo 46-63, **50-51**
 dónde beber 58-60
 dónde comer 55-59
 itinerarios 47, 48-49, **48**

250 Índice

de compras 48-49, 60-63
puntos de interés 52-54
transporte 47
solar del World Trade Center 11, 26-27
South Brooklyn 198-199, **198**
South Street Seaport 38
St Mark's in the Bowery 70
St Marks Place 68, 70
St Patrick's Cathedral 138
St Patrick's Old Cathedral 53
St Paul's Chapel 35
Staten Island Ferry 32
Strawberry Fields 179
Strivers' Row 197
Studio Museum in Harlem 197

T

tarjetas de crédito 241
tarjetas de descuento 244
taxis 17, 236, 237, 238-239
teatro 42, 43, 148, 218, 219
teléfonos móviles 16, 244
Temple Emanu-El 167
templo Mahayana 54
Theodore Roosevelt Birthplace 117
Tía Pol 89
Times Square 10, 128-129, 138

Puntos de interés 000
Planos **000**

Tisch Children's Zoo 179
Tompkins Square Park 70
transporte 17, 236-240, *véanse los barrios individualmente*
tren, transporte en 17, 237, 238, 239
Trinity Church 35

U

Union Square 115, 122
Union Square 112-125, **114**
 de compras 124-125
 dónde beber 121-123
 dónde comer 117-121
 itinerarios 113
 ocio 124
 puntos de interés 115-117
 transporte 113
Union Square Greenmarket 124
Universidad de Nueva York 92
Upper East Side 156-175, **164**
 de compras 174-175
 dónde beber 171-172
 dónde comer 168-171
 itinerarios 157
 ocio 173-174
 puntos de interés 158-163, 165-168
 transporte 157
Upper West Side 176-195, **182-183**
 de compras 193-195
 dónde comer 187-189
 dónde beber 190
 itinerarios 177
 ocio 191-193
 puntos de interés

178-181, 184-186
transporte 177
urgencias 241

V

vacaciones 242
vegetarianos 215
viajeros con discapacidades 245
vida local 12-13
vida nocturna 220, *véase también subíndice* Ocio
vino 217
visados 16, 245

W

Wall St 33, 34
Washington Square Park 92, 96
webs útiles 16, 235-236
West 4th Street Basketball Courts 107
West Village 204-205, **204**
Whitney Museum of American Art 165
Williamsburg 200-201, **200**
Wollman Skating Rink 185
Woolworth Building 38
World Trade Center, solar del 11, 26-27

Z

Zabar's 186

✪ Dónde comer

A

ABC Kitchen 118

Abraço 75
ABV 169
Angelica Kitchen 74
Artichoke Basille's Pizza 121

B

Balthazar 55
Barbuto 99
Barney Greengrass 188
Battersby 213
Betony 141
Blue Hill 98
Boqueria Flatiron 120
Burger Joint 143
Burke & Wills 190

C

Cafe 2 133
Cafe 3 163
Cafe Blossom 100
Café Boulud 171
Café Cluny 99
Café Gitane 58
Café Luxembourg 187
Cafe Mogador 73
Café Sabarsky 170
Calliope 74
Candle Cafe 170
Casa Mono 118
ChiKaLicious Dessert Club 75
Clinton Street Baking Company 75
Community Food & Juice 197
Cookshop 98

D

Danji 140
Dean & DeLuca 49
Dover 199
Dovetail 187
Dutch 55

E

Earl's Beer & Cheese 169
El Margon 144
Eleni's 98
Eleven Madison Park 117
Ess-a-Bagel 118

F

Fairway 188
Fat Radish 73
Foragers City Table 97
Freemans 71

G

Gahm Mi Oak 144
Gramercy Tavern 119
Gray's Papaya 189

H

Hangawi 142
Hearth 72
Hummus Place 189
Hunan Kitchen of Grand Sichuan 215

I

Ippudo NY 74

J

Jacob's Pickles 188
James Wood Foundry 168
Jeffrey's Grocery 97
JG Melon 170
Joe's Pizza 99
Joe's Shanghai 58

K

Katz's Delicatessen 73
Kefi 187

L

Lavagna 73
Le Bernardin 140
Le Grainne 101
Les Halles 39
Locanda Verde 38
Loeb Boathouse 187
Lucali 199
Luzzo's 75

M

Mad Sq Eats 120
Maialino 118
Marseille 143
Meatball Shop 72
Minca 75
Minetta Tavern 98
Modern 133
Murray's Cheese Bar 100

N

NoMad 143
North End Grill 39
Nyonya 58

O

Original Chinatown Ice Cream Factory 58

P

Peacefood Cafe 188
Public 55
Pure Food & Wine 119

R

Red Rooster 197
RedFarm 96
Republic 121
Roberta's 213
Rosemary's 96
Rubirosa 57

S

Saigon Shack 99
Salumeria Rosi Parmacotto 188
Sandro's 171
Sant Ambroeus 170
Saxon + Parole 55
Shake Shack 40, 120, 144
Smith 143
Spotted Pig 98

T

Tacombi 57
Tacos Morelos 73
Taïm 99
Tanoshi 168
Taverna Kyclades 215
Terrace Five 133
Tiny's & the Bar Upstairs 40
Totto Ramen 142
Trattoria Il Mulino 120

U

Upstate 74

V

Vanessa's Dumpling House 75
Via Quadronno 170
Victory Garden 101

W

William Greenberg Desserts 171
Wright 163

🌐 Dónde beber

61 Local 199
71 Irving Place 123
124 Old Rabbit Club 104

A

Angel's Share 76

B

Barcibo Enoteca 190
Bathtub Gin 103
Beauty & Essex 77
Beauty Bar 121
Bell Book & Candle 102
Bemelmans Bar 172
Birreria 122
Boxers NYC 123
Brandy Library 41
Buvette 103

C

Café Integral 48
Campbell Apartment 144
Cielo 104
Clarkson 103
Crocodile Lounge 122
Culture Espresso 146

D

Dead Poet 190
Dead Rabbit 40
Death + Co 76
Ding Dong Lounge 190
Drunken Munkey 172

E

Eagle NYC 104
Eastern Bloc 78
Employees Only 102

F

Flaming Saddles 146
Flatiron Lounge 121

252 Índice

G
Golden Cadillac 76

H
Henrietta Hudson 104

I
Immigrant 78
Industry 145

J
Jane Ballroom 102
JBird 171
Julius Bar 104

K
Kaffe 1668 40
Keg No 229 42

L
La Colombe 43, 60
Lantern's Keep 145
Little Branch 101
Little Collins 145

M
Macao 41
Madam Geneva 59
Maison Premiere 201
Manhattan Cricket Club 190
Marlow & Sons 201
Mayahuel 78
McSorley's Old Ale House 78
Metropolitan Museum Roof Garden Café & Martini Bar 171
Mulberry Project 59

N
Nowhere 123

O
Oslo Coffee Roasters 172

P
Pegu Club 58
Pete's Tavern 123
PJ Clarke's 145
Prohibition 190
Proletariat 77

R
R Lounge 129
Raines Law Room 121
Robert 145
Rudy's 146
Rum House 144

S
Smith & Mills 42
Spring Lounge 59
Spuyten Duyvil 201
Standard 102
Stumptown Coffee Roasters 101, 145

T
Ten Bells 76
The Penrose 172
Therapy 146
Toby's Estate 122
Top of the Standard 102
Top of the Strand 144

V
Vinus and Marc 172
Vol de Nuit 103

W
Ward III 42

Wayland 76
Weather Up 41

X
XL Nightclub 147

✪ Ocio

92nd St Y 173

A
ABC No Rio 79
American Ballet Theatre 191
Amore Opera 80
Angelika Film Center 107
Anthology Film Archives 80
Apollo Theater 197
Atlantic Theater Company 108

B
Beacon Theatre 192
Birdland 150
Blue Note 106
Book of Mormon 148
Bowery Ballroom 79
Brooklyn Academy of Music 199

C
Café Carlyle 173
Carnegie Hall 147
Caroline's on Broadway 150
Chelsea Bow Tie Cinema 107
Cherry Lane Theater 106
Chicago 148
Cleopatra's Needle 192
Comedy Cellar 106

Comic Strip Live 174

D
Delancey 80
Don't Tell Mama 150
Duplex 107

F
Film Society of Lincoln Center 192
Flea Theater 43
Frick Collection 173

I
IFC Center 107

J
Jazz at Lincoln Center 147
Joyce Theater 108

K
Kinky Boots 148

L
La MaMa ETC 79
Landmark Sunshine Cinema 79
Le Poisson Rouge 106

M
Madison Square Garden 151
Marie's Crisis 108
Matilda 149
Merkin Concert Hall 192
Metropolitan Opera House 191
Mitzi E Newhouse Theater 191
Music Hall of Williamsburg 201

Puntos de interés 000
Planos **000**

N
New York City Ballet 191
New York City Center 151
New York Live Arts 108
New York Philharmonic 191
New York Theater Workshop 79

P
Peoples Improv Theater 124
Playwrights Horizons 149

S
Signature Theatre 148
Sing Sing Karaoke 80
Sleep No More 106
Slipper Room 79
Smoke 193
Summer Stage 181
Sweet 78

T
Tribeca Cinemas 43

U
Upright Citizens Brigade Theatre 105

V
Village Vanguard 105
Vivian Beaumont Theater 191

🛍 De compras

3x1 49

A
ABC Carpet & Home 124

Adidas Originals 61
Aedes de Venustas 110
Alejandro Ingelmo 49
American Apparel 63
Antiques Garage Flea Market 110
Argosy 155

B
B&H Photo Video 153
Barneys 151
Beacon's Closet 111
Bedford Cheese Shop 124
Bergdorf Goodman 152
Best Made Company 45
Bloomingdale's 152
Blue Tree 175
Bonnie Slotnick Cookbooks 111
Books of Wonder 125
Brooklyn Flea 199
Buffalo Exchange 201
By Robert James 82

C
Century 21 43, 195
Citystore 45
CO Bigelow Chemists 110
Crawford Doyle Booksellers 175

D
Dinosaur Hill 81
Drama Book Shop 154

E
Earnest Sewn 110
Eataly 124

Edith Machinist 82
Encore 175

F
FAO Schwarz 153
Flight 001 111

G
Greenflea 193

H
Harry's Shoes 195
Housing Works Thrift Shop 174

I
Idlewild Books 125
INA Men 62

J
Joe's Jeans 63
John Varvatos 82

K
Kiehl's 81
Kiosk 61

M
Macy's 154
Malcolm Shabazz Harlem Market 197
McNally Jackson 49
Michael's 175
MiN New York 49
MoMA Design & Book Store 152
MoMA Design Store 60
Monocle 119
Moo Shoes 83
Mysterious Bookshop 45

N
Nepenthes New York 155

O
Obscura Antiques 80
Opening Ceremony 62

P
Pasanella & Son 45
Patricia Field 81
Personnel of New York 109
Philip Williams Posters 44
Piperlime 62
Printed Matter 110

R
Rag & Bone 60
Resurrection 63
Rough Trade 201

S
Saks Fifth Ave 152
Saturdays 60
Scoop 62
Screaming Mimi's 62
Shinola 43
Spoonbill & Sugartown 201
Steven Alan 44
Strand Book Store 108
Sustainable NYC 82

T
Tiffany & Co 153
Time for Children 195
Time Warner Center 155
Tokio 7 81

Top Hat 81
Trash & Vaudeville 82

U
Union Square Greenmarket 124
Uniqlo 155

V
Verameat 80

W
Westsider Books 195
Westsider Records 195

Whole Foods 125

Y
Yoyamart 111

Z
Zitomer 175

Notas

El autor

Cristian Bonetto
El trotamundos Cristian ha sido visitante y habitante de Nueva York, un lugar que le ha obsesionado desde que veía *Barrio Sésamo*. Desde la trillada Midtown hasta los escondrijos más remotos de Queens, el que fuera guionista de televisión y teatro ha explorado todos y cada uno de los rincones de la ciudad y ha escrito sobre ello en periódicos, revistas y publicaciones en línea de todo el mundo.

geoPlaneta
Av. Diagonal 662-664 08034 Barcelona
viajeros@lonelyplanet.es
www.geoplaneta.com · www.lonelyplanet.es
Lonely Planet Publications (oficina central)
Locked Bag 1, Footscray, Melbourne, VIC 3011, Australia
61 3 8379 8000 · fax 61 3 8379 8111
(oficinas también en Reino Unido y Estados Unidos)
www.lonelyplanet.com · talk2us@lonelyplanet.com.au

Nueva York De cerca
5ª edición en español –enero del 2015
Traducción de *Pocket New York City*,
5ª edición –octubre de 2014

Editorial Planeta, S.A.
Con autorización para la edición en español de Lonely Planet Publications Pty Ltd A.B.N. 36 005 607 983, Locked Bag 1, Footscray, Melbourne, VIC 3011, Australia

© Textos y mapas: Lonely Planet, 2014
© Fotografías: según se relaciona en cada imagen, 2014
© Edición en español: Editorial Planeta, S.A., 2015
© Traducción: Bettina Batalla, Jaume Muñoz, 2014

ISBN 978-84-08-13547-0
Depósito legal: B. 21.371-2014
Impresión y encuadernación: Unigraf
Printed in Spain – Impreso en España

Aunque los autores, Lonely Planet y geoPlaneta han puesto todo el cuidado en la elaboración de este libro, no pueden garantizar la exactitud ni la vigencia de su contenido, por lo que declinan toda responsabilidad resultante de su uso.

Reservados todos los derechos. No se permite la reproducción total o parcial de este libro, ni su incorporación a un sistema informático, ni su transmisión en cualquier forma o por cualquier medio, sea este electrónico, mecánico, por fotocopia, por grabación u otros métodos, sin el permiso previo y por escrito del editor. La infracción de los derechos mencionados puede ser constitutiva de delito contra la propiedad intelectual (Art. 270 y siguientes del Código Penal).
Diríjase a CEDRO (Centro Español de Derechos Reprográficos) si necesita fotocopiar o escanear algún fragmento de esta obra. Puede contactar con CEDRO a través de la web www.conlicencia.com o por teléfono en el 91 702 19 70 / 93 272 04 47.
Lonely Planet y el logotipo de Lonely Planet son marcas registradas de Lonely Planet en la Oficina de Patentes y Marcas de EE UU y otros países.
Lonely Planet no autoriza el uso de ninguna de sus marcas registradas a establecimientos comerciales tales como puntos de venta, hoteles o restaurantes. Por favor, informen de cualquier uso fraudulento a www.lonelyplanet.com/ip.

El papel utilizado para la impresión de este libro es cien por cien libre de cloro y está calificado como papel ecológico.